高等院校文化素质教育规划教材

大学生心理健康与品格塑造

张　潇　主编
杨　捷　陈　霂

DAXUESHENG
XINLIJIANKANG
YUPINGESUZAO

北京师范大学出版集团
BEIJING NORMAL UNIVERSITY PUBLISHING GROUP
北京师范大学出版社

图书在版编目(CIP)数据

大学生心理健康与品格塑造/张潇主编，杨捷，陈霂副主编.
—北京：北京师范大学出版社，2019.1 (2019.8 重印)
高等院校文化素质教育规划教材
ISBN 978-7-303-24137-8

Ⅰ.①大… Ⅱ.①张… ②杨… ③陈… Ⅲ.①大学生—心理健康—健康教育—高等学校—教材 ②大学生—德育—高等学校—教材 Ⅳ.①G444 ②G641

中国版本图书馆 CIP 数据核字(2018)第 196429 号

营 销 中 心 电 话 010-57654738 57654736
北师大出版社高等教育与学术著作分社 http://xueda.bnup.com

出版发行：北京师范大学出版社 www.bnup.com
北京市海淀区新街口外大街 19 号
邮政编码：100875
印 刷：北京京师印务有限公司
经 销：全国新华书店
开 本：730 mm×980 mm 1/16
印 张：14.75
字 数：250 千字
版 次：2019 年 1 月第 1 版
印 次：2019 年 8 月第 2 次印刷
定 价：38.00 元

策划编辑：王剑虹 责任编辑：齐 琳 张筱彤
美术编辑：李向昕 装帧设计：李向昕
责任校对：段立超 陈 民 责任印制：马 洁

本书编委会

主　编： 张　潇

副主编： 杨　捷　陈　霖

参　编： 寇　延　王　卉　左广霞　任　婕　马晓丽　王媛华　周　婕　张小俊　张　鑫

前 言

2016年12月，国家22部委联合发文，出台《关于加强心理健康服务的指导意见》。该意见指出，高等院校要积极开设心理健康教育课程，重视提升大学生的心理调适能力，使大学生保持良好的适应能力，开展培育积极的心理品质、培养良好的行为习惯的心理健康促进活动，提高学生自我情绪调适能力。

《教育部、卫生部、共青团中央关于进一步加强和改进大学生心理健康教育的意见》《国家中长期教育改革和发展规划纲要(2010—2020年)》中多次提到大学生心理健康教育工作的重要性。大学生的心理健康问题已经引起国家及社会各个方面的高度重视。大学生心理健康水平关乎学生的健康成长，关乎社会的发展进步。

“大学生心理健康教育”课程是心理健康教育工作的核心课程，是学生获得心理健康知识的主要来源。教育部《普通高等学校学生心理健康教育课程教学基本要求》中对心理健康课程的性质、教学目标、教学内容、教学方法等提出了明确的要求，明确了课堂教学在大学生心理健康教育工作中的重要地位。

随着近年来各高校对大学生心理健康教育工作的重视，越来越多的高校将“大学生心理健康教育”课程列入人才培养方案，大学生心理健康教育课程体系逐年完善，但针对校企合作“定制式”教育人才培养模式的心理健康课程体系还不够成熟。

笔者走访国内多所高校，发现多数高校以传统的模块开展课程。为了满足学生心理成长需求，根据职业发展规律和多年的心理健康教育工作经验，笔者对原有学科体系下的传统课程模块进行了解构与重构，梳理出本书的四章内容，特别邀请校内外专家进行研讨，并精心编撰了本书。

本书共分为认知与觉察——与美好的自己相遇、探索与成长——在关系中了解你我他、职场圆舞曲、心体验心成长四个学习情境。前三个学习情境为课堂教学，第四个学习情境为成长体验团体工作坊。每个学习情境都有四节内容，学习情境一包括：健康人生，从心开始；认识自我、发展自我、完善自我；读懂自我，做情绪的主人；与情绪共舞，让情绪流动。学习情境二包括：连接你我Ta，沟通“心”技巧，恋爱“心”观念，重要关系提升。学习情境三包括：职场角色转变与适应心理，职业心理分析，职场人际关系提升与压力应对，职业理想信念、职业精神与态度。学习情境四包括：沙盘游戏工作坊——一沙一世界，人偶游戏工作坊——和天使一起玩，动力性人际团体体验工作坊——在关系中成长，生命密码工作坊——爱的滋养。

本书由"心理健康与品格塑造"课程授课团队教师根据多年来课堂教学经验编写而成，团队教师均具有多年心理咨询辅导及心理学课程授课经验，本书实操性强，适合本、专科院校师生使用，也适合广大心理健康教育工作者及心理学爱好者使用。

本书是教材编写团队集体创作的结果，课程负责人张潇任主编，负责教材规划建设的总体思路、课程模块章节设计、样章的编辑以及全书的统稿、修改、审定工作；副主编由杨捷、陈霂担任，杨捷负责学习情境一、学习情境二两部分内容的审校工作，陈霂负责学习情境三、学习情境四两部分内容的审校工作。学习情境一由张潇、马晓丽、左广霞、任婕完成；学习情境二由张潇、王媛华、陈霂、周婕完成；学习情境三由杨捷完成；学习情境四由张小俊、周婕、张鑫、杨捷完成。

在本书编写过程中，编写团队查阅并参考了大量的心理学著作及文献资料，在此向各位作者表示衷心的感谢。

另外，感谢寇延老师（西安欧亚学院人文教育学院）在"心理健康与品格塑造"课程改革、授课教师培训及教材编写过程中给予我们的帮助和指导，感谢王卉副教授（空军军医大学军事医学心理系）在教材审校阶段给予我们的宝贵建议。这些专家学者有力推动了教材的顺利出版，特此感谢。

由于编者水平有限，书中可能会出现疏漏和不妥之处，敬请各位专家、同行及读者给予批评指正，以便今后的修订和完善。

在教材编写后期，心成长工作室刘启钧、刘珍珍两位学生协助我们做了部分文字的校对工作，在此一并表示感谢。

最后，衷心感谢北京师范大学出版社，感谢编辑对本书出版的大力支持！

张　潇

2018 年 5 月于西安

目 录

学习情境一　认知与觉察——与美好的自己相遇

第一节　健康人生，从心开始

学习目标

1. 理解健康的内涵、心理健康的重要意义，明确心理健康的标准以及影响心理健康的主要因素。

2. 学习并掌握大学生常见心理问题的辨识及应对方法。

3. 自觉提高健康素养水平，尤其是有意识地维护健康、预防疾病。

心灵物语

一个健全的心态，比一百种智慧更有力量。

——狄更斯

案例导入

小宁，男，18岁，大学一年级学生。他是家中的独子，从小得到父母无微不至的照顾，中学时他活泼开朗、成绩优异，是家长眼中的好孩子、老师心里的好学生。他因高考失利进入一所普通高校，上大学后，他对学校、专业及身边的老师同学都不满意，认为普通学校的整体水平不行，一直陷入高考失利的自责中不能自拔，觉得自己对不起父母，辜负了他们的期望。想到曾经学习不如自己的同学都考入了名牌大学，他就更加懊悔和痛苦，以至于无法专心学习。他与宿舍的同学也因为一些小事出现矛盾，觉得大学同学没有中学同学好相处，甚至觉得他们有点无情和不可理喻，所以有时不想回宿舍，但又不得不回，内心很纠结、无奈，甚至不想与人说话。后来逐渐出现头痛、心慌、食欲不振、失眠等症状，于是去医院检查，结果显示他并没有器质性病变，大夫建议他去看心理门诊。

小宁的问题是大学新生中经常出现但又经常被忽视的问题，有时甚至发展成严重的心理问题而使学生无法继续学业。近些年，因心理问题导致的各类严重危害大学生身心健康的事件屡见不鲜，有的学生甚至付出了生命的代价，造成不可挽回的后果。

一、健康

提到健康，我们首先会想到身体没有疾病。人们通常认为一个人的健康就是指身体健康。随着社会不断发展进步，人民精神文明水平不断提高，人们给“健康”赋予了更广泛的内涵：健康不仅包括身体的健康，也包括心理的健康。世界卫生组织对健康的定义为：健康是一种生理、心理和社会适应都处于完美的状态，不仅仅是没有疾病和衰弱的状态。从世界卫生组织对健康的定义来理解，健康包含生理的健康、心理的健康、社会的适应三个层次的含义。随着经济社会快速发展，生活节奏不断加速，人们对于心理健康的关注逐渐增强。

二、心理健康

心理健康又称心理卫生，它是指以积极有益的教育和有力的措施，维护和改进人们的心理状态，以适应当前和发展的社会环境。

心理健康是一个相对概念，可以从以下三个层次来理解心理健康：第一个层次为没有心理疾病；第二个层次为超越“亚健康”状态，具有一种积极发展的心理状态；第三个层次为自我实现。因此，心理健康不是指一种固定的状态，而是一种不断变化、动态发展的过程，是一种持续且积极发展的心理状态。[①]

三、心理健康的标准

心理学者多主张以正常的认知、完善的个性、稳定的情绪和个体行为的适应情况作为鉴别心理健康的标准，而不是以个别症状之有无为依据。

1946 年，第三届国际心理卫生大会提出心理健康的四个标准。

(1)身体、智力、情绪十分协调。

(2)适应环境，在人际关系中彼此谦让。

(3)有主观幸福感。

(4)在工作或学习中，能充分发挥自己的能力，过着有效率的生活。

我国心理学者王登峰教授提出了心理健康的八条标准。

(1)了解自我，悦纳自我。

(2)接受他人，善与人处。

(3)正视现实，接受现实。

① 易法建、冯正直：《心理医生》，34—35 页，重庆，重庆大学出版社，2007。

(4)热爱生活，乐于工作。

(5)能协调与控制情绪，心境良好。

(6)人格和谐完整。

(7)智力正常。

(8)心理行为符合年龄特征。

四、关注大学生心理健康的意义

当前，我国正处于社会转型期，经济的高速发展也带来诸多社会问题，如贫富差距、社会竞争激烈和就业难等，对大学生造成了很大影响。越来越多的大学生要面对激烈的社会竞争，学习的压力、生活的压力、就业的压力等问题日益突出。有些大学生出现苦闷、孤独、焦虑、冷漠、情绪低落、郁郁寡欢、精神崩溃，甚至出现自杀、杀人等恶性事件。而近年社会关注的"大学生裸贷"事件，也在很大程度上折射出有些大学生面对物质欲望时丧失人格底线，缺失正确引导的巨大问题。因此，心理健康问题越来越成为人们关注的焦点，而大学生心理健康教育工作也显得日益迫切且重要。

(一)关注大学生心理健康的时代意义

当今世界科学技术以空前巨大的威力、难以想象的速度深刻地影响着人类经济和社会的发展。中国在走向现代化的进程中，既需要高精尖的技术人才做开拓发展的基础，也需要国民有海纳百川、接受东西方文化碰撞并勇于迎接挑战的胸怀与自信。被寄予民族厚望的大学生必将肩负重任，成为推动国家进步的重要力量。

1. 多元的社会文化需要人们具有良好适应能力

现代生活比以往任何时候都更具竞争性、丰富性和挑战性。置身于市场经济和开放发展的大环境，每个人都可能遇到东西文化的碰撞、价值观念的冲突、贫富差距的拉大等诸多问题。客观环境的变化要求我们必须有良好的适应能力，突破自己原有的视野，以多维的角度去理解文化与人性的多样性，从而更好地面对现实，提高接纳度与适应能力。

2. 高等学校成为大学生健全人格的培养站兼修复站

进入高等学校后，每个学生都会遇到学习、交友、恋爱、择业等人生课题，可能会遇到前所未有的困惑。高等学校心理健康教育的核心是促进学生的心理成长和发展，其主要目的在于培养学生适应环境、承受挫折和自我调控的能力，提高学生的心理素质水平和自我发展的能力，让学生得到全面、健康的发展。我国当代大学生的现状是：进入大学前，为了在激烈的高考竞争中取胜，几乎全身心投入学习，生活经历的缺乏导致一些学生心理脆弱、意志薄弱，家长的包办导致一些学生责任心差、依赖性强；如果是独生子女，还容易出现人际交往的困难等问题。高等学校逐渐成为大学生健全人格的培养站兼修复站。

3. 互联网时代关注大学生心理健康的必要性

在互联网时代，网络虽然给人们带来了种种便利、高效与愉悦的体验，但它也深刻影响着大学生的思想观念、价值观念、生活方式，甚至是心理健康的发展。与紧张忙碌的高中生活不同，步入高校后，学生的身心更自由更放松，一些自制力差的学生便沉迷于网络游戏、网络小说不能自拔，以至于荒废了学业、迷失了人生方向；有的同学则沉迷于虚拟网络交往而不愿有现实的社交，以至于人际关系淡化，变得越来越孤独、冷漠。因此，在网络时代，大学生更需要得到心理教育的指导。

(二)关注大学生心理健康的个人成长意义

心理学家的研究证明，大学阶段是学生掌握专业知识技能和个人自我发展完善的重要时期，两大任务并驾齐驱，缺一不可。从个体发展的角度看，大学生正处于青年中期，而青年期是人的一生中心理变化最剧烈的时期。当面临生理、心理、社会适应等问题时，心理冲突时有发生，如果大学生不能很好地适应环境、解决问题，就会产生一系列的心理障碍甚至精神疾病。

1. 心理健康有利于大学生培养健康的个性心理

个性心理特征是指在心理和行为上稳定地表现出来的各种特征，主要包含气质和性格两方面。一个拥有健康心理的大学生，通常能够对生活、学习保持很高的热情、积极性、参与性和创造性，也善于发现和欣赏别人的优点，取长补短，完善自我。

2. 心理健康有助于提升大学生的心理承受力

心理承受力是指个体对于社会生活与环境中的重大变动在心理上的接受性、适应性，是人不断调整其认识、情绪及行为以适应环境变化的能力。与主要关注成绩的中学阶段不同，大学时期学生会面临学业、感情、择业以及更复杂的人际交往等问题，这些问题客观上需要大学生具有良好的心理承受能力。尤其是目前我国大学毕业生的就业形势已经发生很大变化，竞争异常激烈，择业的竞争可能会使大学生产生焦虑和不安。因此大学生一定要培养自立自强的良好心理素质，锻炼自己，使自己既敢于迎接困难和挑战，又有承受挫折与失败的能力。

3. 心理健康有助于改善大学生的人际关系

研究表明，人际关系成为衡量一个人愉悦感和幸福感的越来越重要指标。有不少大学生因为与朝夕相处的舍友关系不融洽而逐渐产生抑郁、焦虑等心理疾病。心理健康的人能够以积极、乐观的心态与人交往，即使遇到人际问题也能够坦诚交流、增进理解，不做人际关系中的闷葫芦。

4. 心理健康是一个人实现生活、事业双赢的有力保障

心理健康的人具有生活态度积极、人际关系和谐、意志坚强及心理行为成熟等特点。而与心理健康息息相关的身体健康也受益于良好情绪。学习中，身心健康的学生心情愉悦、精力充沛，能有高质量和也深入的学习。工作中，心理健康的人面对成功不骄不躁，面对挫折不屈不挠，总能以平和的心态对待生活中的风浪，以坚忍的意志追求事业的成功。

五、影响大学生心理健康的因素

心理科学研究表明，影响心理健康的因素非常复杂，心理健康状态是生理、心理、环境等诸多因素共同作用于个体的结果。大学生的心理健康通常受家庭、学校、社会环境、个人等诸因素的影响。

(一)家庭因素的影响

家庭对一个人的成长有着巨大的影响，特别是个体早年形成的人格特征对以后的心理发展影响深远。家庭环境包括家庭人际关系、父母教养方式、父母人格特征。父母是孩子的第一任老师，家庭是孩子的第一个学校。父母通过言传身教让孩子获得他们的认知方式、思维方式和行为方式，孩子通过与家庭成员互动了解到最初的人际交往规则、彼此的需求与内心感受等。研究表明，儿童早期如果缺失安全感和信任感，那么他一生都会寻求和验证这两种感受，其性格可能会变得敏感、多疑，导致难以与他人相处，也更容易产生心理异常。

过度保护的教养方式可能会导致孩子存在依赖、被动、胆怯、任性等心理倾向；过度严厉的教养方式可能会导致孩子存在冷漠、盲从、不灵活和缺乏自尊自信的心理倾向；溺爱的教养方式可能会导致孩子倾向于利己、骄横和情绪不稳；专制的教养方式可能会导致孩子倾向于消极、懦弱、不知所措；如果父母间经常出现意见分歧或互相拆台，则孩子可能会出现讨好、投机、说谎等。在大学生的心理问题中总不难找到家庭影响的痕迹。[①]

例如，李某，女，20岁，目前上大二。妈妈管教严厉，训斥多，鼓励少。

① 樊富珉、费俊峰：《大学生心理健康十六讲》，18页，北京，高等教育出版社，2013。

李某自述上大学以后无法专注学习；近半年心情特别不好，睡眠不好，总是沉浸在与舍友交往不顺的事情中；最近总向妈妈说以前伤心的事，易哭。了解得知，李某非常在乎别人的想法，与同学交往时总隐藏自己的真实想法而去顺从别人，久而久之自己觉得太憋屈又不好对别人发泄。而她的妈妈就非常在乎别人的想法，李某受到了妈妈的影响。

(二)学校因素的影响

步入大学后，学生专业的选择、学校教学方式的转变、与来自全国各地有不同文化背景同学的相处等都可能影响到大学生的心理健康。具体表现在以下几个方面。

1. 对大学学习环境的不适应

(1)对学习方式的不适应

从小学到高中，学生学习的主要目的几乎都是考大学，老师严格要求，家长严厉督促。而进入大学后，学习管理相对自主，部分学生一时难以适应，可能会出现极度放松、疏于学习，或者无法适应自主学习而难以取得预期成绩，从而出现焦虑、自卑、嫉妒等不良情绪，进而可能产生心理问题。

(2)对多样性竞争内容的不适应

在大学里，竞争的内容不仅仅是学习成绩，还有学生的眼界学识、文体特长、社交能力、组织才干等各方面的才能，一些发展不够全面、心理素质较差的学生可能因此受挫，产生自卑心理。另外，有一部分学生在中学时是尖子生，周围充满了赞扬声，优越感强，但进入高手如云的大学后，自己的优越感不复存在，可能会出现心理失衡、情绪低落等问题。

2. 专业选择不当

每年总会有一些学生对所选专业不满意，从而产生调换专业的念头。如果不能如愿调换，学生可能会出现缺乏学习兴趣、情绪低落、消极悲观等不良情绪，长此下去会使心理矛盾强化，可能产生抑郁等心理疾病。其实，专业兴趣是可以培养的，或许学生现在所学专业不能使自己发挥长处，但并不意味着就学不好。因此，大学生应该以积极、乐观的心态对待自己的专业。①

3. 对复杂人际关系的不适应

高等院校集中了来自五湖四海的学生，地域文化、生活习惯、价值观等都会存在一定的差别，这就要求大学生在与同学相处时要学会换位思考，彼此之间能有更多的沟通、理解和包容，做到既坚持自己又尊重别人，从而促进与同

① 樊富珉、费俊峰：《大学生心理健康十六讲》，19页，北京，高等教育出版社，2013。

学的和谐共处。

需要注意的是，如果出现严重人际冲突甚至校园欺凌，大学生一定要及时向老师反映，经由学校协调解决。不能抱有“是大学生了就不好意思报告老师”的错误想法，自己隐忍承受，最终可能会出现心理问题。

4. 学习负担过重

我国学生大都面临着学习负担过重的问题，它与学校的课程设置、学生的自我期望、来自家长及社会的压力等因素有关。这不仅影响学生的睡眠质量，而且久而久之使得大脑过度疲劳，脑皮质活动机能减弱，进而影响到学习效率和学习成绩，有的学生甚至可能会因此考试挂科或无法毕业，从而产生负性情绪。

（三）社会环境的影响

社会环境包括的范围很广，如各种社会关系、社会风气、文化设施、家庭条件、亲友关系等。每个人在成长过程中，都无时无刻不在受环境的影响，社会环境可能会传递给我们积极向上、乐于奉献、宽容大度的精神品质，也可能传递给我们贪图享乐、利己主义、唯我独尊的生活认知。当代大学生身处多种价值观并存的时代，有时难免会感到茫然与混乱，在对诸如发展个性与遵循共性、个人利益与集体利益、道德至上与面对真我等问题的理解与把握的过程中，大学生可能陷入一种混乱、焦虑的状态，在人生道路的选择上处于两难的境地。长时间的心理失调很可能带来心理上的冲突，导致部分大学生出现适应不良的种种反应。

（四）个人因素的影响

影响大学生心理健康的个人因素可以从生理、心理、行为三个方面来分析。从生理来看，家族遗传、胎儿时期神经系统受损、患病等因素会使人罹患心理疾病的可能性增加。但如果坚持锻炼、保持健康的生活规律，可减少罹患心理疾病的风险。从心理因素看，合理的认知、良好的情绪、坚强的意志等都与心理健康有关①，作为学识丰富、思想独立的大学生，一定要识别自己的认知、情绪及意志的合理性，发现问题，及时调整，或者寻求社会支持。从行为方面看，大学生应避免不规律不健康的生活习惯，多参与有意义的社会活动，在活动中锻炼自己的学习能力、协作能力、抗压能力与解决问题的能力等。

① 樊富珉、费俊峰：《大学生心理健康十六讲》，21—22页，北京，高等教育出版社，2013。

小贴士

几个概念的区分

1. 心理健康与心理不健康

(1)心理健康

心理健康是指各类心理活动正常，关系协调，内容与现实一致，人格处在相对稳定的状态。1964年国际心理卫生大会提出：心理健康是一种最佳的心理功能状态，是指在身体、智能、情感上与他人的心理健康不相矛盾的范围内，将个人心境发展成最佳状态。

(2)心理不健康

心理不健康是指心理活动出现问题，影响社会功能和工作效率，个体处于焦虑、抑郁、恐惧等应激状态，有一定痛苦但未达到心理障碍的诊断标准。一般心理问题、严重心理问题都属于心理不健康。

2. 正常心理与异常心理

(1)正常心理

正常心理是指具备正常功能的心理活动，人的心理发展与社会生活发展相一致，是普通心理学研究的主要内容。

心理健康和心理不健康都属于正常心理的范畴。

(2)异常心理

异常心理又称"变态心理"，是指偏离正常人心理活动的心理和行为，其心理活动具有典型的精神障碍症状。

(3)判断正常心理与异常心理活动的三项原则

主观世界与客观世界的统一性原则　一个人的所思所想、所作所为是否能与客观环境保持一致性，心理活动、行为与外部世界有无明显的差异。

例如，王某说，每当经过那些同学时，他们就停止说话，他们一定是在说自己，有时甚至能听到他们说自己学习不好、人缘不好等。可是事实并非如此，这说明王某的主观、客观世界已不能统一。

精神活动的内在协调一致性原则　人的精神活动包括认知、情感、意志等内容，这些心理过程之间能够保持协调一致。

例如，当一个人遇到痛苦的事情时却表现出很开心，或是遇到快乐的事情时表现出很悲伤，说明这个人的心理过程失去了协调一致性。

人格的相对稳定性原则　在没有重大的外部环境改变的前提下，人的气质、性格、能力等人格特征相对稳定，行为表现出一贯性。

例如，当一个一直孝顺父母、助人为乐的人，突然变得无视他人、态度冷漠；或者一个曾经热情开朗、积极上进的人，突然变得沉默寡言、不思进取，这就有悖于人格的相对稳定性原则。

3. 一般心理问题与严重心理问题

(1)一般心理问题

一般心理问题也称心理失调或心理失衡，是由现实因素激发、持续时间较短、情绪反应能够控制且并未泛化、社会功能稍有破坏的心理不健康状态。它的判断标准如下。

- 不良情绪体验(如烦躁、自责、失望等)。
- 不良情绪不间断地持续一个月，或间断持续两个月。
- 社会功能基本正常，但效率有所下降。
- 不良情绪的诱发因素为最初事件，未泛化。

(2)严重心理问题

严重心理问题是由相对强烈的现实因素激发，初始情绪反应强烈、持续时间较长、内容充分泛化的心理不健康状态。它的判断标准如下。

- 诱发事件较为强烈，是对个体威胁较大的现实刺激。
- 痛苦情绪间断或不间断地持续两个月以上。
- 社会功能受损，对生活、学习和社会交往有一定程度的影响。
- 痛苦情绪不但能被最初的诱发刺激引起，而且也能被与最初刺激相类似、相关联的刺激激发，即反应对象被泛化。①

六、大学生的心理发展特点

我国大学生的年龄一般在 18～22 岁，按照埃里克森的心理发展八阶段理论，大学生处于从青年期向成年期转变的阶段，正是人生发展的关键时期。在此阶段个体自我意识迅速发展，各种心理品质全面发展且急剧变化，同时也是世界观、人生观、价值观形成的重要阶段。

(一)生理特征

青年期是生理迅速发育成熟的时期，表现为形体形态、大脑功能、性特征等一系列的生理现象的巨大变化。大学生的生理发展已基本完成，具备了成年

① 中国就业培训技术指导中心、中国心理卫生协会组织：《心理咨询师(基础知识)》，328－330页，北京，民族出版社，2012。

人的体格及生理功能。

(二)心理特征

青年期作为个体心理迅速走向成熟而又未完全成熟的一个过渡期，在心理发展方面呈现出明显的可塑性和多样性。一是高等学校本身具有文化内涵、教育环境、人文环境等因素，大学生身处其中会受到影响；二是大学生会受到来自社会(包括网络)的种种思想、行为的影响；三是大学生也会受到生活小环境的影响。例如，有的学生从网络中学到了所学专业的延伸知识，变得更加积极、自信，而有的学生沉迷于网络游戏，逐渐变得消沉、颓废；有人在失恋时反思到了如何和异性相处，有人却因此滋生报复的念头。对于这类负性情绪，大学生如果能得到合理的心理干预，不仅可以化解成长中的种种困惑，而且也可以形成积极的心理品质。

七、大学生心理问题的基本表现及辨识

无论是什么原因造成的大学生心理问题，它的表现都主要集中在认知、情绪、行为及躯体症状这四方面。如果这些表现只持续很短时间，或者虽然时间长但并未引起个体痛苦的主观体验，则不需要特别关注；如果这些症状的持续时间和严重程度已经影响到个体的正常学习和社会生活，就需要受到高度重视。

(一)认知

认知是指个体对于自己、他人或事件的看法或态度。认知并非一成不变，它和个体的心智水平、情绪、行为等都有关系。例如，当一个同学因为考试不及格太多而情绪低落时，他可能会认为自己比别人笨，总是学不好，甚至觉得别人一定会嘲笑他、看不起他，如果碰巧别人没有满足他的什么要求，他可能会认为别人果然看不起他、不想帮他。其实，以前他对同学的反应并不会在意，只是诱发事件和情绪影响了他的认知，而他自己浑然不觉。类似的歪曲认知如果长期存在，必然会影响个体的身心健康，导致心理问题的产生。

(二)情绪

情绪是人对客观外界事物的态度体验，是人脑对客观外界事物与主体需要之间关系的反映。当面对挫折或压力时，人会有各种各样的情绪反应，如抑郁、焦虑、恐惧、自卑、嫉妒等。产生这类消极情绪时，要争取做到早觉察早调整。如果情绪持续的时间、强度、影响力在基本正常的范围内，而且通过自行调节逐渐好转，那就不必太担心；如果负性情绪持续时间长，已经影响到正常的学习生活和社交活动，就要非常重视。

（三）行为

行为通常不是独立存在的，它总是与事件、情绪相互影响。与心理问题伴随的行为常常有回避、语言攻击、暴力、自杀等，当个体陷入负性情绪难以自拔时，他可能会选择向内攻击或向外攻击以解决问题，但结果往往适得其反，把问题变得更糟糕。

（四）躯体症状

心理问题容易引发一些躯体症状，如睡眠困难、肠胃不适、体重下降、头痛、心慌等。当出现类似躯体症状时，一定要去医院检查是否是器质性问题，如果得以排查，个体需意识到可能是心理问题导致的躯体不适。①

总的来说，个体需通过关注认知、情绪、行为和躯体症状的表现，敏锐觉察自己或他人的心理变化。针对不健康的状态，积极地敞开胸怀、增进理解；扩大交往、拓展眼界，用达观、自信、包容的心态化解负性情绪，促进心理健康。

八、大学生遇到心理问题怎么应对

在一生的成长过程中，每个人都会遇到程度不同的心理问题。随着现代医疗水平的快速发展，大多数心理问题是可防、可控、可治的。当出现心理问题时，一定要敏锐辨识、积极对待，选择恰当的方式进行及时的疏导和治疗。根据遇到心理问题时所求助的对象的不同，求助方式可以分为以下四种。

（一）求助自己

每个人潜意识里都有救助自己的本能。当出现心理问题时，很多人选择的是先进行自我调节。首先，可以试着换角度思考造成心理问题的事件，通过辩证的方法去理解问题的本质；其次，试着用积极的行动去改变造成心理问题的事由；最后，如果陷入负性情绪难以自拔，可以转移注意力，可以投入学习、参加社团活动或与朋友聚会等，也可通过运动、写作等方式排解情绪。

（二）求助信任的人

遇到问题时一定要记得自己并不是一个人在面对问题，可寻求家人、朋友、老师中可信任的人，去倾诉面临的困难和问题，听听他们的想法和建议。即使他们不一定能提供帮助，倾诉本身也能起到有效缓解情绪的作用。

（三）求助专业心理咨询师

心理咨询是由受过专门训练的人员运用心理学的知识、理论和方法为来访

---

① 余小鸣：《健康与成才》，97—98 页，北京，高等教育出版社，2014。

者提供帮助的过程。目前，我国很多高校已经建立了心理咨询中心，但是很多学生因对心理咨询不了解而心存偏见，他们认为只有心理异常的人才需要进行心理咨询，或者认为看心理问题是丢脸的事，所以不敢找校园心理咨询师。这极大地限制了学生对于心理咨询资源的利用，限制了学生通过专业人员获得的帮助。①

（四）求助正规医院心理科

如果个体采用了很多办法都无法调节自己情绪，无法从负性事件、思维或行为中转移注意力，其持续时间和严重程度已经影响到了正常的学习生活和社交活动，就该去正规医院心理科或精神科就诊治疗。

心理疾病和其他疾病一样，早发现早治疗，就可以早治愈；拖延治疗不仅让自己饱受痛苦，影响学业，而且还可能加重病情，给治疗带来更大的困难。

小贴士

正确认识心理咨询

(1)心理咨询的设置及原则

心理咨询的频率通常为每周一次。咨询工作遵循保密原则，除非出现特殊的保密例外内容，咨询中的内容都属保密范围内。

(2)心理咨询的作用

倾听心声：出现心理问题时，一定要找人倾诉，缓减情绪；当你觉得告诉家人、朋友并不合适时，那么心理咨询师一定是你最好的选择。

促进成长：心理咨询师运用专业的知识和技能，帮助个体分析问题、辨明问题，让个体认识到自己可能存在的不合理信念和歪曲认知，并逐渐帮其构建合理的认知模式、行为模式，从而提高来访者的认知水平和应对现实问题的能力。

体验式课堂实践活动

活动名称 滚雪球

活动目标

趣味分组，小组成员初步相识，体会人际互动。

活动准备 可移动桌椅、足够的空间、舒缓的音乐

① 余小鸣：《健康与成才》，100页，北京，高等教育出版社，2014。

活动时间　20分钟

注意事项　调动每个学生参与的积极性

操作手册

1. 跟随音乐离开原地在教室自由移动。

2. 见到其他同学时微笑对视。

3. 当听到音乐停下，与离你最近的同学形成两人小组。

4. 两人一组，用三句话自我介绍：我叫……我来自……我有三个优点。

5. 音乐响起，两人组一起继续在教室里自由移动。

6. 见到另一组同学时微笑对视。

7. 当听到音乐停下，与离你们最近的两人小组形成四人小组。

8. 每位同学将刚才认识的朋友介绍给另外两位新朋友。

9. 音乐响起，四人组继续在教室自由移动。

10. 见到另一组同学时微笑对视。

11. 当听到音乐停下，与离你最近的四人组形成八人小组。

12. 围圈而坐，从其中一个人开始，每人用三句话介绍自己：我叫……我来自……我有三个优点……

13. 当第一个人说完，之后的每个人都从第一个人开始介绍(优点至少说一个)最后介绍自己。

例如：我是来自昆明的、善良的……旁边的来自内蒙古的爱笑的……旁边的……

学生成长记录

1. 第一个向我微笑的人是谁？

2. 第一个向我介绍自己的人是谁？

3. 第一个记住我名字的人是谁？

4. 让我印象最深的人是谁？

5. 记录下八人小组成员的名字、家乡、优点。

心成长体验

1. 滚雪球的活动让我印象最深的地方是：________________________。

2. 当别人对我微笑，我的感受是：________________________。

3. 当小组成员可以叫出我的名字并把我介绍给其他成员的时候，我的感受是：________________________。

4. 在团队中，我觉察到：________________________________。

5. 如果在生活中我可以做一些改变，我会有哪些行动？

教师总结

在滚雪球的游戏中，每位同学都能以最积极、最专注的态度去关注身边同学的个人信息和优点。当你进行自我介绍时，其他同学会以欣赏的态度记住你的优点。当他人介绍你时，你会有被接纳和被重视感。当他人从第一个同学开始介绍直到说到自己时，其他人会不由自主地集中注意力，想帮助同学表达出完整的信息，仿佛有一种无言的协作在流动。而每人的优点被他人不断重复不断强化时，也有利于个体对自我的认可。这就是人际互动带给我们的收获。

内容小结

本节课程主要围绕大学生心理健康的重要意义，从明确心理健康的标准、相关概念、影响心理健康的主要因素、大学生心理问题的常见表现及遇到心理问题怎么办等方面，详细阐述了心理问题的来龙去脉；说明了心理问题是可防、可控、可治的事实，提醒各位同学积极辨识和面对自己的心理问题，及时进行合理有效的疏导。

第二节　认识自我、发展自我、完善自我

学习目标

1. 了解自我意识的概念、结构和大学生自我意识的发展规律。
2. 学会运用乔韩窗口理论、冰山理论等心理学途径和方法分析自我。
3. 学会运用心理学方法提升自我生命力。

心灵物语

知人者智，自知者明。

——老子

认识自己，方能认识人生。

——苏格拉底

案例导入

莉莉是一位21岁的大三学生，父母都是农民，家境贫寒。她学习努力，成绩一直很优秀，上大学的两年多里考了很多资格证书。但她一直很自卑，觉得自己除了学习什么都不会，根本不敢想以后找工作的事情，担心自己将来没有能力赡养父母，辜负了父母的养育之恩；还觉得自己长相普通，没什么优点，也不讨人喜欢。因此她在人际交往中总觉得别人都比自己优秀，都瞧不起自己，与同学、舍友相处时觉得不舒服，也不愿意理会别人，对人冷漠，缺乏热情。所有这些使得莉莉在大学里没有知心朋友，常常独来独往……

莉莉因人际关系问题前来大学生心理咨询中心求助，经过认真的沟通，心理咨询师发现莉莉是典型的自我意识混乱，不能形成相对客观的自我概念和适宜的自我评价，自我价值感很低，从而导致心理失衡，出现心理问题。

一、自我意识概述

当你向一位陌生的朋友介绍自己时，你会如何描述自己呢？你最先想到的是什么？是你的性别？是你的社会角色，比如学生、老师、建筑工人？是你的性格特征，比如活泼开朗？还是自己的兴趣爱好，比如看书、旅游？

其实当我们用这些特征来描述自己的时候，我们就是在进行自我认识和自我定义。从两三岁自我意识开始发展以来，我们就不停地在认识自己，并且在自我定义的过程中塑造、完善着自己。

一个人拥有健康的自我意识，便可以及时准确地认识自我、体察自我，从而不断地完善自我，也会相应地显现更多、更大的个人价值和社会价值。研究发现，如果一个人对自己的认识不清晰，自我管理能力不强，不能正确地处理自我与外部世界的关系，就很容易对自己有错误估计，如自卑或自负，从而导致很多心理问题。

(一)自我意识的概念

在心理学上，自我也称为自我概念或自我意识。自我意识，顾名思义，就是自己对自己的意识，即自己认识自己的一切，包括生理状况、心理特征以及自己与他人的关系。

自我这个概念可指两个方面：一个是主观的我，即对自己活动的观察者；另一个是客观的我，即被观察到的自己的身心活动。人类学家米德(G. H. Mead)把前者称为“I”，把后者称为“me”。平时我们常常说“我认为我的个性是懦弱的""我感到我心里很难受""我恨我自己太缺乏信心"等。句子开头提出的"我"是句子的主语部分，就是主观的我，即对自己活动的觉察者；句子里宾语的"我"就是客观的我，即被主观的我觉察到的自己的身心活动。

主观的我觉察客观的我的过程，就是一个自我意识的过程。

(二)自我意识的结构[①]

1. 自我认识、自我体验和自我调节

自我意识的结构从知、情、意三方面分析，是由自我认识、自我体验和自我调节(或自我控制)三个子系统构成的，因此自我意识也叫自我调节系统。

(1)自我认识

自我认识是自我意识的认知成分。它是自我意识的首要成分，也是自我调节控制的心理基础，它又包括自我感觉、自我概念、自我观察、自我分析和自我评价。自我分析是在自我观察的基础上对自身状况的反思。自我评价是对自己的能力、品德、行为等方面社会价值的评估，它最能代表一个人自我认识的水平，是自我意识发展的主要成分和主要标志。自我认识是对自己与周围环境关系的认识，包括对自己存在的认识，对个体身体、心理、社会特征等方面的认识。这种认识是个体通过观察、分析外部活动及情景、社会比较等途径获得的，是一个多维度、多层次的心理系统。

(2)自我体验

自我体验是自我意识的情感成分，是主体对自身的认识引发的内心情感体验，如自尊、自卑、自满、内疚、羞耻等。自我体验往往与自我认识、自我评价有关，也和自己对社会规范、价值标准的认识有关，良好的自我体验有助于自我的发展。

(3)自我调节

自我调节是自我意识的意志成分。自我调节主要表现为个人对自己的行为、活动和态度的调控。它包括自我检查、自我监督、自我控制等。自我检查是主体在头脑中将自己的活动结果与活动目的加以比较、对照的过程；自我监督是一个人以其良心或内在的行为准则对自己的言行实行监督的过程；自我控制是主体对自身心理与行为的主动掌握。自我调节是自我意识中直接作用于个体行为的环节，它是一个人自我教育、自我发展的重要机制，自我调节的实现是自我意识的能动性质的表现。自我意识的调节作用表现为：行为的启动或制

① 梁丹阳、吕智慧：《大学生心理健康教育(含微课)》，54—55页，上海，上海交通大学出版社，2016。

止，心理活动的转移，心理过程的加速或减速，积极性的加强或减弱，动机的协调，根据所拟订的计划对行动的监督检查，动作的协调一致，等等。

2. 生理自我、心理自我与社会自我

自我意识的内容可以分为生理(物质)自我、心理自我和社会自我。

(1)生理(物质)自我

生理(物质)自我是自我意识最原始的形态，是个体对自己身躯、性别、形体、容貌、年龄、健康状况等生理特质的意识，包括占有感、支配感和爱护感。这些意识能使个体体会到自己的存在是寄托在自己的身体上的。有时候人们也将个体对某些与身体密切联系的衣着、打扮以及外部物质世界中与个体紧密联系并属于“我的”人和物(如家属和财产等)的意识，和生理自我一起统称为物质自我。生理(物质)自我在情感体验上表现为自豪或自卑；在意向上表现为对身体健康、外表美的追求，物质欲望的满足，或对自己所有物的维护。

(2)心理自我

心理自我指个体对自己的智能、兴趣、爱好、气质、性格等诸方面心理特点的认识。在情感体验上表现为自豪自尊或自卑自贱；在意向上表现为追求智慧、能力的发展和追求理想、信仰，注意行为符合社会规范，等等。心理自我是自我意识中最核心、最持久的部分。

(3)社会自我

社会自我在宏观方面指个体对自己隶属于某一时代、国家、民族、阶级、阶层的意识；在微观方面指对自己在群体中的地位、名望，受人尊敬、接纳的程度，拥有的家庭、亲友及其经济、政治地位的意识；在情感体验上也表现为自豪或自卑；在意向上表现为追求名誉地位，与人交往，与人竞争，争取得到他人的好感和认同。

人的自我意识是以上三方面的融合，是密切联系、相互影响的，它们都包含着不同的自我认知、自我体验、自我调节，如表 1-1 所示。但由于比例和搭配的不同，个体自我意识之间存在差异。

3. 现实自我、投射自我和理想自我

自我意识从观念上可分为现实自我、投射自我和理想自我。现实自我是我们在现实生活中获得的自我感觉，即按照我们自己的标准对自己目前身心状况和社会关系的看法；投射自我是在我们眼中，其他人对自己的评价和看法；而理想自我则是自己希望达到的完善形象、生活目标，对未来的憧憬、期待和抱负，以及自己希望自己能成为什么样的人。

表 1-1　自我认识、自我体验、自我调节的区别①

	自我认识	自我体验	自我调节
生理（物质）自我	对自己的身体、外貌、仪表、家属、所有物等的认识	是否英俊或漂亮、有吸引力、迷人，自我悦纳	追求外表美、物质欲望的满足，维持家庭利益等
心理自我	对自己的智力、性格、气质、兴趣、能力、记忆、思维等特点的认识	是否有能力、聪明、优雅、敏感、迟钝、感情丰富、细腻	追求信仰和理想，注意行为符合社会规范，要求智慧与能力的发展
社会自我	对自己在集体中的名望、地位、角色、责任、经济条件等方面的认识	是否自尊、自爱、自信、自豪、自卑、自恋、自怜	追求名誉地位，与他人竞争，争取得到他人的好感等

现实自我和投射自我、现实自我和理想自我的和谐一致是心理健康的基本保障，这三者存在矛盾冲突时就会引起自我意识的矛盾和偏差。

二、大学生的自我意识

（一）大学生自我意识发展的规律

一般地讲，青年自我意识的发展经历着一个特别明显的“分化—冲突—统一”的过程。大学生的自我意识在大学阶段得到了迅速的发展，其自我认识、自我体验、自我调节逐步协调一致。但在自我意识逐步成熟、确立的这一过程中，大学生要品尝酸甜苦辣，付出很大代价，并为解决内心的矛盾冲突进行不懈努力。

1. 大学生自我意识的分化

在自我意识的发展过程中，儿童的自我意识基本是稳定的、统一的。由于大学生的自我意识转向以自我本身的心理活动为对象，原来在儿童时期统一的自我意识开始一分为二：一方面是“理想我”，即主体我，处于观察者的位置；另一方面是“现实我”，即客体我，处于被观察的位置。自我意识分化是自我意识开始走向成熟的标志，它表明一个青年开始懂得认识自己。自我意识明显的分化使大学生主动、迅速地关注自己的内心世界和行为，产生新的认识、体验。同时，激动、不安、焦虑、喜悦由此产生，自我沉思也增多，大学生要求

① 梁丹阳、吕智慧：《大学生心理健康教育（含微课）》，54—55 页，上海，上海交通大学出版社，2016。

有属于自己的空间，渴望被理解、被关怀。

2. 大学生自我意识的冲突

(1)理想我和现实我的冲突

这是大学生自我意识最突出、最集中的表现，主要源于理想我与现实我的差距。大学生有理想、有抱负、成就欲望强，对未来充满了信心。然而，他们接触社会较少，还不能很好地把理想和现实有机地结合起来，而且自己的现实条件与自己的理想相差甚远，这给他们带来很大的苦恼和内心冲突。也正是因为这种冲突和差距，激发了大学生奋发进取的积极性。但是，如果理想我和现实我迟迟不能趋近、统一，则会引起自我的分裂，导致一系列心理问题。

案例分享

小李，某高中职业技术学校学生，进入大学以后，学习成绩一般，但性格开朗，能与同学融洽相处。他认为大学是自己生活的新开端，因此，希望自己从言谈举止到生活的方方面面都尽善尽美。可越是这样想，他越感到处处不如意。一次他上课回答问题，尽管老师肯定了他的答案，但在坐下来的瞬间，有几个女生在偷偷地注意他，似乎还议论着什么，他顿时感觉难受极了。之后，他上课就不再敢主动回答问题了，更怕老师突然叫自己。期末考试英语没有及格，接到补考通知后，他一连几个晚上失眠，并由此忧郁、焦虑起来，刚进入大学时的那种自信一下子变成了自卑。他主动来到心理咨询室求助，希望能改变他目前的处境。

小李的问题是自我意识混乱的一种表现，是理想我与现实我冲突的表现。一方面是不切实际的“理想我”——处处尽善尽美；另一方面是不付诸行动的“现实我”——学习热情低，成绩不理想。这种理想我与现实我的不一致使小李遭受失败和内心冲突，导致苦闷、自卑，从而丧失了对生活与学习的自信心。小李的问题实际上是在大学生中比较普遍的心理现象，这表明同学们需要建立积极而且健康的自我意识。

(2)独立意向与依附心理的冲突

进入大学后，大学生的独立意向迅速发展，他们希望能在经济、生活、学习、思想各方面独立，希望摆脱家人的管束。但部分大学生在心理上又依赖家人，无法真正做到人格上的独立。这种独立和依赖的矛盾也一直是部分大学生苦恼的问题。

(3)交往需要和自我闭锁的冲突

大学生迫切需要友谊，渴望理解，寻求归属与爱。他们有强烈的交往需要，希望和朋友探讨人生，分享苦与乐。然而，部分大学生又存在着自我闭锁的趋向，他们常把自己的内心深藏起来，与人交往时常存戒备心理，总是有意无意地保持一定距离。正是这种矛盾冲突，使不少大学生处于孤独的煎熬中。

(4)自尊感与自卑感的冲突

自尊感是个体能悦纳自己、尊重自己，对自己抱以肯定的态度。自卑感则是个体对自己不满，对自己持否定的态度。它们是自我体验中两种相互对立的情感，但是在大学生身上经常交织在一起。一般来看，大学生的自尊感特别强，这与他们在中学时代相比于其他同学较为突出有关。而进入大学后，与其他同学重新比较，许多人会发现自己的优势不见了，从而感到焦虑、痛苦，自卑感强烈。另外，大学生在这一年龄阶段往往对自己有着过高的、接近完美的要求，一旦发现自己存在某些不足，就容易夸大自己的不足，认为自己一无是处。

(5)追求上进与自我消沉的冲突

大学生对大学生活满怀憧憬，希望通过自己的奋斗，开发自己的潜能，达到自我实现。但在追求上进的同时，挫折在所难免，不少大学生常常因此情绪波动较大。有的在困难面前消极退缩，对事业、生活、未来失去信心；有的甚至有一种幻灭感，认为理想只是过去的事。但多数情况下，不少大学生虽然消沉却又不甘自弃，依然想奋进，可又自感困难不少，内心极为矛盾，烦躁、不安、焦虑由此而生。

3. 自我意识的统一

自我意识的分化与矛盾所带来的痛苦不断促使大学生寻求方法，以求得自我意识的统一，即自我同一性。自我同一性表现为自我与客观环境的统一、理想我与现实我的统一，也表现为自我认识、自我体验、自我调节的和谐统一。消除矛盾，获得自我统一的途径有三条：一是努力改善现实我，使之逐渐接近理想我；二是修正理想我中某些不切实际的标准，使之与现实我趋近；三是放弃理想自我而迁就现实我。

按照心理健康的标准，不管是通过哪种途径达到自我意识统一，只要统一后的自我是完整的、协调的、充实的、有力的，就是积极和健康的统一。

(二)大学生自我意识发展的特点

1. 强烈关心自己的发展

大学生开始主动、积极地探索自我、认识自我。他们不仅积极主动地把自己和周围的同学、教师，或心目中成功人士、英雄人物，特别是社会所推崇的优秀的同龄人进行比较，而且还经常运用自己的聪明才智和经验，对自己的思想、学习、工作、品德、成长等情况进行独立分析和判断。同时他们对心理学的讲座、书籍、调查与测试等表现出较高的热情。

2. 自我评价趋于客观

由于各类知识增多，生活经验扩大，感性与理性趋于成熟，大多数大学生对自己的分析、评价逐渐变得客观、全面。大学生的自我评价建立在自我认识的基础之上，如对自己的缺点、性格品质、道德品质、同学关系、理想信念、能力才华、世界观、人生观、价值观等方面，能从多个视角进行动态的认识和评价。

3. 自我体验丰富而复杂

大学生自我体验的情绪情感基调是积极的、健康的。大多数大学生喜欢自己、满意自己，自尊、自信，好胜。但是大学生的自我体验也比较复杂，有时敏感、闭锁，且有一定程度的波动性。凡是涉及“我”以及与“我”相联系的许多事物，常常会引起大学生的情绪情感反应。有些大学生对别人的言行和态度极为敏感，把自己的情感体验闭锁于内心，且内心体验起伏较大；有明显的两极情绪，取得成绩时容易产生积极、肯定的自我体验，甚至骄傲自满、忘乎所以，遇到挫折时又容易产生消极、否定的情感体验，甚至悲观失望、自暴自弃。另外，大学生的自我体验有时还带有一定的直觉性和情境性，如有时从顿悟和苦思冥想中产生自我情绪体验，有时容易受到小说、电影等文艺作品和突发事件的影响。

4. 自我调节能力的提高

自我调节能力的提高，是大学生自我意识成熟的重要标志之一。大学生自我调节能力的明显提高，主要表现在有强烈的自我设计和自我规划的愿望，并且根据自我设计目标自觉调节行为。行为过程中常能以社会规范、社会期望和内心信念要求自己，自我调节意识明显提高。同时，大学生强烈要求独立和自治，希望摆脱依赖和管束。在以自主学习和自理生活为主的高校环境中，大多数大学生能够科学合理地安排学习、组织活动、料理生活、解决问题，能制订一些相应的计划并自觉付诸实施，很少需要他人的督促。

5. 自我认识途径增多

大学生通过自我反省认识自我，通过与他人比较认识自我，并通过网络世界认识自我。丰富的网络信息激发了大学生自我分析的灵感，拓宽了他们自我分析的广度。现在很多学校开设了心理健康课，成立了心理咨询中心，大学生可以通过课堂、心理咨询和心理测评认识自我。越来越多的大学生已能坦然接受心理咨询，与咨询老师一起分析自我、评价自我，使自己的认识更完善。

(三)大学生常见的自我意识偏差

1. 自我评价过高

自我评价过高是指高估自我，对自己的肯定评价远远超出自己的实际能力和表现，用“放大镜”看自己的长处，很少认识到自己的缺点和短处；用“显微镜”看他人的短处，很少看到他人的长处。其人际交往模式是“我好你不好”“我行你不行”，在人际交往中总是居高临下，给别人带来不愉快感。由于不切实际地高估了自己的能力和长处，对自己的缺点和短处缺乏清醒的认识，这些大学生一旦遇到挫折，总是把责任推到老师、同学身上，认为别人对自己不公平，从而疏远他人、集体，很难处理好人际关系。

2. 自我评价过低

和自我评价过高正好相反，自我评价过低是指低估自己，对自己缺乏信心，很容易让自己产生自卑感。有过度自卑感的大学生对自我产生厌恶之情，通常只看到自己的缺点、不足或失败，而看不到自己的长处和优点，总是有意无意地拿自己的弱项和他人的强项进行比较，其结果只能是自卑心理越来越被强化。

3. 自我意识混乱

对于大学生而言，还有一种常见的偏差是自我意识混乱。对自我缺乏正确的认识和评价，不知道自己到底要什么，不知道自己生活的意义，不知道自己该做什么，该往什么方向走；进大学后很盲目，对什么都感兴趣，什么都想学，什么都想去尝试。结果往往是学习成绩或工作效率受到影响，本来想“面面俱到”，却成了“面面不到”。自我认识混乱还容易使人走向另一个极端，就是消极懈怠混日子。他们要么无所事事、虚度光阴，要么沉溺于游戏、玩乐之中，丝毫体现不出年轻人蓬勃的朝气与振奋的精神。

三、认识自我、完善自我的途径和方法

德国著名作家约翰·保罗曾说过：“一个人的真正伟大之处，就在于他能够认识自己的渺小。”这句话表明客观地、全面地认识自我是相当困难的。形成对自我的正确认识是培养大学生健康自我意识的前提，也是大学生自我调节的重要因素，是塑造、完善自我意识的基础和依据。

(一)乔韩窗口理论

美国两位心理学家提出关于自我认识的窗口理论，被称为乔韩窗口理论

（见表 1-2）。该理论认为，每个人的自我都有四部分：公开的自我、盲目的自我、秘密的自我和未知的自我。一个人的“公开的自我”部分越大，表示自我认识就越客观准确，心理也就越和谐；“盲目的自我”部分较大则表示对自我的认识存在偏差，可能夸大了自己的优点和缺点，盲目自负或自卑；“秘密的自我”部分较大则暗示怕别人看清楚自己，进而否定自己知道的，总是按照别人对自己的预期评价来表现自己，心理负荷很大；“未知的自我”部分的存在使我们无法全面地认识自我，“未知的自我”部分较大说明此人是孤立防卫的人。人对自己的认识是一个不断探索的过程。通过不断的探索，人对自己的了解就会更加客观。

表 1-2　乔韩窗口①

	自己知道	自己不知道
别人知道	A 公开的自我	B 盲目的自我
别人不知道	C 秘密的自我	D 未知的自我

（二）萨提亚的冰山理论

冰山理论是心理学流派萨提亚模式中的重要理论，它实际上是一个隐喻，指一个人的“自我”就像一座冰山，我们能看到的只是表面很少的一部分——行为，而占更大一部分的内在世界却藏在更深层次中，不为人所见，恰如冰山。冰山包括行为、应对方式、感受、观点、期待、渴望、自我七个层次（见图 1-1）。

揭开冰山的秘密，我们会看到生命中的渴望、期待、观点与感受，看到真正的自我。那些不为我们日常所感知的“内在”不仅赋予我们生命的意义，同时也让我们被失望、悲伤、愤怒的情感困扰——当我们满足于为自己的行为负责，满足于成为好公民甚至成功者的外在形象时，我们是否对自己的内在有所觉察并对自己的感受负责？我们是否有能力接触内心深层的渴望？我们是否对自己或对他人存有过高的期待和要求？当我们抱怨或发泄时，是否能够意识到那是源于内在的不满足？为获得和谐一致的生命本质，我们是否心态开放、平和地面对？

用冰山理论可以进行自我认识、自我觉察，并进行自我调节，从而减少盲目的自我、未知的自我和秘密的自我，人对自己的了解就会更加客观。

① 徐隽、徐水、张潇：《大学生心理健康教程》，27 页，上海，上海交通大学出版社，2017。

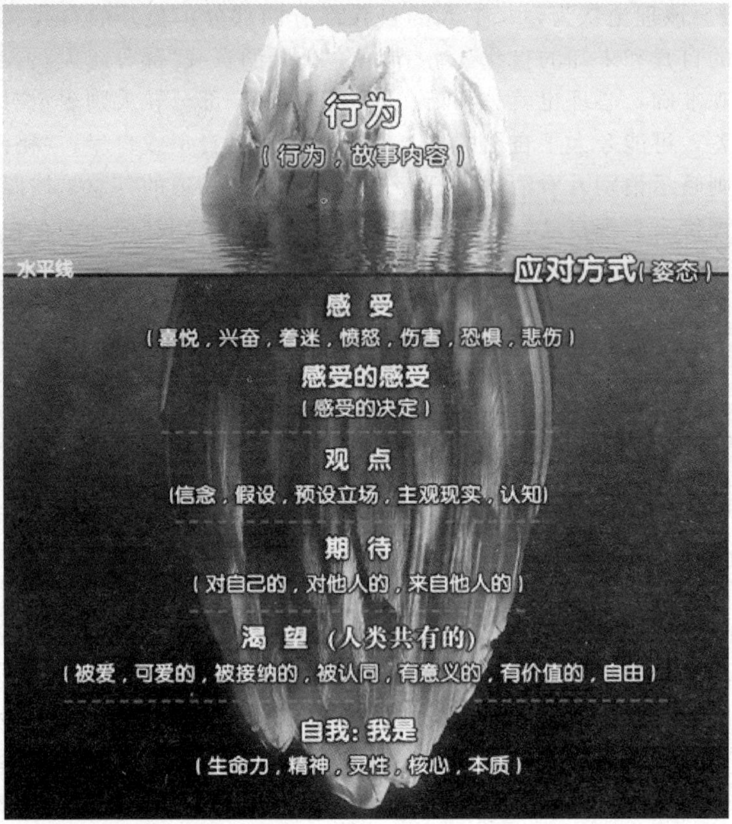

图 1-1　萨提亚冰山理论

1. 行为(Behavior)

行为位于冰山的顶端，常常是别人唯一能看见的部分，我们采取的行为是行为的外在表现。我可能说“这是你的错”（指责），或说“这是我的错”（讨好）；或是在伤心的时候微笑，眼中含着眼泪说“我很快乐”。如果一个人能全然接触和接纳自己，相信所有感受和回应都是可接纳的，就会有一致性的行为，看、听、言、行都会以符合自身感受的方式进行。

2. 应对(Coping)

应对就是我们对事物的反应态度。[①]

① 丛扬洋：《找到意想不到的自己：萨提亚模式与自我成长》，124 页，武汉，武汉大学出版社，2015。

我们对外在环境选择如何回应或反应，就是我们的应对。如果我们不能接纳自己的感受，加以隐藏或者防卫，就是应激反应(reaction)。在人际互动中，一个人的反应就是用不一致的沟通来防卫或保护自己(指责、讨好、超理智、打岔)，以维护自我价值感。如果一个人在了解处境时，能运用自我、他人和情境这三个因素，就能进行一致性的回应，而不是反应。

3. 感受(Feeling)

感受是普遍的人类情感经验，如爱、生气、害怕、轻视、疼惜和嫉妒等。在个人身上引发这些感受的因素则因不同的人、家庭或文化而有差异。我们必须接纳人类感受的全部范畴，而不是认为只有某些感受是可被接纳的。如果切断、掩盖或否认某些感受，这些感受就常常会以身体或心理的症状表现出来。一致性就是接纳、拥有和掌管我们的感受。

4. 感受的感受(Feeling about feeling)

当体验到某种特别的感受，如生气或者嫉妒，我们通常会根据自己学到的规条是否接纳这种感受而产生反应，这会影响目前正在发生的感受是否被自己接纳。如果被教导生气是不好的，那么在生气时，我们会认为自己不应该有这种感受，这种想法进而产生另一种感受，比如对原有的感受感到羞愧。

当因感受而产生的感受是觉得自己不好，规条不准许我们如实接纳感受时，我们必须加以否认。比如因害怕失去别人的爱或接纳，我们可能压抑自己的生气，假装它不存在。这种反应与真实感受是不一致的，不但不会促使我们获得想要的接纳，反而会阻碍我们与别人的联结，因为我们的感受与言行不吻合。

5. 观点(Perception)

观点是现在和过去经验的结合，不只根据此刻所见所闻的事实，也受到我们的信念与价值观、期待与渴望的影响。例如，有个小孩知道父母不曾拥抱她，将之解释为自己不被爱或不值得爱；或是发现学校其他同学对她不好，欺负她，她的解释可能是自己很笨或不受欢迎。这种解释会影响她的自我价值感以及她对自己的看法与感受。

6. 期待(Expectation)

我们对他人和自己的期待是根据渴望而来的。渴望是普世皆同的，期待却因人而异。每一个小孩都想被爱(渴望)，但小孩“知道”自己被爱的方式却各不相同。例如，有的小孩通过拥抱知道自己被爱，有些则通过玩耍或谈话。有些小孩会因为自己独特的期待没有被满足而认为自己不被爱。处理“未满足的期待”是萨提亚助人过程中的重要部分。当我们能一致性地接纳自己的期待，就会很实际地保留现在可能实现的期待，放下不符合现实的期待，迈向实际可行的方向，而不会紧抓着未满足的期待，指责别人没有实现自我的期待。

7. 渴望(Yearning)

渴望是普世皆同的，不论是什么种族、文化、宗教或性别，所有人都想被爱、被重视、被接纳。从出生的那一刻起，人就渴望被爱，到 90 岁时亦然，这是所有人持续一生的行为。因为这些渴望，我们发展出几种沟通方式，表现出来的形式可能是被接纳或不被接纳的行为。为了得到别人的重视，我们可能讨好或控制他人。当普世皆同的渴望未被满足时，就很难与他人联结，或者联结得不稳固。

如果我们是一致的人，我们会接纳自己的渴望。例如，我渴望独立，我便接纳渴望，并引导我的行为去得到独立。

8. 灵性自我(Self)

冰山的核心或基础就是灵性自我，它是人的“我是”，决定我们与自己、与世界的关系，但常常需要花很长时间才能了解它的真正本质。我们的目标是与它联结，发现我们本然的面貌，以及我们最想要的是什么。我们需要学习认识和重视自己，这样才能够重视别人；学习接纳和重视自己，才能发展出自我价值感。

即使我们觉得忧郁或生气，也能获得高自我价值感，并接纳这种负性情绪，把它看作为人生和关系中起起伏伏的一部分。高自我价值并不是自私，萨提亚成长模式的目标就是拥有高自我价值，而不是一直感觉良好。高自我价值是一致性的体现，其特征为：我觉得很沮丧，我的声音听起来、外观看起来就是沮丧，我承认它，与人分享，并决定是否求助。

案例分享

20 岁的小韩自上大学就沉迷于网络游戏，已经留级两次，在辅导员的推荐下前来心理咨询中心求助。

在心理咨询师的帮助下，小韩探索了自己沉迷于网络游戏的内在冰山。

行为：管理不住自己，沉迷于网络游戏。

感受：生气、沮丧。

感受的感受：挫败、失望。

想法：我爸爸妈妈经常指责我、骂我，也对我失望了，我是个失败者。爸爸妈妈没有看到我的努力，只看到我做得不好的地方，我不干了。我留级了，没有人和我玩，我很孤独。我可以在游戏中找到乐趣，找到同伴。

期待：我希望我是一个能够管理自己的人，能够让爸爸妈妈为我自豪，能够主动融入因留级进入的新班级；我希望爸爸妈妈能够在我管不住自己的时候，不要指责我、骂我；我希望我留级进入的新班级的同学能够不要排斥我。我认为爸爸妈妈希望我把心思用在学习上，不要沉迷于网络游戏。

渴望：被爸爸妈妈理解、支持、信任；做得好的时候能够得到爸爸妈妈的肯定、赞美、认同；被新班级的同学接纳；在游戏中能够得到在现实生活中得不到的肯定、赞美、认同、价值感以及成就感。

自我：压抑、自暴自弃、无力。

通过探索，小韩看到了自己是在游戏中寻求在现实生活中得不到的渴望。然后咨询师和小韩一起沟通协商，制订了如何在现实生活中通过自己的努力满足自己渴望的计划，在生活中坚持一点点改变。几次咨询后，小韩慢慢地从网瘾中走了出来。

（三）萨提亚的自我环

萨提亚模式中还运用自我环来描述关于自我的概念。自我环涵盖了内在与外在的概念，我们所知道的与我们不知道的。

萨提亚模式的创始人萨提亚女士认为，自我环的各个层面可在所有文化中找到，而且和所有的共通之处一样，每一种层面都有很多表达方式。她希望大家了解我们都是透过自己的滤镜来体验世界的，对自己所经验到的一切赋予了意义。

自我环假设我们透过一个有着八个镜片的透镜观察自己，每个镜片都折射了我们自身的一个重要部分。[①] 包括以下几点。

- 身体——你的生理部分。
- 理智——你的智力部分。
- 情绪——你的情感部分。
- 感官——你的感觉器官：眼睛、耳朵、皮肤、舌头和鼻子。
- 关系——你与外界交互的部分或功能。
- 营养——你的饮食。
- 环境——你生活的空间、所处的时代、呼吸的空气，以及环境中的色调、声音状况和气温条件。
- 心灵——你的精神部分。

① ［美］维吉尼亚·萨提亚：《新家庭如何塑造人》，41页，北京，世界图书出版公司，2006。

1. 身体

透过身体这个镜片，你将看到自己身体的各部分各系统。如果你从未见过身体的内部结构——事实上，大多数人也确实没看过——那么就找一本解剖学的书来看看，你能从书里看到身体各部分的图片——骨骼、肌肉、内脏器官，还能了解到各种各样的人体系统(呼吸系统、循环系统等)。你一定会因自己身体内部的完美构造感到惊叹不已，原来那里是一个资源如此丰富的宝库！如果你能够在网上搜索相关的录像观看，会有更直观的了解。

结合这些信息想象一下自己的身体，作为主人的你满足了它的需要了吗？你是否关注过身体的感觉呢？每当饥饿的时候、疲倦的时候或是压力过大的时候，身体都会向你发出信号。对于某些需要特别注意的部分，身体也会以特殊的方式引起你的警觉。

2. 理智

透过理智这个镜片可以看到的是你的智商，是你头脑中认知的部分。你会了解到自己接受了什么信息，有什么想法，又赋予了这些信息什么意义。通过身体中这个具有认知和推理能力的部分，你可以回答这样的问题：我知道什么？我如何学习新事物？我如何分析情况、解决问题？

当萨提亚女士谈到理智时，她推崇所有人都拥有智慧，而她谈的智慧不仅是阅读、写作与计算，她谈的是以我们所知的方式来求生存，使用我们拥有的技能。智慧是以理性方式进行思考的能力，也是解决问题、建立梦想与找到答案的能力。

3. 情绪

透过情绪这个镜片可以看到你的情绪和感觉。你能自由地识别和了解你的情绪吗？你对自己的感情表达有哪些限制？你是怎样表达你的情感的？你能善待你的所有感情吗？你知道对待它们的方式不同就会产生截然不同的效果吗？每种感情都是人类固有的，它们给生活增添了光彩和活力。没有感情，我们就会变成机器人。你的感觉表现出了你现在的心境。你对自己这些感觉的反应可以表明你在这方面是否足够自信。

4. 感官

透过感官能够让你了解你对自己的感觉。你的感觉器官是怎样一种状态呢？你给自己的视觉、听觉、触觉、味觉和嗅觉以多大程度的自由呢？你会对自己这些绝妙的感觉加以限制吗？你能够让自己摆脱这些束缚吗？大多数人在孩童时代就被教导只能看该看的，听该听的，碰该碰的，结果就导致人们会限制自己的感觉。承认自己的感觉，尊重它们，并给它们绝对的自由，是我们与外界接触和激发自我潜能的重要方法。我们需要不断的感官刺激来激发自己的感觉器官，转而再来丰富我们的内心世界。

5. 关系

透过关系可以看到你如何与周围的人交往。你的交往方式塑造了你的人际关系状况。你是如何评价自己的人际关系的呢？你是如何利用自己的影响力的呢？你是干脆放弃这种力量让自己沦为牺牲者呢，还是会好好利用它使自己成为支配者呢？你会利用这种影响力使自己内心和谐、与人融洽、滋养自己和他人，还是让其成为一种威胁力量呢？你知道如何与他人合作吗？你会和他人嬉闹、开玩笑或是用你的幽默感使自己和他人的生活变得轻松愉快吗？记住，幽默和关爱是治愈伤痛的最有效果的两剂药。

6. 营养

第六个镜片是有关你的营养的。你的饮食是什么样的呢？你知道自己的身体需要营养吗？最新的研究表明人的饮食与其感觉和行为是有关系的。

7. 环境

第七个镜片展现的是你生存的环境。这指的是你周围的景物、声音状况、物体的触感、气温条件、光线、颜色、空气质量以及你生活和工作的空间环境。这些因素都会对你的生活产生重要的影响。例如，灯光的类型和亮度就会对你的健康有影响，我们还开始注意到颜色、声音、音乐和人体之间的关系。

8. 心灵

最后一个镜片表现的是你的精神追求，基本上是你从事什么会让你觉得有价值、有意义。这代表的是你和你的生活动力之间的关系。你如何看待自己的生命？你对自己的生命有崇敬之心吗？在日常生活中你会运用自己的精神追求吗？

这八个部分都有自己的任务，分开来也都是可以理解的，但它们是相互作用、互相影响的，没有哪个部分可以独立发挥作用。

在运用自我环增进自我了解的过程中，我们会发现改进自己的健康状况、保持身心健康永远都是最重要的事情。为了使自己尽可能地健康快乐，我们应该做到以下几点。

(1)关心、留意、爱护自己的身体，要多做运动。

(2)通过不断地改进学习方法来提高我们的思维能力，让自己置身于有启发性的思考和学习经验中，多寻找机会与人交流。

(3)学会善待自己的感觉，要知道它们是为我们服务的而不是和我们作对的。

(4)发展自己的感知能力，要明确感觉器官的作用，了解其需要，并把它们当作我们接收外界事物的主要渠道。

(5)开发出解决问题冲突和自我发展的有效方法，建立平等和谐的人际关系。

(6)提供给自己所需的营养，要知道我们每个人的身体都是独特的。一个人的美食对另一个人来说可能会是毒药。

(7)使自己居住和工作场所的视野、声音、温度、灯光、色调、空气质量和空间结构更适合人类生活。

(8)时刻明白生活的意义，我们不仅是作为世界的一部分，也是为了完全展现自我而活着的，在自身之外也还有其他推动生活的动力。

案例分享

小赵，20岁，大二学生。在参加一个心理学的公共选修课程时，因回答老师的问题时太过紧张，导致声音颤抖说不出话。随后心理老师约谈了小赵，在给小赵简单讲解自我环后，让小赵为自己的自我环的八个方面打分(每一部分打0～5分，5分表示自己对这一部分很满意，可以滋养到自己的生命力)，打分如下：思维——1；身体——2；情绪——1；感官——3；营养——3；情境(过去和现在)——1；灵性——3；人际——2。

心理老师从他打分最低的情绪、情境和思维着手，了解到他的一些情况。小赵自述不会说话，一说话就容易伤人，后来他就慢慢不说话了；有要求一般不说，忍不住了就“炸”，要么就憋着。他在生活中容易把不好的情绪、心理投射给身边的人，不容易和舍友相处，有时候别人的一些小动作、小声音就让他以为别人是故意针对他的。他不敢和人对视说话，不太喜欢舍友，感觉舍友两面三刀，人前说好，人后骂人，自以为是。人际方面，除了参加了一个学校社团，基本上是一个人，和专业内的同学、舍友基本没有沟通。生活方面，自理能力还好，就是不太敢买东西，有时自己买东西就会跟舍友分享，但也不讨好；如果不跟舍友分享，就会觉得自己在吃独食，不太好意思。

咨询师了解了小赵的原生家庭：父亲脾气暴躁、控制，小赵小时候经常被打；高中有一段严重的抑郁经历，感觉生不如死。

心理咨询师和小赵进行了多次心理沟通，和小赵协商如何从自我环的八个方面提升自己的生命力，在生活中制订切实可行的计划，慢慢地小赵的生命状态开始回转。

体验式课堂实践活动

课堂实践一

活动名称 冰山探索

活动目标

通过冰山理论认识探索自己。

活动准备 可移动的桌椅、足够的空间、纸、笔

活动时间 30分钟

注意事项 活动以两人小组形式进行，分别为A、B

操作手册

1. 邀请学员们找自己喜欢的人组成两人组，面对面坐下，并分好A、B角色。

2. A说一件在生活中发生的让自己苦恼、困惑的事件及自己的外在行为表现，A、B同时画A的冰山，画完后两人进行比对，但不做评判。

3. B说一件在生活中发生的让自己苦恼、困惑的事件及自己的外在行为表现，A、B同时画B的冰山，画完后两人进行比对，但不做评判。

4. 5～8人大组分享画冰山后的收获体会。

5. 每组派一个代表总结陈述本组的分享讨论结果。

学生成长记录

1. 我画自己的和别人的冰山时的感觉有不同吗？

2. 通过画冰山，我对自己有什么不同以往的认识？

3. 画冰山的过程中，我有把握不准、困惑的地方吗？它是什么？

心成长体验

1. 在找伙伴组成二人组时，我的心情是：________________________。

2. 我是积极主动找别人组成二人组的吗？是什么推动我去做的？

3. 我是被动等待别人找我的吗？是什么阻碍了我？

4. 当我被动等待时，别人微笑着朝我招手走来，我的心情是：________。

5. 在团队分享讨论中，我觉察到：______________________________。

6. 如果在生活中我可以做一些改变，我会有哪些行动？

教师总结

组织整理学员所分享的内容，鼓励大家在平常的生活中应用冰山理论坚持

写冰山日记，来认识自我、觉察自我、成长自我、完善自我。

课堂实践二

活动名称 认识自我之自我环

活动目标

通过自我环认识自我，找到提升自己生命力的方向。

活动准备 可移动的桌椅、足够的空间、笔、自我环图

活动时间 30 分钟

注意事项 需营造一个安全开放的空间和氛围

操作手册

1. 教师分发给每人一张自我环图。

2. 每一部分满分为 5 分，最低为 0 分，每人根据自己的情况给自己的八个部分打分。

3. 抽几名学生分享自己打分时的考虑及打分的结果。

4. 小组分享自己的收获体会及今后提升自己的方向。

学生成长记录

1. 给自己打分的过程中，我有把握不准、困惑的地方吗？它是什么？

2. 通过自我环打分，我对自己有了什么不一样的认识？

3. 我今后可以提升的部分是什么？我打算如何提升自己这一部分？

心成长体验

1. 当给自己打分时，我的心情是怎样的？

2. 当看到自己有的项目得分较低时，我的心情是怎样的？

3. 当听到别的同学得分较高时，我的心情是怎样的？

4. 在团队分享讨论中，我的觉察是：______________________________。

5. 如果在生活中我可以做一些改变，我会有哪些行动？

教师总结

组织整理学员所分享的内容，鼓励大家从八个方面全面认识自己，提升自己的生命力。

课堂实践三

活动名称 完美一角

活动目标

协助学员认识自己的长处和限制，欣赏自己的长处，接纳自己的局限[①]，并认识到完美的人是不存在的，接纳自我才能不断完善自我。

活动准备 桌椅、足够的空间、笔、颜色各异的缺角方形纸片及缺角

活动时间 30分钟

注意事项 活动以小组形式进行，需营造一个安全开放的空间和氛围

操作手册

1. 分组，选好组长。

2. 组长分发缺一角的方形纸片。每个组员一个，颜色各不相同。

3. 请组员在方形纸片上写下自己目前所拥有的资源。

4. 组长分发方形纸片的缺角给组员，并且说明这一缺角是要让他们写上自己目前最想追求的东西的。

5. 请组员分享自己的作品。

学生成长记录

1. 我本身所拥有的资源是什么？

2. 我想追求什么以让自己的生命更趋于完满？

3. 我做了怎样的努力来追求自己想要的东西？

4. 当我得不到时，我会如何面对？

心成长体验

1. 当写下自己本身拥有的资源时，我的心情是怎样的？

2. 当写下自己想追求的东西时，我的心情是怎样的？

3. 在团队分享讨论中，我觉察到：________________________。

4. 如果在生活中我可以做一些改变，我会有哪些行动？

教师总结

组织整理组员所分享的内容，鼓励大家勇于追求自己想要的东西并成为想要成为的人，但不要忘记看看自己所拥有的东西，并且能试着去接纳自己的缺陷。

内容小结

本节主要聚焦于大学生如何认识自我、发展自我、完善自我，介绍了自我意识的概念、结构和大学生自我意识的发展规律，以及乔韩窗口理论、冰山理

① 樊富珉：《团体心理咨询》，233页，北京，高等教育出版社，2005。

论、自我环等心理学途径和方法，最后还设置了几个体验活动，教会大学生全面认识自我、发展自我、完善自我，让大学生们学会运用心理学方法提升自我生命力，保持新一代大学生的朝气蓬勃的状态。

课后思考题

1. 什么是自我意识？
2. 大学生自我意识发展的规律是什么？
3. 大学生自我意识发展过程中容易出现哪些偏差？
4. 大学生可以如何认识自我、发展自我、完善自我？

心成长资料库

推荐书籍

1.《感谢自己的不完美》，武志红，中国华侨出版社，2014 年

推荐理由 生命总有不完美，那是光进来的地方。拥抱你的痛苦，这是成为你自己的必经之路。改变万千年轻人的疗愈经典，帮助你打开生命流动的通道，正确认识并且成为自己。

2.《每一种孤独都有陪伴》，武志红，中国华侨出版社，2015 年

推荐理由 每一个人都渴望走出孤独，都渴望与人相爱。极具人气的资深心理学家武志红洞悉孤独感背后的深层心理机制，用细致入微的笔触，揭示了如何打破横亘在人与人之间的那堵自恋的墙，真正看到别人的存在，结束权力与控制的隐秘游戏，让真爱和自由重回人间。

第三节 读懂自我，做情绪的主人

学习目标

1. 理解有关情绪的含义、功能、结构与分类。
2. 通过课堂互动游戏，掌握情绪识别、命名和分类的方法与技巧。
3. 在社交、与人沟通和互动过程中，能够运用情绪识别技巧提高准确表达自我和适当反馈他人情绪的能力，做出适应性行为。

心灵物语

任何时候，一个人都不应该做自己情绪的奴隶，不应该使一切行动都受制

于自己的情绪，而应该反过来控制情绪。无论境况多么糟糕，你应该努力去支配你的环境，把自己从黑暗中拯救出来。

——罗伯·怀特

情绪和我们的关系，如同人与影子的关系，影子的出没只因太阳和月亮的日夜交替，不分好坏，不论应有，只看某时某刻；情绪的影响只因人的一念转换，不分好坏，不论应有，只看此时此刻。

——任婕

案例导入

P：你好，医生，你能帮帮我吗？(流着眼泪，面容憔悴、惆怅)

T：你好，你能大概说说你来这里是需要我帮你什么呢？(递纸巾给她)

P：最近一段时间，我晚上老睡不着觉，总爱胡思乱想，动不动就流眼泪，白天感觉昏昏沉沉，工作老出错，有时候会莫名其妙地发脾气，所以也不想和同事有过多交流，也没有胃口，有时候都觉得活着没意思，

T：恩，听起来你最近这段时间确实挺不好受的，这种状态有多久了？

P：算起来有半年多了吧，刚开始也不觉得有什么，最近这半个月来，我感觉越来越糟糕了。

T：哦，那就是说，半年前的情绪、状态什么的都还可以，这半年才出现这种情况，尤其是最近这半个月来情绪更加糟糕了，对吗？

P：恩，是的

T：那半年前有什么事情发生吗？

P：半年前我和男朋友分手了……

来自已征得来访者同意的真实案例

在大家的日常生活中，任何在我们身上、我们周围人身上发生的事情，或者我们亲眼看到、亲耳听到某些事情发生，都会让我们有各种各样的情绪体验，情绪对人的影响是潜移默化的，往往不易被人们察觉，当个体的躯体感受不适，生物节律失调，社会功能(人际交往、工作学习)受损，生活动力下降的时候，个体才会感受到情绪对自身的影响是如此强烈，如猛兽袭击般，使我们没有时间、没有力量、没有方法去应对。所以，提高自身对情绪变化的敏感度和关注度可以降低情绪对我们的影响程度与范围。在此节我们将了解情绪的含义和相关理论知识，学会识别、觉察情绪的方法与技巧。

一、情绪的内涵

大多数时候，我们最先、最快体验到也最敏感于我们情绪的变化，情绪也无时无刻不在影响着我们的心理世界和社会生活。丰富的情绪感受使我们在享受生活的多滋多味的同时，也常常为情绪所思、为情绪所困、为情绪所伤。从古至今，从西方到东方，心理学家已经对情绪的内涵、结构、性质和功能等问题进行了深入的研究。各派别对情绪的关注点与研究方法不同，导致大家对情绪的观点并不完全一致，甚至有些众说纷纭、莫衷一是。较有影响力的三种情绪研究取向是身体知觉观、进化主义观、认知评价观。

(一)身体知觉观

此研究取向的学者认为，诱发情绪产生的刺激源是自主神经系统的激活，也就是我们的身体先发生生理变化，这种变化进而导致情绪的体验(见图 1-2)。例如，有一辆车突然从你的身边经过，这时你的自主神经系统被激活，你的身体出现了过电感、发热、出汗等生理变化，进而让你产生紧张、恐惧、害怕等情绪体验。

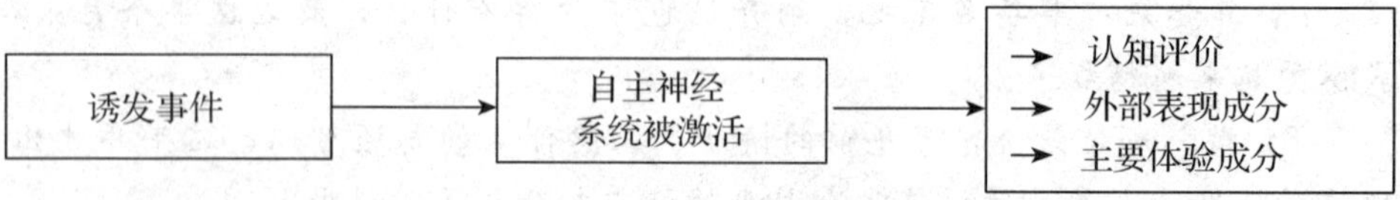

图 1-2　情绪的身体知觉观示意图[①]

(二)进化主义观

持这一观点的研究者认为，情绪是对环境的适应，是生物体在适应自然环境的过程中进化而来的，环境中的刺激事件或情境激活人体由基因编码的情绪系统，进而使人类获得各种情绪体验(见图 1-3)。

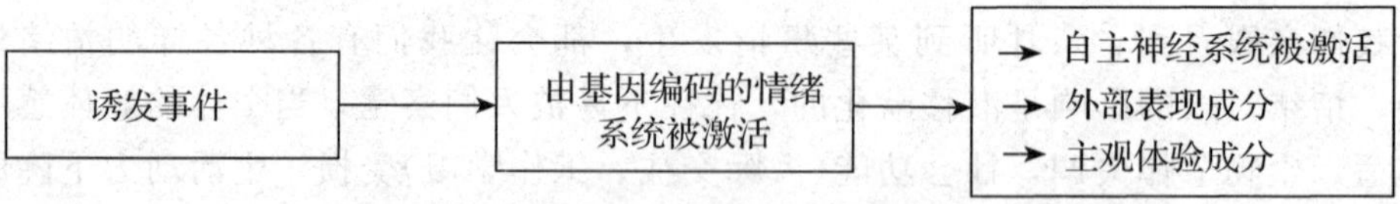

图 1-3　情绪的进化主义观点示意图[②]

①② 傅小兰:《情绪心理学》，3—5 页，上海，华东师范大学出版社，2015。

(三)认知评价观

情绪的认知评价取向认为，情绪反应的产生是人们对事件的评价(见图1-4)。因为人们对世界的看法以及人们与周围人的关系影响着人们的感受，比如，愤怒来自于他人是否蔑视我们的评价。情绪来自于对某一事件意义和重要性的评价，同时遇到的事件的重要性评价决定了体验到的情绪类型，对同一种环境刺激可能产生不同的情绪感受，例如，如果我们将某人的行为评价为对我们的侮辱或轻蔑，我们将会产生愤怒的情绪；而如果将某人的行为评价为即将发起攻击，恐惧的情绪将会被引出。因此，认知评价取向能够更好地解释为何同一事件在不同时间地点会引发不同个体的不同情绪反应。①

图1-4　情绪的认知评价观示意图②

通过以上三种研究取向示意图，我们可以看出，不同研究取向关注了情绪的不同角度，但是比较一致的地方在于，情绪都伴随着一定的主观体验、外部表现和生理唤醒，区别在于这几种成分产生的顺序不同，并且不同条件下某些成分并不必然出现(如个体可以有意识地抑制自己的外部表现)或以其他方式出现(如个体可以有意识地表现与自己内心体验不一致的外部表情)。因此，我们尝试将情绪定义为“往往伴随着生理唤醒和外部表现的主观体验”③

二、情绪的结构

情绪的复杂性使其具有独特的内部结构。美国著名情绪发展研究专家伊扎德(C. E. Izard)把情绪划分为三个组成成分，即主观体验、外部表现、生理唤醒。④

(一)主观体验

主观体验是个体对不同情绪状态的自我感受，每个人对具体情绪都有不同的主观体验。例如，A对于紧张情绪的感受是保持高度的注意力，减少出错的可能性；而B对于紧张情绪的感受是无法放松，有窒息感，会随时晕倒过去。

①② 傅小兰：《情绪心理学》，3—5页，上海，华东师范大学出版社，2016。

③ 傅小兰：《情绪心理学》，4—5页，上海，华东师范大学出版社，2016。

④ 傅小兰：《情绪心理学》，6—7页，上海，华东师范大学出版社，2016。

(二)外部表现

外部表现，我们也称为表情，包括面部表情、姿态表情和语调表情。面部表情是面部肌肉变化组成的模式，如愤怒时皱眉、眼睛变狭窄、牙关紧咬、面部发红；高兴时额眉平展、面颊上提、嘴角上翘。姿态表情可分为身体表情和手势表情。不同情绪状态下，身体姿势会发生不同的变化，如双手交叉置于胸前表示抗拒或者自我保护。手势可单独使用，也可和言语一起使用。语调表情是通过言语的声调、节奏和速度等方面的变化来表达的。例如，高兴时语调高昂、语速快。将三种表情综合来看会更有利于准确判断个体的情绪状态。

(三)生理唤醒

生理唤醒指情绪产生的生理反应和变化，它与广泛的神经系统有关(中枢神经系统、自主神经系统、内分泌系统等)，如兴奋、激动时心跳加快，紧张、焦虑时尿频或腹泻。

三、情绪的功能

情绪是人类生活中极其重要的心理活动，一般而言，情绪具有以下四大功能：适应功能、动机功能、组织功能和信号功能。

(一)适应功能

情绪能帮助个体做出与环境相适应的行为反应，从而有利于个体的生存和发展。尤其是面部表情，它在人类进化过程中有重要的适应性功能。许多具有适应意义的表情动作获得了新的社会性功能，成为一种交际手段，用来表达思想和情感，如用微笑表示友好。人们通过察言观色了解对方的情绪状况，以便做出恰当的行为。

(二)动机功能

情绪是动机系统的基本成分，它能够激发和维持个体的行为，并影响行为的效果。一方面，情绪具有重要的学习动机功能，如兴趣和好奇心的产生能够激励学习积极者的学习行为，获得学业成就；另一方面，情绪是一种重要的道德动机，既能够激发良好的道德行为，又可以阻止不良的道德行为。

(三)组织功能

情绪具有组织作用，会对注意、记忆和决策等其他心理过程产生重要影响，一般来说，正性情绪起协调组织的作用，负性情绪起破坏、瓦解或阻断的作用。愉悦和快乐属于正性情绪，人们通过对快乐的追求适时调整自己的态度、行为和评价，从而产生积极作用。痛苦是最普遍、最一般的负性情绪，虽然痛苦的体验不可避免，但是长期存在的痛苦情绪，不仅会带给我们躯体上的不适，还会影响我们的工作学习的积极性、生活的主动性，使我们的社会功能受损等，这都会对我们自身产生消极作用。

（四）信号功能

情绪在人际交往中具有传递信息、沟通思想的功能。通过情绪外部表现进行的信息传递，我们可以知道他人正在进行的行为及其原因，也可以知道我们在相同情境下如何进行反应。在生活中，当我们与他人沟通时，准确识别他人的情绪外部表现，做出恰当的反应并及时给予反馈，会让他人有被共情的感觉，提高我们的人际交往能力。

四、情绪的分类

根据情绪的主观体验与认知评价的不同，可以把情绪分为基本情绪和复合情绪。①

（一）基本情绪

基本情绪是人和一些动物所共有的、天生的、不学就会的，在发生上有共有的原型或模式，在个体发展早期就已经出现，每一种基本情绪都有独特的生理机制和外部表现，包括快乐、悲伤、愤怒、恐惧、惊奇和厌恶。

（二）复合情绪

复合情绪则是多种基本情绪的混合产物，或者是基本情绪与认知评价等相互作用的结果。复合情绪也被称为社会情绪，可分为依恋性社会情绪、自我意识情绪、自我预期情绪和道德情绪。依恋性社会情绪是人与人之间的情感连接。个体在社会环境中，由于关注他人对自身和自身行为的评价而产生的情绪为自我意识情绪，分为正性和负性情绪两类。在面对机会选择或竞争情境时，个体对不同行为方式的后果做出预期，并根据自身的期望和价值取向调节对社会信息的认知和加工过程，这一过程引发的情绪被称为自我预期的情绪。② 个体根据一定的道德标准评价自己和他人行为和思想时所产生的情绪被称为道德情绪。③ 复合情绪包括爱与依恋、自豪、羞耻与内疚、敌意、焦虑与抑郁。

---

① 傅小兰：《情绪心理学》，71页，上海，华东师范大学出版社，2016。

② 徐晓坤、王玲玲、钱星等：《社会情绪的神经基础》，载《心理科学进展》，2005(4)。

③ 周详、杨治良、郝雁丽：《理性学习的局限：道德情绪理论对道德养成的启示》，载《道德与文明》，2007(3)。

体验式课堂实践活动①

课堂实践一

活动名称 对号入座

活动目标

个人体验、理解情绪词汇，体会情绪分类。

活动准备 白纸、笔

活动时间 20分钟

注意事项 要在真正理解关于情绪的词汇的基础上进行

操作手册

表1-3 100个关于情绪的词汇

高兴	开心	愉快	快活	快乐	庆幸	舒畅	爽快	喜悦	兴高采烈
愤怒	恼怒	恼火	气愤	悲哀	悲伤	沉痛	伤感	伤心	痛苦
痛心	辛酸	胆怯	害怕	惊吓	受惊	可怕	发怵	心惊肉跳	胆战心惊
着迷	入迷	心醉	冤仇	仇视	敌意	嫉妒	反感	可恨	可恶
担忧	心烦	窝囊	窝火	烦闷	不爽	不快	别扭	憎恨	讨厌
担心	发愁	犯愁	忧虑	忧郁	压制	愁闷	无能感	自得	骄傲
焦虑	迫切	急躁	委屈	抱屈	骄傲	自信	自卑	体面	傲慢
焦急	心急	心切	发慌	恐慌	羞愧	害羞	不好意思	亏心	愧疚
为难	丢脸	怕羞	羞耻	耻辱	悔过	懊悔	后悔	过意不去	内疚
吃惊	好奇	惊讶	震惊	疑惑	可疑	迷惑	迷茫	可怜	可惜

1. 阅读表1-3中100个关于情绪的词汇，看看是否能理解。

2. 将情绪按照正性积极的、负性消极的进行分类。

3. 将分好类的情绪再按照情绪关注的时间焦点差异分成指向过去、现在、将来的积极情绪体验和指向过去、现在、将来的消极情绪体验6类。

学生成长记录

1. 这些词语我熟悉吗？

2. 我能准确地应用这些词语吗？

---

① 张麒：《学校心理咨询实务》，44—47页，上海，上海人民出版社，2008。

3. 我能用这些词语来描绘自己的心情吗？

4. 当我与人交谈的时候，能用这些词语回应他人感受吗？

5. 这个练习对于我识别情绪有什么帮助？

心成长体验

1. 对号入座的活动体验中让我印象最深刻的是：________________。

2. 当我对情绪进行分类时，我的感受是：________________。

3. 当我将情绪按照时间焦点分成指向过去的、现在的、将来的积极和消极的情绪时，我的感受是：________________。

4. 如果我在与人交谈时，能够准确地理解和反馈他人情绪，那么我的人际关系或社交能力会：________________。

教师总结

无论是自我觉察，还是在与他人交往的过程中，我们会因为习惯而选择用一小部分词语来定义或命名我们的情绪。无论是对自己还是对他人情绪理解的偏差，都会让我们陷入某种情绪而不自知。通过这样的体验与练习，可以提高大家对自身情绪的关注度和敏感度，让同学了解恰如其分地定义或命名情绪的必要性，为更恰当的自我认知奠定基础。

课堂实践二

活动名称　猜猜看

活动目标

趣味分组，角色扮演，通过表演识别他人情绪。

活动准备　可移动的桌椅、情绪卡片 10 张、情境描述卡片 10 张。

活动时间　25 分钟

操作手册

1. 全班同学分为若干小组，各组选出一名小组长，各组组长抽取所需的 4 张卡片装进袋子里，小组成员均不能提前查看卡片内容。

2. 小组成员围在一起，轮流请一位成员从袋子里抽取一张小卡片并自己一个人打开查看，注意不让小组其他成员看见卡片内容，然后不说话，用表情或一系列动作来表达卡片上所呈现的情绪或情境，让小组其他成员猜，只要有一位小组成员完全猜对，就算过关。然后，换下一位成员从袋子中抽卡片并表演来让大家猜，依次轮流重复，直至所有卡片都被猜对，结束游戏。

注意事项

如果表演两次都没有被猜出，或猜错 3 次(猜的与卡片上的要完全一致，不然还是算错），要将卡片重新放回袋子，轮到下一位组员从袋子中继续抽纸条，方法同步骤 2。

学生成长记录

1. 游戏中我的感受如何？猜中别人的心情如何？被人猜中的心情又如何？

2. 游戏中，我的困难在哪里？是猜还是让别人猜？由此我对自己有什么发现？

3. 哪些情绪卡片大家容易猜到？哪些情绪卡片大家都觉得有困难？

4. 当别人说出的情绪跟我要表达的情绪完全一样或比较接近时，我的感觉是怎样的？如果完全不一样，我的感觉又是怎样的？

5. 对于那些难以表达的情绪卡片，我们小组最后是怎样完成的？有些什么经验？

心成长体验

1. 我在猜猜看这个游戏中最深刻的体验是：________________。

2. 我对非言语性情绪表达的理解是：________________。

3. 当我在猜别人所要表达的情绪的时候，我的感受是：________。

4. 如果我在与人交谈时，能够准确地理解和反馈他人情绪，那么对我的影响是：________________________________。

教师总结

情绪的复杂性、多变性、重叠性和不确定性，让我们看不到、摸不到、掌控不到它，它却又无时无刻不在影响我们的心理状态，使我们不得不去关注它。在进行社交活动时，我们往往会忽略自己和他人非言语性的情绪表达(表情、肢体、行为)，通过这个小组互动游戏体验，大家可以体验在非语言环境下准确识别和理解他人情绪的必要性和重要性。掌握觉知、洞察与识别情绪的技巧，不仅可以帮助个体学会读懂自我、表达自我和理解自我，同时还能提高理解他人、社交与沟通以及适应社会的能力。

内容小结

我们知道，健康不是没有疾病和虚弱的状态，而是一种生理、心理和社会适应都趋于完满的状态。所以，我们不仅要拥有健康的生活行为习惯，还要保持稳定的情绪状态，还要建立有效、良性、可持续的社交与沟通模式。那么，时常对自我进行觉察与认知就尤为重要。这一节，我们了解了有关情绪的内涵，包括情绪的含义、功能和分类等，通过课堂自我体验与小组练习，学会掌握情绪分类、识别与命名的方法与技巧，并在生活、学习、工作中运用所学知识及时体察与觉知自己与他人的情绪，学会做自己情绪的主人，提高社交互动能力。

课后思考题

同一件事件或同一情境，发生或出现在不同人身上，为什么会出现不同的情绪体验？

心成长资料库

推荐书籍

1.《面向未来的孩子 4：情绪调节》，［韩］金桢洪，黄山书社，2010 年

推荐理由　此书通过生动的故事和鲜活的案例，深入浅出地向人们介绍了愤怒、羞愧、恐惧、悲伤与快乐等情绪的特点，教给我们如何识别、解读和调节这些情绪的技巧与方法，如何成为情绪的主人而不是情绪的仆人。

2.《情绪急救：应对各种日常心理伤害的策略与方法》，［美］盖伊·温奇，上海社会科学院出版社，2015 年

推荐理由　我们会经常遭受情绪的创伤，如失败、内疚、拒绝和丧失，对大多数人来说，情绪伤害只要还没有严重到需要专业人士的帮助，人们就会放任不管，从而使我们感觉糟糕的时间比我们应当感到的长很多。这本书如同急救箱一样用来处理受伤的情绪，我们可以从中学习到应对各种常见的情绪麻烦的方法与技巧，让我们得以振作精神，用勇气和信心战胜挫折。

推荐影片

《舞出人生》

推荐理由　我们无法选择我们的出身、父母以及家世，但翻身的机会一定是留给拥有乐观心态、坚定意志、奋力拼搏的一群人。正如本片的主人公，他在寄养家庭中长大，生活在社会的最底层，打架、斗殴、偷窃、搞破坏、混帮派，是典型的社会小青年形象。由于一次搞破坏，他被处罚到某学校进行“劳动改造”，从而体验到了另外一种生活方式，他突然有了自己的生活目标，他想要改变但又害怕改变的矛盾心理让他差点错失良机，最终他选择改变，改变自己的人生轨迹，最终赢得了去另外一所学校上学的机会。

第四节　与情绪共舞，让情绪流动

学习目标

1. 了解贝克认知行为理论的概念、模型和应用。
2. 通过贝克认知理论模型，学会分析自身产生不良情绪的原因。
3. 掌握识别歪曲认知的方法，提高调节自我情绪的能力。

心灵物语

如果你对周围的任何事物感到不舒服，那是你的感受所造成的，并非事物本身如此。借着感受的调整，可在任何时刻都振奋起来。

——奥雷柳斯

如果能左右自己的思想，就能够控制自己的情感。

——W. 克莱门特·斯通

案例导入

P：我最近情绪很糟糕，感觉很痛苦。

T：你是否记得最近几天在什么时候你会注意到自己的情绪发生改变？什么时候会意识到自己特别痛苦？

P：恩，我想我还记得。

T：你愿意和我说一下吗？

P：我当时正在和一起上课的同学吃午饭，然后我开始感到不舒服。大家在讨论老师上课讲的内容，而我完全听不明白。

T：你记得你当时在想什么吗？

P：恩，他们比我聪明多了，我可能会不及格。

T：哦，当你和同学在一起吃饭时，你开始感觉不舒服，大家在讨论老师上课的内容，而你完全听不明白，所以你产生了这样的想法：他们比我聪明多了，我可能会不及格。那么，这些想法让你产生了什么样的情绪？快乐，难过，担心，愤怒？

P：哦，难过，非常难过。

来自已获得来访者同意的真实案例

对于这个案例，我们可以画一幅图，如图 1-5 所示。

情境（事件）：和同学一起吃饭

↓

自动思维（想法）：他们比我聪明多了，我可能会不及格

↓

情绪：难过

图 1-5　情绪变化图

在这个案例中，是什么影响了这位同学的情绪？是情境（事件）自身，还是他在这样情境下的想法？

不难看出，正是因为他有了"他们比我聪明多了，我可能会挂科"这样的自动思维，才引起了他有"难过"这样的情绪体验。有人提出，不和同学一起吃饭就没有那个自动思维了，没有那个自动思维就没有难过的情绪了。没错，这样似乎也合理。假如，这位同学在很多情境下都会出现"难过"的情绪，难道要让他远离所有引起难过情绪反应的情境吗？那他还能照常上课、学习和社交吗？显然这个方法行不通。如果一个人对事件本身的理解、认知是消极的、负面的、不良的，那么他的情绪能积极、乐观吗？

一、贝克认知行为理论模型的由来

在 20 世纪 60 年代，时任宾夕法尼亚大学精神病学助理教授的医学博士阿伦·T. 贝克（Aaron T. Beck）在心理健康领域发起一场变革。阿伦·T. 贝克，曾经是一名精神分析学家，他为了让当时的医学界认可精神分析，做了一系列的实验，意外的是，在实验过程中，他证明了痛苦的、负面的认知（主要指思维和个人信念）是抑郁症最主要的特点，他在研究的过程中，发展出了一套结构化、短程的、着眼于解决当前问题的，并可以校正功能不良的想法和行为使情绪得以改善的认知行为治疗模型。[①]

二、贝克认知理论模型

贝克认知理论模式的假设是：人的情绪、行为及生理反应为他们对事件的

① BECK, A. T., "Thinking and depression: II. Theory and therapy," *Archives of General Psychiatry*, 1964(6), pp. 561—571.

认知所影响(如图 1-6)。

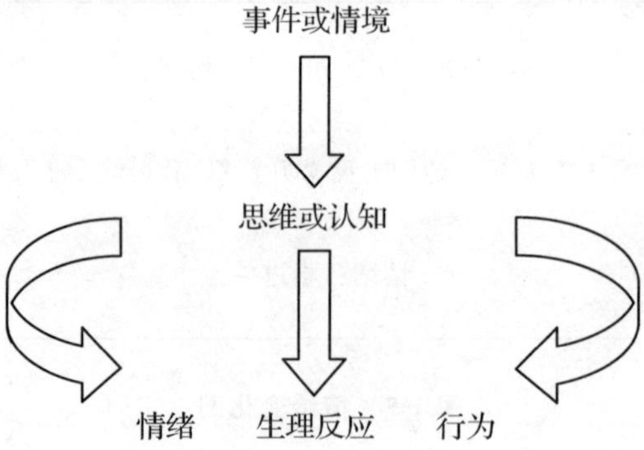

图 1-6　贝克认知理论模型

事件或情境本身并不决定人们的感受，感受和情绪取决于人们如何解释这一情境。例如，三个人同时被邀请参加同学聚会，当他们得知这个消息时，脑中有不同的想法，因而面对同一情境出现了非常不同的情绪及行为反应。

同学 A 想：哇，好久没见他们了，可以和老同学见面了！他感到有些激动并立刻答应下来。

同学 B 想：真无聊，有那时间我还不如干点别的。他感到厌烦并找接口拒绝了。

同学 C 想：我不知道到时候该说些什么，所有人都会看到我很紧张，我总看起来和他们格格不入。他因此感到焦虑、紧张，并找借口拒绝了。

可以看出，同一件事情发生在不同的人身上，会因为每人对此情境的理解和想法不同而产生不同的情绪和行为。

我们对某一事情或情境直接在头脑中做出的反应，尤其是评价性的反应，就是我们的第一反应或所谓直觉。其实有个非常专业的名词，那就是自动思维。

三、自动思维

(一)自动思维的含义

贝克认知理论更关注人们的思维层面，当我们在一些情境中(或是在回忆事件)时，那些快速、自动涌现的评价思维被称为自动思维。我们可能意识到自动思维的存在，尤其是那些没有经过理性分析的想法。当我们有意识地尝试觉察或分析那些没有经过理性分析的想法的时候，我们就能观察和识别那些与焦虑、抑郁、愤怒等情绪症状相联系的深层想法，这样，我们就能真正控制和调节我们的情绪。

（二）自动思维的特征

我们的头脑每天产生的大量思想仅是一个认知加工流的一部分，这个认知加工流在完全有意识的思想表面之下，它很隐蔽，想要识别影响我们的自动思维比较困难。如果我们了解自动思维的特征，就会对我们识别适应不良的自动思维有所帮助。自动思维具有以下几点特征。

(1)它们通常自发产生。

(2)它们常常不会被留意到。

(3)比较容易觉察到的是与它们有关的情绪和身体感觉。

(4)它们与比较明显的思维流共存。

(5)它们常常是短暂的、一闪即逝的，有时像电报的嗒嗒声。

(6)它们可以是言语或想象。

(7)即使留意到，人们常常会把它们看作正确的而接受，不会有反思。①

总的来说，自动思维具有典型的私密性，或者是没有说出口的，我们对日常生活中事件意义加以评估的过程中，这些思维就像速射子弹一样涌现。

（三）自动思维的类型

对于自动思维我们可以通过它们的有效性及实用性来评估。自动思维的类型有三种。

(1)即使客观证据与之相反，但在某种程度上思维仍然是歪曲的。

(2)自动思维是准确的，但形成的结论可能是歪曲的。例如，“我没有做我承诺(给一个朋友)的事情”是一个适当的思维，但是结论“因此我是个坏人”并不适当。

(3)自动思维的类型是正确的，但也是适应不良的。例如，某同学为考试做准备，并且有这样的想法：这需要花很长时间才能完成，我明天夜里两点起床。这个想法是正确的，但是如果他把注意力放在“这件事情需要花很长时间去准备，但我无法完成它”这样的想法上，这就会增加这位同学的焦虑，降低他的注意力和动机，进而对考试产生适应不良的反应。

评估自动思维的有效性和实用性并做出适当的回应，一般都会使情感反应产生积极的转变。所以，我们要学会识别、评估和界定那些对我们形成不良影响的自动思维，也就是歪曲的自动思维，我们也把这种思维叫作歪曲认知。

---

①　[美]Judith S. Beck：《认知疗法：基础与应用(第二版)》，158－160页，北京，中国轻工业出版社，2015。

四、歪曲认知

(一)歪曲认知的定义

在自动思维涌现的过程中，会出现合理、适应性的思维，也会有不合理、适应不良的思维。那些不合理、适应不良的思维被称为歪曲认知，正是这些歪曲认知对我们的情绪、生理和行为产生影响。

(二)常见的歪曲认知

常见的歪曲认知有以下七种。

1. 绝对化/非黑即白/两极化思维

绝对化(非黑即白/两极化思维)，即用二分法看待事物，没有中间地带(比如全坏或全好，完全失败或完全成功，一无是处或完美无缺)。

例如，“他什么都有，而我什么都没有!”“如果这次我考不好，我就是个失败的人!”

2. 夸大或缩小

夸大或缩小，即在评价自己、他人或事情时，没有理由地夸大消极面，缩小积极面。

例如，某人感到头昏眼花，然后想到：我会晕过去的，我可能是心脏病发作了。

3. 过度概括

过度概括，即就一个或若干孤立的事件得出一个结论，然后再把这个结论不合逻辑地推广到很多领域的活动。

例如，一个平时总是班里前五名的学生，有次考试考了第七名，他觉得不满意，然后他产生了这样的想法：我在这个班里遇到了麻烦，在我的生活中，不管在哪里我都不如意，我做不好任何事情。

4. 主观推断

主观推断，即在面对相反的证据或缺乏证据的情况下得出不恰当的结论。

例如，一个害怕坐飞机的人，即使证据显示飞机失事的可能性只有3%，但是他依然认为，如果他乘飞机，坠机的概率会是20%甚至更高。

5. 个人化/消极归因/揽责上身

个人化(消极归因/揽责上身)，即在没有或几乎没有任何根据的情况下，认为外部事件与自己有关系，对于消极事件过分地承担责任或感到自责。

例如，一个在班里担任班长的同学，在一次集体活动中，因为班级没有获得较好名次，就出现了这样的想法：都怪我不好，没有让大家好好练习，才让班级没有取得名次。

6. 情绪推理

情绪推理，即仅因为感受强烈，就认为事实一定如此，忽视或低估另一面的证据。

例如，我知道我在学习上做了很多努力也取得了不错的成绩，但是我仍然感到自己是个失败者。

7. 选择性概括

选择性概括，即只看到了一小部分信息后就得出结论，会忽略一些显而易见的证据或信息。

例如，女朋友因为男朋友忘了她的生日而情绪低落，她出现了这样的想法：他从来都不知道关心我，他不再爱我了。实际的情况是，男朋友在和她相处的五年中，每年都会给她过生日。①

因此，个体可以通过关注情绪、行为或生理的变化学习识别自己的自动思维，当你开始感到烦躁不安时，你可以问问自己："我脑中刚才正在想什么?"当你识别了自己的自动思维，你可能已经在一定程度上评估了思维的正确性，这样就降低了歪曲认知的出现，情绪自然得到缓解。

体验式课堂实践活动

课堂实践一

活动名称　"情"雨表——自动思维记录表

活动目标

通过个人练习，识别影响情绪的自动思维，学会寻找替代性思维。

活动准备　白纸、笔

活动时间　30 分钟

操作手册

1. 用下述问题帮助自己寻找替代思维。

(1)支持自动思维的证据有哪些？不支持的证据有哪些？

---

① ［美］Jesse H. Wright 等：《学习认知行为治疗图解指南》，8—9 页，北京，人民卫生出版社，2010 年。

(2)是否有其他解释？

(3)最坏会发生什么？我能挺过去吗？最好会发生什么？最有可能出现的结局是什么？

(4)如果我相信这个自动思维的话，结果会怎样？如果我相信替代思维的话，结果又会怎样？

(5)对此我该做些什么？

(6)如果______(朋友的名字)处在这个情境中，而且有这种想法，我会对他/她说什么？

2. 记录对你而言能引起较强情绪反应的事件、想法、白日梦或回忆是什么？

3. 问自己，当我处在当时的事件、想法或回忆中，我脑子里有什么想法？我对当时脑子里出现的想法的相信程度有多少？

4. 当时你的心情可以用哪些关于情绪、情感的词来表达？当时情绪的强度是多少？

5. 用我们所学内容，给自己的自动化思维分类，看看属于哪种歪曲认知，并回答、记录自动化思维表中的问题，找出更合理的替代性思维。

表 1-4　自动化思维记录表

时间	情境	自动化思维	情绪	替代思维	结果
	什么实际的事件或想法、白日梦或回忆导致你不愉快的情绪？ 你有什么不舒服的躯体感觉？	你脑子里有什么想法和图像？ 当时你对每个想法或图像的相信程度如何(0～100%)？	当时你感到什么情绪？ 情绪的强度如何（0～100%)？	你的自动思维属于哪类的认知歪曲？ 构想出一个更合理的想法来替代自动思维。你对替代思维的相信程度如何（0～100%)？	现在你对第三列自动思维的相信程度如何(0～100%)？ 你现在情绪如何？强度如何(0～100%)？ 你会做什么？(或你做了什么)？

6. 当你完成以上步骤，再次对之前的自动化思维和情绪进行评估，并体会现在的情绪如何，强度又如何，对你的行为有什么影响。

学生成长记录

1. 练习中我的感受如何？自动思维如何影响我的情绪？

2. 练习中，我的困难在哪里？识别影响我们情绪的自动思维困难吗？

3. 在练习中，我对区别情绪和自动思维有什么诀窍或方法？

4. 我对自己的歪曲认知有什么样的理解？

5. 在寻找正反证据的时候，我有何体会和心得？

6. 如果我用替代思维代替之前的自动思维，我的情绪体验如何？

心成长体验

1. 我在这个练习中感触最深的是：______________________________。

2. 我对贝克认知行为模式的理解是：____________________________。

3. 我对自动化思维和情绪之间的关系的认识是：__________________。

4. 如果我能觉察自己的自动思维，对它进行评估和分析，并通过寻找替代思维来改变功能不良的自动思维，那么对我的情绪的影响是：__________。

教师总结

贝克认知模型表明，个体对情景的解释(而不是情境本身)会影响个体随后的情绪、行为和生理反应，这些解释常常以自动思维的形式表现出来。当然，有些事情总是令人困扰，比如被拒绝，如果你歪曲的自动思维让你对被拒绝做出不良反应，那么我们就会陷入某种消极情绪中，有可能会慢慢回避人群，甚至减少社交，造成社交障碍。自动思维常是简短的、稍纵即逝的，大多数时候，人们未经思考或评估就会对这些自动思维信以为真，所以，练习如何记录自己的自动化思维，不仅会提高我们察觉自动思维的敏感度，还能教授我们进行自动思维的识别、评估并以更为适应的方式做出反应，最终使我们的情感产生积极的转变。

课堂实践二

活动名称　情绪排排站

活动目标

趣味分组，体验情绪与我们的距离和关系。

活动准备　可移动的桌椅

活动时间　25分钟

操作手册

1. 全班同学分为若干小组，小组成员数尽可能为偶数。

2. 小组中，随机两两为配对，一人扮演“情绪”。另外一人体验，体会当扮演“情绪”这个人分别站在自己前面、后面或者旁边时的感受。一人体验完后，两人互换，直到小组所有人体验完毕。

学生成长记录

1. 游戏中，我的感受如何？扮演“情绪”和体验时，我的感受分别如何？有什么一样或不一样？

2. 扮演“情绪”的同学站在哪个位置时我感觉最不舒服？站在哪个位置时我觉得最舒服？

3. 小组中，大家对“情绪”所在位置的舒适程度体验有什么不一样？

心成长体验

1. 我对“情绪排排站”这个游戏体验最深刻的是：________________。

2. 当我扮演“情绪”的时候，我的感受是：________________。

3. 当我体验“情绪”和我的距离的时候，我的感受是：____________。

4. 如果我能时常觉察到情绪与我的距离，并能把它摆放到让我感觉最舒服的位置，那么对我的影响是：________________________。

教师总结

情绪是人们在生理和心理上不可分割的一部分，很多人会因为情绪“坏”而想尽办法摆脱它，最后却发现自己被情绪控制了。这个游戏让我们体验到，当情绪与我们的位置发生改变时，我们会有不同的感受，我们需要做的就是时不时觉察情绪相对于我们的位置和距离。我们与其耗费力气与它抗衡，不如调整它相对玩我们的位置，把它摆放在我们觉得舒服的位置或距离上，这样不仅能减小情绪对我们的影响，同时，我们可以和情绪和平相处。

内容小结

本小节在贝克认知行为理论模型的框架下，使我们更加明确地了解到情绪反应来自个体对周围环境、人、事、物做出的认知评价，如果我们的认知评价是积极并适应的，那么我们的情绪体验是正面的；如果我们的认知评价是消极并不适应的，那么我们的情绪体验是负面的。消极的不适应的认知被称为歪曲认知，掌握识别歪曲认知的方法，可以提高我们觉知与调节情绪的能力。

课后思考题

1. 如何区别情绪和自动思维？

2. 常见的歪曲认知有哪些？

心成长资料库

1. **推荐书籍**

《多舛的生命：正念治疗帮你抚平压力、疼痛和创伤》，[美]乔恩·卡巴金，机械工业社出版，2018年

推荐理由　此书通过大量具体的操作方法，向我们展示如何培育正念觉知，觉知当下，觉知每一天、每一刻的你，你的情绪和你的一切。

2. **推荐影片**

《头脑特工队》

推荐理由　此片以动画的形式，讲述了人类大脑中情绪变化的过程，各种情绪如何影响主人公的生活、学习、社交以及和父母的关系。当负性情绪掌控主人公时，她会做出破坏性的行为；当正性情绪出现时，她会做出适应性的行为。

学习情境二　探索与成长——在关系中了解你我他

第一节　连接你我他

学习目标

1. 理解人际关系的概念及重要性。
2. 学会运用人际关系技巧处理与他人的关系。
3. 能运用所学知识处理自己学习生活中的人际关系问题。
4. 能运用所学内容处理在生活中及以后的实习工作中的同学、同事等关系。

心灵物语

人类心理的适应，最主要的就是对人际关系的适应，所以人类心理的病态，主要是由于人与人之间关系的失调。

——丁瓒

案例导入

小雯来自偏远的农村，她聪明活泼，从小到大老师和同学都很喜欢她。但是，自从她以优异的成绩考到西安某高校后，家人发现她开始变得有些不爱说话，甚至有些内向，经过仔细询问，才知道她与舍友相处得不好，觉得自己受到了排挤，久而久之就有了压力。

小雯说，宿舍里一共六人，只有自己的专业和她们不一样。不同的专业就有不同的课时安排，作息时间也不统一。再加上小雯是一个比较爱学习的人，平时会很早起床去图书馆看书，导致舍友们无法安静地睡懒觉，引起了舍友们的极度不满。小雯感受到舍友们的不友好，总觉得大家都看不起她，不愿意和她一起吃饭逛街，她也不愿意跟她们一起参加宿舍的集体活动。以至于到后来，小雯连话也不愿意讲了。

因为感觉在宿舍太压抑，上学期结束后，小雯申请调换宿舍。新换的宿舍里虽然不是自己的同班同学，但毕竟是相同专业，有了共同语言，使她感觉压力小了许多。

进入大学，大学生要面对丰富多彩的大学生活以及来自五湖四海的同学、舍友。很多大学生都是第一次离开家融入集体生活中，随着相处时间的增长，可能会产生一些矛盾，影响身心的发展。形成良好的人际关系是一种能力，是大学生健康成长、成才的重要保障。每个人都希望被人接受和理解，这种需要在大学期间尤为迫切。因此，学会与人相处十分重要。大学生人际关系问题的改善除了需要一定的外界环境条件之外，最主要的还是大学生自己的主观努力。在个人心态上，提高人际交往能力的核心过程实际上是一个人逐渐克服以自我为中心的过程。建立和发展深入持久的人际交往，重要的是坦诚相见，表达真实的自我；并且对自我有合理的认知，了解自己的优点和缺点，如果自身存在着明显的缺点，理应努力克服和改正。在人际交往中不断审视自我、认识他人、领悟人生才是人际交往的内涵所在。

一、人际交往——与他人关系的桥梁

人际关系，就是人与人之间进行沟通的过程。[①] 心理学将人际关系定义为人与人在交往中建立的直接的心理上的联系；在中文中常指人与人交往关系的总称，也被称为人际交往，包括家庭关系、朋友关系、同学关系、同事关系、上下级关系等。

人际交往又叫人际沟通，指个体通过语言活动、文字或者肢体语言、表情等表达手段将某种信息传递给其他个体的过程。通常人际交往有赖于以下条件。

(1)传送者和接受者双方对交往信息的一致理解。

(2)交往过程中有及时的信息反馈。

(3)适当的传播通道或传播网络。

(4)一定的交往技能和交往愿望。

(5)对对方时刻保持尊重。

二、人际关系对大学生的重要性

(一)人际关系是立足社会之本

人是社会的动物，是群居的动物。没有任何人能离开社会而独立存在。人如果脱离了社会，必将出现心理问题。

---

① 俞国良：《社会心理学(第3版)》，8页，北京，北京师范大学出版社，2015。

知识链接

“狼孩”的故事①

1920 年 10 月，一位印度传教士辛格(Singh, J. A. L.)在印度加尔各答的丛林中发现了两个由狼哺育的女孩，大的女孩七八岁，小的两岁左右。据记载，她们大概是在半岁左右被母狼带走的。辛格给她们起了名字，大的叫卡玛拉(Kamala)，小的叫阿玛拉(Amala)。当她们被领进孤儿院时，一切生活习惯都同狼一样，不会用双脚站立，只能用四肢走路。她们害怕阳光，习惯在黑夜里看东西。她们经常白天睡觉，一到晚上则活跃起来。每晚固定时间发出非人非兽的尖锐的怪声。她们完全不懂语言，也发不出人类的音节。她们经常动物似的蜷伏在一起，不愿与他人接近。她们不会用手拿东西，吃东西“狼吞虎咽”，喝水用舌头舔，总之没有任何人类的动作习惯及语言行为。

她们被送进孤儿院后，辛格夫妇特别爱护她们，经过耐心的抚养教育，两个月后，小的阿玛拉已经开始接受并学习人类语言，并对人类活动产生了兴趣。遗憾的是，阿玛拉进孤儿院不到一年便夭折了。卡玛拉也在人类的教育训练下学会说话，她去世时约 16 岁，但其智力只及三四岁的孩子。

狼孩的故事告诉我们：人是社会实践的产物，人不是孤立的，而是高度社会化了的，脱离了人类的社会环境，脱离了人类的生活与交往，就无法“成人”。现代社会也有人很长时间不出门，不与外界联系，但他们会通过网络等方式了解外界，并不是孤立的。

(二)人际关系与马斯洛需要层次理论

如图 2-1 所示，人际关系处于马斯洛需要层次理论的中级阶段，一个人只有人际关系和谐，才能得到尊重，最终才得以实现自我的社会价值。

(三)人际关系能促进自我更快地成长

在人际关系中，我们通过与其他人进行比较，可以帮助完善对自己和其他人的认识。在交往中，“以人为镜，可明得失”。大学生通过广泛的人际交往，能促进自我发现、自我反省，取人之长，补己之短，磨砺性格，砥砺品行，以完成对自我的认识。通过观察分析对方的言谈举止以认识对方，同时，又在对

① 王淑兰：《大学生心理健康教育教程》，20—29 页，北京，世界图书出版公司，2008。

方对自己的反应和评价中了解自己。

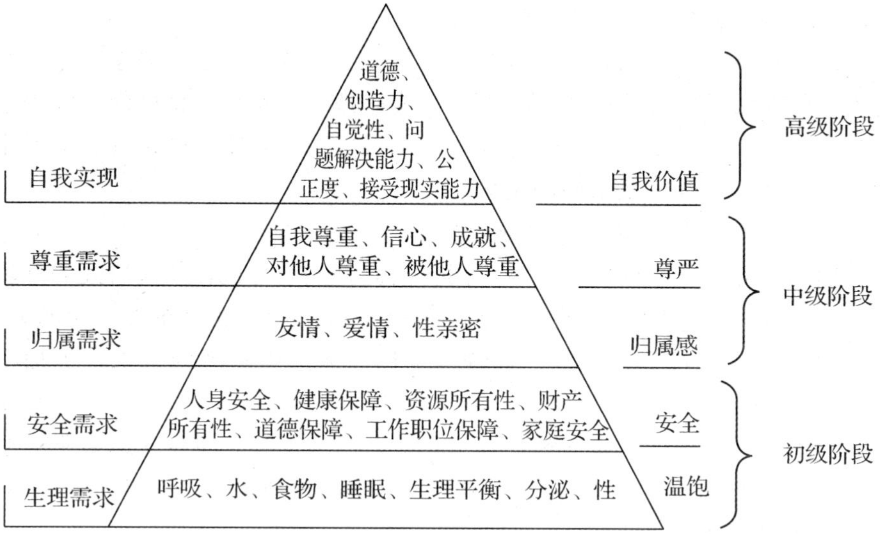

图 2-1　马斯洛需要层次理论(Maslow's hierarchy of needs)[①]

(四)人际关系促进大学生更快地社会化

人际关系是社会发展的必然产物，也是社会发展的基本前提。

人的社会过程是一个漫长的不断发展的过程，人际交往是个人社会化的起点和必经之路。我们必须清楚地认识到，个体是在人际交往中不断成长、发展和成熟起来的，在此过程中我们要学习文化、生存技能、社会知识以及社会规范要求的各种素质，从而获得社会生活的资格。如果没有与其他人的交往，那么就无法完成这个过程。

(五)人际交往是大学生实现个性全面发展的重要手段

人的个性除了受先天遗传因素的影响外，更重要的是后天环境的影响。大学生交往的环境是个性形成、发展和完善的直接条件。心理学家研究发现，如果一个人能够长期生活在友好和睦的人际关系中，就会性格开朗，在对待人和事物时乐观、积极、主动；相反，如果一个人长期缺乏与别人的积极交往，缺乏稳定而良好的人际关系，这个人往往就有明显的性格缺陷。

① ［美］亚伯拉罕·马斯洛：《动机与人格》，56－57页，北京，中国人民大学出版社，2012。

三、正确理解人际交往

(一)人际关系和“关系”的不同

人际关系，就是人们在生产或生活活动中建立的一种社会关系，它反映了人与人之间在活动中直接的心理上的关系或心理上的距离。良好的人际关系能让人身体健康、心理健康、幸福感强。而走后门、营私舞弊则是社会关系中的陋习，与人际关系有完全不同的定义。

(二)人际关系因环境而有所不同

不同的地方会有不同的风俗、不同的信仰，也就是说，如果所处的环境不同，那么人际关系自然也不同。例如，中西方的人际关系存在着巨大的差异。西方文化主要是以科学、法律、宗教为基础，侧重于真理的探求，更加崇尚“个体重于群体，个体先于群体”“人人平等”“真理与科学”等。而中国文化从古至今流传下来已经多样化，但都是以道德、艺术为基石，重视人的直觉、感受以及效仿，崇尚“在群体中完成个体”“有大有小，伦理纲常”“近君子，远小人”等人际交往理念。

因此，地域、文化、信仰、风俗习惯等不同，人际交往也各不相同，没有好坏之分，不能一概而论。

(三)人际关系没有好坏之分

人际关系是中性的，没有好坏之分。人际关系模式的形成与文化有着千丝万缕的联系。不能因交际范围或者交往人群而评定一个人。每个人因为自身所处的环境及性格因素，在人际交往过程中会出现各种不同的交往模式，但人际交往没有好坏之分。成长的环境不同，人际交往方式也不同，不能说西方文化不好，也不能说中国文化不好，只要它适合我们，我们就应去适应它，去传承它。

(四)人际关系的基础——与自己的关系

自我观念是描述一个人行为的重要概念，它指的是你在内心里是不是完全接纳你自己、喜欢你自己、爱你自己。也就是说，你自己在你心中是什么样子，你是否百分百认为自己有价值，你应该过什么样的生活以及应该怎样被对待。人的一生都在跟自己“较劲”，每个阶段会出现不同的心理困惑。当你内心不能完全接纳自己，不能百分百认可自己的价值时，你很难正确地跟别人交往。如果你不能摆正跟自己的关系，你很可能会活在自卑、愤怒里，活在与其他人的比较和冲突里。因此，想要有正确的人际关系，就必须先处理好与自己的关系。

四、人际吸引

(一)什么是人际吸引

人际吸引，是指个体在情感方面与他人相互亲密的状态，是人际关系中的一种肯定形式。按照人际吸引的程度，人际吸引可分为亲和、喜欢和爱情。

(二)人际吸引包含的因素

1. 外表因素

外表因素，即外貌的吸引力。《诗经》有云："关关雎鸠，在河之洲，窈窕淑女，君子好逑。"人们一般喜欢外貌美的人，对美好的人和事大家都会去关注。当然，美不仅仅指五官身材等条件，还包括仪容仪表、气质等内容。现代社会中，有些人以"名牌"来决定交往，如名车、名牌生活用品等，这种思想是不可取的。

2. 人格特质因素

受欢迎的人格特质有：开朗、热情、快乐、友善、真诚、忠诚、可靠、聪明、有思想、善解人意、体贴、不自私、幽默、负责任、有才华、有能力、信任别人。

介于欢迎与不欢迎之间的人格特质有：固执、循规蹈矩、大胆、谨慎、精力旺盛、追求完美、冲动、文静、害羞、感情丰富、内向、天真、好动、反叛、孤独、依赖。

不受欢迎的人格特质有：态度不佳、不友善、敌意、不真诚、自大、多嘴多舌、目光短浅、虚伪、自私、贪婪、恶毒、卑劣、粗鲁、说谎、欺骗、不值得信赖。

3. 能力因素

聪明能干的人会使人对其产生钦佩，使人愿意与其交往，我们所说的"气场"指的就是有能力的人自带的光环。一个人自身能力强，便会散发出一种个人魅力，让人愿意去接近、学习。

4. 相近性因素和互补性因素

相近性指人们往往喜欢那些喜欢自己的人，不喜欢那些不喜欢自己的人。所以在平时的人际交往中，要学会赞美他人。

互补性因素指当两个人性格不同时，人们会喜欢那些与自己个性品质相反的人。①

① [美]戴维·迈尔斯：《社会心理学(第8版)》，98—11页，北京，人民邮电出版社，2006。

五、人际交往中的心理效应及对人际交往的启示

(一)人际交往中的心理效应

1. 首因效应

首因简单来说是指两个陌生人初次见面时对对方的第一印象，它对以后的行为活动和评价具有重要的影响。在人际交往活动中，我们会很重视一开始接触到的信息(包括容貌、语言、神态等)，后面的信息就显得不那么重要了，这种心理被称为首因效应。首因效应给我们的启示是，一方面要给他人留下良好的第一印象，另一方面又要在以后的交往中纠正对他人第一印象中的不全面的认识。

2. 近因效应

近因即"最后的印象"。近因效应是指在人际交往过程中，新获得的信息对人的印象形成有强烈的影响。

研究证明，首因效应如果因插入其他活动而被中断，则后来的信息所引起的新印象比原来的印象更强，所起的作用更大。

3. 晕轮效应

晕轮效应又称光环效应，是指在人际交往中，人们常常把对方所具有的某个特征扩展到其他尚不知道的特征上，从局部信息形成一个完整的印象。光环效应往往对恋爱的双方起更明显的作用，正所谓"情人眼里出西施"。

4. 投射效应

投射效应是指在交往的过程中，我们总是假使他人和自己有相同的倾向，即把自己的特性投射到他人身上，从而形成对他人的印象，也就是通常所说的"推己及人"。有时候，我们对他人的猜测无形中透露的正是自己。要避免此效应的影响，关键是要客观地认识自己，正确对待与别人的差异，不能以自己的标准要求别人。

5. 刻板效应

刻板效应是社会上对于某一类事物或人物的一种比较固定、概括而笼统的看法。在人际交往中，我们有时会把对某一类人的整体看法强加到该类的每一个体上而忽视了个体特征。刻板效应有利于总体评价，但会产生个体评价的偏差。例如，农村来的同学认为城市来的同学见识广，而城市来的同学认为农村来的同学见识窄。

（二）人际交往中应注意的问题

1. 自我修养

(1)注意仪容仪表

衣着要整洁，得体；要注意言谈举止；必须锻炼和提高言谈技能，掌握适当的社交礼仪。

(2)培养健康的人格特质

健康人格的标准为：和谐的人际关系；良好的社会适应能力；正确的自我意识；乐观向上的生活态度；良好的情绪调控能力；积极向上的人生观、价值观；快乐。

总之，在人际交往中，不要用首因、近因、晕轮效应评判他人，不要凭借表象或一面之词给他人扣上帽子，要学会以发展的眼光看待他人。

2. 学会站在他人的角度看问题

在人际交往过程中，当和他人发生人际冲突时，我们要学会站在他人的角度上看问题。要冷静下来，给自己几分钟时间考虑：如果我是他，我该怎么办？正所谓换位思考。这样很多问题就会解决，避免不必要的麻烦。

六、人际交往的原则

（一）平等互助原则

每个人都有得到帮助和被尊重的需要，都希望被别人平等地对待。人际交往作为人们之间的心理沟通，也是主动的、相互的、有来有往的。平等是建立人际关系的前提。若要做到平等待人，首先就要不以貌取人，不以富贫、智愚论他人的品质。其次，应该平等地尊重他人，这样才能获得应有的尊重。

（二）尊重原则

尊重包括两方面：尊重自己和尊重他人。尊重自己就是在各种场合都要守住自己的底线，维护自己的尊严，不要自暴自弃，不要自轻自贱，更不能自负自大。尊重他人就是要尊重别人的民族信仰、生活习惯、兴趣爱好、人格和价值观。只有尊重别人才能得到别人的尊重。

（三）宽容原则

宽容是指人际交往中的心理相容，即与人相处时的容纳、包涵及忍让，形成融洽的人际关系。

在与他人的交往中，难免会产生一些不愉快的事情，甚至产生一些矛盾冲突。这时候我们就要学会宽容别人，不斤斤计较，正所谓退一步海阔天空；人不犯我，我不犯人；人先犯我，礼让三分。不要因为一些小事而陷入人际纠纷，这样我们会浪费很多时间，同时也变得自私自利，变得渺小。

（四）公平原则

与人交往应做到一视同仁，不要嫌贫爱富，不能因为家庭背景、地位权力等而对人另眼相看。平等待人就不能盛气凌人，不能太嚣张，让人觉得难以亲近。平等待人就是要学会将心比心，学会换位思考，只有平等待人，才能得到别人的平等对待。

（五）互利原则

建立良好的人际关系离不开互助互利。人际关系相互依存，人们通过对物质、能量、精神、感情的交换而使各自的需要得到满足。

1. 正确理解人际交往的互利

著名的社会心理学家霍曼斯提出，人际交往在本质上是一个社会交换的过程。人们在交往中总是在交换着某些东西，并且都是依据一定的价值尺度来衡量人际交往是不是值得。

互利性越高，双方的关系越稳定、密切；互利性越低，双方的关系越容易疏远。

2. 增加自己“被利用”的价值

要让别人觉得与你交往是值得的。既然人际交往是利益的相互交换，如果你要受人欢迎、吸引他人，那么你就需要增加“被利用”的价值。一切人际关系的建立与维持都是人们根据一定的价值观进行选择的结果。对于那些对自己来说是值得的人际关系，人们就倾向于建立和保持；而对于那些对自己来说是不值得的，或是失大于得的人际关系，人们就倾向于逃避、疏远或者终止。

（六）信用原则

信用是指一个人诚实、不欺骗、遵守诺言，从而取得他人的信任。交往离不开信用。诚实真诚、言而有信之人，才可能取得别人的信赖。人无信不立，尤其是现代社会中，信用关系到生活的方方面面。守信用要做到以下几点。

(1)以“诚”为立身之本。李嘉诚说过：“诚信就是资本。”在商业往来中如此，在人际交往中更是如此。

(2)不要轻易许诺他人。自己办不到的事情要讲清楚，以获得对方的理解。

(3)答应别人的事情要做到。一诺千金是我们自古流传下来的人际交往真谛。[①]

---

① 朱静：《心理健康教育(第二版)》，17—18页，北京，高等教育出版社，2016。

七、人际交往的常用技巧

(一)学会满足和维护他人自尊

每个人都有自尊心，都希望别人的言行不伤及自己的自尊心。自尊的高低是由自我价值感决定的：自我价值感强烈，则自尊水平较高；自我价值感不强，则自尊水平较低。在同别人交往时，如果威胁了别人的自我价值感，会激起对方强烈的自我价值保护意识。

(二)记住别人的重要信息

记住别人的名字会给人受尊重的感觉。因此在交往中，记住别人的名字会很容易让人对你产生好感。记住对方的名字而且很轻松地叫出来，等于给予别人一个巧妙而有效的赞美。

(三)学会正确赞美他人

人的自我价值感主要来自于人际交往过程中他人对自己的反馈。因此，人们对来自人际关系的肯定性和否定性的信息特别敏感。不要害怕面对面称赞别人。依据事实，用诚恳的态度来称赞对方，满足对方被尊重的需要；比较具体地说出对方值得称赞的地方，对不同的人称赞不同的事；最需要赞美的不是那些早已功成名就的人，而是那些自卑或身处逆境的人；人前赞赏不如人后赞赏；学会传达第三方的赞赏。

(四)适度自我暴露

在人际交往中需要对别人敞开心扉。适度的自我暴露，一方面可以保持自我心理状态的健康；另一方面可以促进双方心与心的交流，加深情谊。自我暴露不是指暴露隐私，必须适度。应该向对方主动展示你的爱好、思想和特点，使对方能更深入地了解你。

(五)善于倾听别人说话

在与别人交流的时候，仔细认真地听别人说话，你就能够很准确地理解和领会别人想要表达的思想以及说话的目的，这样你就能够准确地表达自己的思想，表达自己的观点，能够很好地与人交流和沟通，达到事半功倍的效果。

(六)换位思考

遇到事情时，要能站在对方的角度去考虑问题，从对方的角度出发，想想我们这样做对方会如何想，以及由此引发的后果，这样我们就能够想清楚，把事情做到最佳。如果对方是恋人、是喜欢的人，我们要站在对方的角度上考虑自己做的是不是对方想要的；如果对方是领导，就更应该注意这一点，但是前提是必须把自己的思维上升一个高度——假如我是领导，会希望下属如何去做，会产生什么样的效果。得与失都能想明白，做事才能够得当合适。养成这样的思维习惯，在处理很多问题时就能轻松自如、恰到好处。

（七）“三 A”法则

美国学者布吉林教授等人曾经提出一个在人际交往中成为受欢迎的人的“三 A”法则。

第一个 A(Accept)：接受对方。

第二个 A(Appreciate)：重视对方。

第三个 A(Admire)：赞美对方。

在人际交往过程中，如果能从心里接受对方，把对方放在平等的位置上，重视对方，尊重对方的意见，能由心地赞美对方，那么你自然会受到别人的欢迎。

体验式课堂实践活动

课堂实践一

活动名称　撕纸游戏

活动目标

1. 体验在日常人际交往中沟通方式的重要性。
2. 了解人与人之间产生矛盾的原因。
3. 初步掌握人际沟通的方法。

活动准备　A4 纸

活动时间　20 分钟

操作手册

1. 全体学生分别坐在自己的位置上。
2. 教师给每位学生发一张 A4 纸。
3. 教师发出游戏指令。

(1)请大家闭上眼睛。

(2)在游戏的全过程中不许提问题。

(3)按照教师口中叙述的动作进行操作，如下所述。

首先，把纸对折。

第二次对折。

第三次对折。

然后把右上角撕下来。

把纸转180度，再把左上角撕下来。

请大家睁开眼睛，把纸打开。

4. 请每位同学向全班展示自己撕的纸(会出现不同的图案)。

5. 教师再给每位学生发一张A4纸。

6. 教师重复相同的指令，再做一遍上次的游戏。唯一不同的是，这次学生们睁开眼睛，并且可以提出问题。

7. 请每一位同学向全班展示自己撕的纸，相互交流游戏经验。

学生成长记录

1. 第一次听到老师的指导语时想说什么?

2. 同组同学有人说话吗?

3. 第一个提问的人是谁?

4. 让我印象最深的是什么?

心成长体验

1. 第一次游戏，大家接受的指令是一样的，为什么会有这么多不同的结果?

2. 第二次游戏的结果是怎样的? 反馈在游戏中起到了什么作用?

3. 相同的游戏，为什么两次的结果会有如此大的差别呢?

4. 通过这个游戏，我有什么样的感悟?

5. 如果再来一次的话，我会注意什么?

6. 在生活中和别人沟通时我们应该注意什么?

教师总结

在我们的学习生活中会遇到各种由沟通引发的问题，试想一下，如果我们在与别人进行沟通的时候能仔细理解对方的意思，多沟通，人际交往是否会更加顺利呢?

课堂实践二

活动名称　这是我们的船[①]

活动目标

1. 训练学生的团队协调沟通能力。

2. 提高学生正确处理不同意见的能力。

活动准备　每人一份“人物重要性排序表”

① [美]迈克尔·阿伯拉肖夫:《这是你的船》，27—32页，北京，机械工业出版社，2004。

活动时间 30 分钟

操作手册

1. 老师将人物重要性排序表(见表 2-1)发给每个学生。

2. 老师向学生讲述情景并布置任务：一艘在海洋上航行的轮船不幸触礁，还有 20 分钟就要沉没；船上有 16 人，可唯一的救生小船只能容下 6 人，哪 6 人应该上救生船呢?

请独立对人物的重要性进行排序，最重要的填 1，次重要的填 2，以此类推，最不重要的填 6。时间为 5 分钟。

3. 学生分成两组，用 15 分钟时间进行讨论，小组成员最后形成统一意见。

4. 各小组展示讨论结果，再讨论个人选择与小组选择的差异。

表 2-1　人物重要性排序表

人物情况			个人选择顺序	小组选择顺序	差异
船长	男	47 岁			
船员 A	男	29 岁			
船员 B	男	27 岁			
船员 C	男	24 岁			
副省长	男	60 岁			
副县长	女	39 岁			
副县长的儿子	男	12 岁			
海洋学家	男	52 岁			
生物学家	女	34 岁			
生物学家的女儿	女	4 岁			
警察 A	男	41 岁			
警察 B	女	35 岁			
罪犯(孕妇)	女	29 岁			
医生	男	44 岁			
护士	女	23 岁			
因公负伤的重病人(昏迷)	男	26 岁			

学生成长记录

1. 第一个想到的是谁？

2. 第一个调整的是谁？

3. 最后一个填的是谁？

4. 和小组的差别是什么？

心成长体验

1. 在考虑的过程中都想到了什么？

2. 和小组沟通的过程中发现了自己的什么问题？

3. 在团队合作中提高效率需要注意什么？

4. 为什么小组讨论的结果会存在差异？

5. 以后在团队合作中应该注意什么？

教师总结

在团队沟通过程中，勤问必然会少出错，常沟通肯定会使合作进行得更加顺利。理有不同，虽至理不可行；事有不明，虽好事不能成。良好的沟通会增强团队的凝聚力，沟通是确定团队期待值的基础。①

内容小结

要理解人际交往的含义及其对大学生的重要意义。人际交往与个体的各种需求的满足及身体健康息息相关，是一个人心理正常发展、个性保持健康和生活具有幸福感的必要前提。要能正确区分人际交往与其他关系的不同，理解人际吸引、人际交往中的心理效应及它们对人际交往的启示。人际交往中的人际吸引是个体与他人之间情感上的相互亲密的状态，是人际关系中的一种肯定形式。大学生在与人相处过程中需要把握人际交往的原则，并且善于利用人际交往的技巧。

心理测试

人际关系综合诊断量表②

指导语

本量表共 28 个问题，每个问题做“是”（打“√”）或“否”（打“×”）的回答。

① 樊富珉：《团体心理咨询》，19—23 页，北京，高等教育出版社，2005。

② 郑日昌：《大学生心理诊断》，11—12 页，济南，山东教育出版社，1999。

请你认真完成，然后参看后面的计分方法，对测验结果做出解释。

1. 对于自己的烦恼有苦难言。

2. 和生人见面时感觉不自然。

3. 过分羡慕和妒忌别人。

4. 与异性交往太少。

5. 对连续不断的会谈感到困难。

6. 在社交场合感到紧张。

7. 时常伤害别人。

8. 与异性来往时感觉不自然。

9. 与一大群朋友在一起时常感到孤寂或失落。

10. 极易受窘。

11. 与别人不能和睦相处。

12. 不知道与异性相处如何适可而止。

13. 当不熟悉的人对自己倾诉他的生平遭遇以求同情时，自己常感到不自在。

14. 担心别人对自己有什么坏印象。

15. 总是尽力使别人欣赏自己。

16. 暗自思慕异性。

17. 时常避免表达自己的感受。

18. 对自己的仪表(容貌)缺乏信心。

19. 讨厌某人或被某人讨厌。

20. 瞧不起异性。

21. 不能专注地倾听。

22. 自己的烦恼无人可申诉。

23. 受别人排斥与冷漠。

24. 被异性瞧不起。

25. 不能广泛地听取各种意见、看法。

26. 自己常因受伤害而暗自伤心。

27. 常被别人谈论、愚弄。

28. 与异性交往时不知如何更好地相处。

计分标准

打“√”的给 1 分，打“×”的给 0 分，总分：________。

结果解释

如果总分在 0～8 分，说明受测者善于交谈，性格开朗，主动关心别人；对周围朋友很好，愿意与他们在一起，彼此相处得不错。

如果总分在 9～14 分，说明受测者对与朋友相处感到一定的困扰，人缘一般，与朋友的关系时好时坏，经常处于起伏变动之中。

如果总分在 15～28 分，说明受测者在与朋友相处时存在严重困扰。分数超过 20 分，则表明人际关系行为受困扰程度很严重，而且在心理上出现较为明显的障碍。受测者可能不善于交谈，也可能是个性格孤僻的人，不开朗，或者有明显的自高自大、讨人嫌的行为。

进一步分析

分四部分统计

Ⅰ题目——第 1、5、9、13、17、21、25 题，小计：________。

Ⅱ题目——第 2、6、10、14、18、22、26 题，小计：________。

Ⅲ题目——第 3、7、11、15、19、23、27 题，小计：________。

Ⅳ题目——第 4、8、12、16、20、24、28 题，小计：________。

下面根据各部分题目上的得分，具体说明受测者与朋友相处的困扰行为及纠正方法。

1. 计分表Ⅰ题目的小计分数，显示出受测者在交谈方面的行为困扰程度。

• 如果得分在 6 分以上，说明受测者不善于交谈，只有在极需要的情况下才同别人交谈，总难于表达自己的感受，无论是愉快还是烦恼；受测者不是个很好的倾听者，往往无法专心听别人说话或只对个别的话题感兴趣。

• 如果得分在 3～5 分，说明受测者的交谈能力一般，能够诉说自己的感受，但不能讲得条理清晰。受测者如果与对方不太熟悉，开始时往往表现得比较拘谨与沉默，不太愿意与对方交谈。但这种状况一般不会持续太久。经过一段时间的接触，受测者可能会主动与人搭话，这方面的困扰也就会随之减轻或消除。

• 如果得分在 0～2 分，说明受测者有较高的交谈能力，善于利用恰当的说话方式来交流思想感情，因而在与别人建立友情方面往往更容易获得成功。

2. 计分表Ⅱ题目的小计分数，显示出受测者在交际与交友方面的行为困扰程度。

• 如果得分在 6 分以上，说明受测者在社交活动与交友方面存在严重的行为困扰。例如，在正常集体活动与社交场合中，受测者比大多数同伴更为拘谨；有陌生人或老师在场时，往往感到更加紧张；往往过多考虑自己的形象而使自己处于被动和孤立的境地。

• 如果得分在3～5分，说明受测者在社交与交友方面存在一定的困扰。受测者不喜欢一个人待着，需要和朋友在一起，但不善于创造条件并积极主动地寻找知心朋友。

• 如果得分在0～2分，说明受测者对人较为真诚和热情，不存在人际交往困扰。

3. 计分表Ⅲ题目的小计分数，显示出受测者在待人接物方面的困扰程度。

• 如果得分在6分以上，说明受测者缺乏待人接物的机智与技巧。在实际的人际交往中，受测者也许有意无意地伤害别人，或者过分羡慕别人以致在内心嫉妒别人，因此可能受到冷漠、排斥甚至愚弄。

• 如果得分在3～5分，说明受测者是个多面的人，也许是一个较圆滑的人。对待不同的人，受测者有不同的态度，而不同的人对受测者也有不同的评价。受测者讨厌某人或者被某人讨厌，但却非常喜欢某人或者被某人喜欢。受测者的朋友关系在某些方面是和谐的、良好的，在某些方面却是紧张的、恶劣的。因此，受测者的情绪很不稳定，内心极不平衡，常常处于矛盾状态中。

• 如果得分在0～2分，说明受测者较尊重别人，敢于承担责任，对环境的适应性强。受测者常常以自己的真诚、宽容、责任心强等个性特点获得众人的好感与赞同。

4. 计分表Ⅳ题目的小计分数，显示出受测者与异性朋友交往的困扰程度。

• 如果得分在5分以上，说明受测者在与异性交往的过程中存在较为严重的困扰。也许受测者对异性存有过分的思慕，或者对异性持有偏见。这两种态度都有片面之处。也许是不知如何把握好与异性同学交往的分寸而陷入困扰。

• 如果得分在3～4分，说明受测者与异性同学交往的行为困扰程度一般。有时受测者可能觉得与异性同学交往是一件愉快的事，有时又可能觉得这种交往似乎是一种负担，不知道如何与异性交往最适宜。

• 如果得分在0～2分，说明受测者知道如何正确处理与异性朋友之间的关系。受测者对异性同学持公正的态度，能大方自然地与他们交往，并且在与异性朋友交往中得到了许多从同性朋友那里得不到的东西。受测者可能是一个比较受欢迎的人。无论是同性朋友还是异性朋友，多数人都比较喜欢和赞赏受测者。

课后思考题

1. 图 2-2 中的人际圈标出了人际交往过程中个体对人际交往的认识。请根据下图，仔细思考你的人际圈，最中心的位置是你自己吗？最亲密的人是谁呢？哪些人对你来说是最重要的？哪些人对你来说只是偶尔联系？哪些人对你来说只是陌生人？

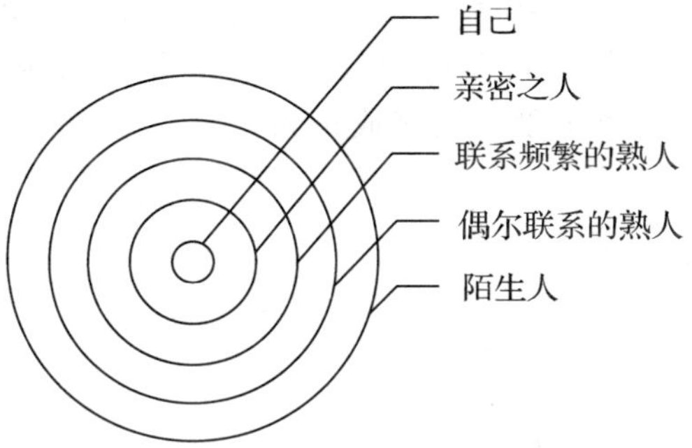

图 2-2　人际圈

2. 在这些关系中，与哪些人的关系对你来说是最重要的？你和他们的关系怎么样？

心成长资料库

推荐书籍

《大学生人际关系与沟通能力培养》，卢冬明，北京理工大学出版社，2016 年

推荐理由　学会与人沟通，建立良好人际关系，对于大学生而言有着非常重要的意义。此书采取任务驱动、行动导向的模式，结合大量的案例，帮助大学生提高人际交往与沟通的能力，既适应学生的心理需求，又对学生的行为训练提供有效的指导，为大学生成人、成才打下坚实的基础。

推荐影片

《奇迹男孩》

推荐理由　奥吉是一个 10 岁的男孩，除了头戴一个巨大的太空头盔外，他和其他的同年龄孩子别无二致。头盔下隐藏了奥吉因为各种手术而伤痕累累的脸庞，它不仅完美地隐藏起了奥吉脆弱自卑的内心，也成功地防止了奥吉的

模样吓到别的孩子。奥吉没有上过学，他的所有文化知识都是母亲伊莎贝尔在家教授给他的。然而，伊莎贝尔渐渐感觉到，家庭课堂无法满足奥吉的成长需要，除了学习知识，奥吉还必须学会的是如何同家人以外的人交流。在重重忧虑之中，伊莎贝尔将奥吉送入了一所公立学校。在那里，奥吉面临的是他人生中必须要战胜的挑战。奥吉他要与校长、老师以及性格迥异的同学相处，他不寻常的外表让他成为同学们讨论的焦点，也给他的校园生活带来了不少难题。幸运的是，在成长过程中，奥吉的父母、姐姐一直是他最坚强的后盾，在他们的支持与关爱下，奥吉凭借自身的勇气、善良、聪敏影响激励了许多身边的人，并收获了友谊、尊重与爱，最终成长为大家心目中的不可思议的“奇迹男孩”。

第二节　沟通“心”技巧

学习目标

1. 了解人际沟通的意义，学会与人沟通的技巧。

2. 通过课堂活动，将与人沟通的技巧运用到生活中去，获得和谐人际关系。

3. 能将与人沟通的技巧合理利用，获得解决在学习生活中出现的问题的能力。

心灵物语

现实生活中有些人之所以会出现交际的障碍，就是因为他们不懂得一个重要的原则：让他们感到自己重要。

——戴尔·卡耐基

案例导入

2004年2月23日，云南省昆明市云南大学宿舍楼里发现4具男性尸体，经查死者是该校生化学院的4名学生。云南省公安厅和昆明市公安局经现场勘查和调查访问后认定，他们的同学马加爵有重大作案嫌疑。而此时马加爵已失踪数天。

马加爵，案发时不到23岁，杀人手段却极其残忍。警方发现4人死亡原因都为脑部钝器击打。2004年6月，马加爵因杀害4名同学触犯刑法被处以死刑。

据介绍，马加爵平时爱踢足球和打篮球。死者中，除一人住在另一幢楼外，马加爵和其中两人同住一个房间。另一人则住在隔壁。他们常在一起打球。据同学说，马加爵性格比较粗暴，平时踢球，只要有人踢不好或无意间踢到他身上，他便会动怒，有时甚至翻脸骂人。马加爵有几个广西老乡，以前常来找他玩，后来渐渐不来了。还有同学回忆，马加爵以前经过别的寝室，只要听到里面的音乐声大一点，就会破口大骂。有一次同宿舍的一位同学动了马的东西，马发现后便一直记恨在心，从此不再理睬该同学。同学都说他性格孤僻，不太好相处。

在此案中，你对马加爵怎么看？如果他与同学、家人、学校能及时正确地沟通，是否会有不一样的结局？

一、沟通与人际关系

（一）沟通是人际关系的关键所在

我们要与他人建立任何关系，都必须通过沟通来进行。[①] 沟通是指个体之间信息的传递过程，通常是通过言语、非言语形式进行，比如现在我们在学习生活中更多的沟通是依赖于多媒体进行，如电脑、手机等。

（二）沟通与人际关系相互影响

沟通效果是人际关系的体现，人际关系通过沟通来实现，这两者“相生相克”。沟通的目的是达成双方的一致性，消除彼此的差异，找出共同点，建立亲和力，使双方不论在生活状态还是心理状态上都能进入一个共同的频道，达成彼此的目的。

（三）对沟通过程的认识误区

对沟通的错误认识有：（1）沟通就是“你听我说”；（2）沟通就是“我听你说”；（3）沟通就是“你听我说”+“我听你说”。“沟通”其实是一个比较复杂的过程，是指不同个体间信息的有效传递与接受。

案例分析

小慧的男友陪小慧去商场买衣服，小慧看中了一件红色的外套，非常喜欢，于是问男友：“这个外套怎么样？我很喜欢，买了吧。”男友却觉得小慧穿

① 叶奕乾、何存道、梁宁建：《普通心理学(修订二版)》，95－96页，上海，华东师范大学出版社，2004。

这件衣服很不好看，自己也不喜欢这个颜色。如果你是小慧的男友，你会怎么说？

A：很好看，你的眼光太好了！买了吧！

B：你什么眼光啊，这么土的衣服你也喜欢？受不了。

C：唔，你的肤色偏暗，这个红色跟你不搭，不过这个衣服质量不错，也适合你的身材……

D：这里的空调开得太足了，好热！

E：我觉得不好看，我不喜欢这个颜色，如果你喜欢的话那就买了吧。

沟通风格分析：

A：很好看，你的眼光太好了！买了吧！

• 讨好型：试图远离对自己产生压力的人，或减轻自己因某些人所承受的压力；讨好型的人忽略自己的内心感受，而重视他人的想法。

• 行为：道歉，让步，过分和善，请求宽恕，哀求与乞怜。

• 语言："都是我的错""没有你我活不了""我想让你高兴"。

• 情感：哀伤，焦虑，压抑的愤怒。

• 自我概念：自我价值低，缺乏自信。

B：你什么眼光啊，这么土的衣服你也喜欢？受不了！

• 指责型：试图表明不是自己的过错，让自己远离压力的威胁；指责型的人忽略别人的想法，重视自己的感受。

• 行为：指责，恐吓，暴力，攻击，吹毛求疵。

• 语言："都是你的错""你怎么搞的""你永远做不好任何事"。

• 情感：愤怒，孤单。

• 自我概念：不被接受。

C：唔，你的肤色偏暗，这个红色跟你不搭，不过这个衣服质量不错，也适合你的身材……

• 超理智型：逃避现实的任何感受，也回避因压力所产生的困扰和痛苦；超理智的人既忽略了他人的感受，也忽略了自己的感受，他们只重视情境的合理性。

• 行为：优越的神情，严肃的表情，僵硬的姿势，固执刻板。

• 语言：极端客观，只关心事情合不合理，常使用抽象字眼，"人一定要保持冷静、沉着”“我只关心事情是否合理”“你要理智”。

• 情感：很少显露感情，疏离感情，内心空虚。

• 自我概念：无法显示真正的自我。

D：这里的空调开得太足了，好热！

• 打岔型：试图让别人在与自己交往时分散注意力，减轻自己对压力的关注，想让压力因素与自己保持距离；打岔型的人既忽略他人和自己，又忽略情境。

• 行为：插嘴、干扰。

• 语言：不断改变话题，不直接回答或答非所问，漫无主题，东拉西扯。

• 情感：焦虑，哀伤，内在混乱。

• 自我概念：疏离，没有归属感，被误解。

E：我觉得不好看，我不喜欢这个颜色，如果你喜欢的话那就买了吧。

• 一致型：认可压力的存在，正视自己处于压力之中，承担起自己在压力中的责任，为有效地应对压力而做出努力。

• 行为：接纳压力和困难，应对投入，顾全大局，乐于助人。

• 语言：针对话题表达自己内心想法，尊重自己、尊重别人、尊重情境。

• 情感：对自己接纳。

• 自我概念：有价值感，虽然有时会有挫折，但仍充满勇气和信心。

沟通在人际交往中至关重要，日本著名企业家松下幸之助有句名言：“企业管理过去是沟通，现在是沟通，未来还是沟通。”可见沟通的重要性。

历史故事

美国独立战争期间，全国上下都在征兵，当时村子里的年轻人基本上都被征走了。剩下的多半是年老的或者不愿意去的。这个时候，村子里张贴了一张宣传海报。海报上说，上战场没有那么可怕，去当兵无非两种可能：受伤或不受伤。不受伤就不说了，受伤也无非两种可能：轻伤和重伤。轻伤就不说了，重伤无非两种可能：可以治疗和不可治疗。可以治疗就不说了，不可治疗无非就是死亡。既然都死了，还有什么可怕呢？结果村里报名参军的人数激增。

二、大学生人际沟通的技巧

(一)沟通准备的技巧

1. 沟通准备的内容

所谓“知己知彼，百战不殆”，指的就是沟通准备。沟通需要准备的内容包括以下几点。

(1)明确沟通的目的。

(2)分析沟通对象的资料。

(3)决定沟通场地。

(4)准备沟通进行的程序和时间。

(5)做出沟通的计划表。

2. 人际沟通中的法则

黄金法则：你希望别人怎么对待你，你就怎么对待别人。

白金法则：别人希望你怎么对待他，你就怎么对待他；白金法则的精髓就在于，从研究别人的需要出发，然后调整自己的行为，运用我们的智能和才能使别人轻松、舒畅。

在如今价值多元的社会里，大家的喜好需求也千差万别。所以在我们待人接物、处理人际关系时，如果想要让对方百分百满意，就必须从对方的立场来考量。

3. 如何知己知彼

(1)人的性格分类

行为心理学研究发现，人类的行为可被归类为四种典型动物的基因组合，这四种动物分别是老虎、孔雀、无尾熊和猫头鹰，另外还有一种整合特质——变色龙。

① 老虎(支配型/控制者)：老虎基因是控制和权力的因子。

特质的形容：有权威，自信，主动积极，勇敢，有决断力，不怕竞争，霸气，独立自主。

② 孔雀(活泼型/社交者)：孔雀基因是浪漫和梦想的因子。

特质的形容：热心好客，和善，乐观，豁达，笑容可掬，喜欢交朋友，喜欢社交活动，口才流畅。

③ 无尾熊(稳定型/支持者)：考拉基因是忠诚和毅力的因子。

特质的形容：容易合作，温和亲切，做事有规律，持续稳定，避免冲突，非批判性评价。

④ 猫头鹰(完美型/服从者)：猫头鹰基因是理性和程序的因子。

特质的形容：理性思维，讲求精确，注意细节，有纪律性，做事条理分明，系统性思维，有责任心，尊重传统，重视制度规范，讲求专业性。

⑤ 整合特质：变色龙

特质的形容：配合度高，演什么像什么，会调整自己的角色，性情中庸，立场中立，往往没有预设立场，容易适应环境，没有敌人是他们的最高指导原则。

(2)与不同性格人的沟通策略

① 老虎型：讲究效率和积极务实。

- 承认他们是天生的领导者。
- 表示支持他们的意愿和目标。
- 从务实的角度考虑。
- 开门见山、直切主题。
- 坚持双向沟通。
- 训练有素，高效率。
- 方案分析简洁明确，便于选择。
- 重结果与机会，不拘泥于过程与形式。

② 孔雀型：表现出对他们个人的兴趣。

- 要热情随和，潇洒大方一些。
- 对他们的观点和看法甚至梦想表示支持。
- 理解他们说话不会“三思”。
- 容忍离经叛道、新奇的行为。
- 要懂得他们是善意的。
- 细节琐事不让他们过多参与。
- 协助他们提高形象。

③ 无尾熊型：使自己成为一个热心真诚的人。

- 要懂得他们需要直接的推动。
- 主动表示对他们情感的关注。
- 不要急于获得信任。
- 有异见时，从感情角度去谈。
- 放慢节奏，从拘礼节。
- 积极地听，鼓励他们说。
- 帮助他们确立目标并争取回报，迫使他们做决定(他们决定的方式)。

④ 猫头鹰型：做事要周到精细、准备充分。

- 要知道他们敏感而容易受到伤害。
- 更细致、更精确和理智。
- 务实。
- 具体实践诺言。
- 不要越轨，遵循规则，讲制度。
- 提出周到、有条不紊的办法。
- 整洁是非常必要的。
- 列出任何计划的长处、短处。

性格没有好坏，只有差异。每个人的性格都可能比想象的要复杂。

性格分析方法有以下三点：第一，学会当忠实听众，学会观察；第二，首先看到积极面；第三，不要急于对人下结论。清楚与不同性格的人在交往中的游戏规则，了解自己＋识别他人＋适应他人＝有效沟通

(二)仔细观察的技巧

要善于观察他人的言行，即察言观色。通过身体语言实现的沟通被称作非语言沟通，也可以说是身体语言沟通。

1. 目光与面部表情

眼睛可以反映人的情绪、态度和情感变化。情绪变化首先反应在瞳孔变化上。情绪由中性向愉悦改变时，瞳孔会不自觉变大；面对使人厌恶的刺激物时，瞳孔明显缩小；情绪状态由“晴”转“阴”时也有同样的反应。俗话说，眼睛是心灵的窗口，身体其他部位的沟通也与目光接触有关，人际沟通中如果缺少目光交流的支持，人际沟通过程将会变得不愉快，甚至很困难。

面部借助数十块肌肉的运动来准确传达不同的心态和情感。任何一种面部表情都是由面部肌肉整体功能所致，但面部某些特定部位的肌肉对于表达某些特殊情感的作用更明显。嘴、颊、眉、额是表现愉悦的关键部位；鼻、颊、嘴表现厌恶；眉、额、眼睛、眼睑表现哀伤；眼睛和眼睑表现恐惧。当目光与面部表情不一致时，日光是表达个体真实心态的有效线索。

2. 姿势

姿势是个体运用身体或肢体动作表达某种情感及态度的体语，也是常见的沟通方式，应用范围比较宽泛。身体的触摸常常用来表达某些强烈情感。

- 摆手：表示制止或否定。
- 双手外推：表示拒绝。
- 双手外摊：表示无可奈何。

- 双臂外展：表示阻拦。
- 搔头或搔颈：表示困惑。
- 搓手、拽衣领：表示紧张。
- 拍头：表示自责。
- 耸肩：表示不以为然或无可奈何。
- 双手举过头顶：表示暴怒。
- 双手往上伸直：表示激动。
- 双手枕在头下：表示舒展。
- 一只手托着下巴：表示疑惑。
- 耸肩、双手外摊：表示不感兴趣。
- 颔首、双手放在胸前：表示害羞。

3. 空间距离

人们的关系不同，人际距离也会不同。美国学者霍尔通过对美国白人中产阶级的研究提出四种人际距离。

- 公众距离：3.6～7.6 米，在正式场合、演讲或其他公共事物中的人际距离。
- 社交距离：1.2～3.6 米，彼此认识的人们的交往距离。
- 个人距离：0.45～1.2 米，朋友之间交往的距离。
- 亲密距离：0～0.45 米，亲人、夫妻之间的距离。

案例分享

我的表情你不懂

星期五下午 3：30，在经理办公室，经理助理韩林正在起草公司上半年的营销业绩报告，这时公司销售部副主任肖正带着公司销售统计材料走进来。

“经理在不?”肖正问。

“经理开会去了,”韩林起身让座，“请坐。”

“这是经理要的材料，公司上半年的销售统计资料全在这里。”肖正边说边把手里的材料递给韩林。

“谢谢，我正等着这份材料呢。”韩林拿到材料后仔细地翻看着。

“老韩，最近忙吗?”肖正点燃一支烟，问道。

“忙，忙得团团转！现在正起草这份报告，今晚大概又要加夜班了。”韩林指着桌上的文稿纸回答道。

“老韩，我说你呀，应该学学太极拳。”肖正从口中吐出一个烟圈说道：“人过40，应该多多注意身体。”

韩林闻到一股烟味，鼻翼微微翕动着，心里想：老肖大概要等这支烟吸完了才会离开，可我还得赶紧写这份报告呢。

“最近我从报纸上看到一篇短文，说无绳跳动能治颈椎病。向我们这些长期坐办公室的人，多数都患有颈椎病。你知道什么是‘无绳跳动’吗?”肖正自顾自地往下说，“其实很简单……”

韩林心里有些烦，可是碍于情面不便说，他瞥了一眼墙壁上的挂钟，已经4点了，韩林把座椅往身后挪了一下，站立起来伸了个懒腰说：“累死我了。”

又过了一会，韩林开始整理桌上的文稿纸。

“‘无绳跳动’与‘有绳跳动’十分相似……”肖正抽着烟，继续自己的话题……

当肖正在经理办公室抽烟时，韩林的鼻翼微微翕动，这表明韩林对烟味比较敏感，或者不喜欢烟味。如果肖正注意到这种非语言的信息，就应该立即将烟熄掉。

另外，韩林抬头看墙上的钟，起身整理桌上的文稿，这些举动都传递出一种暗示：你应该离开这里，我现在很忙。如果肖正感觉到这种暗示，就应该起身告辞了。

（三）学会听的技巧

1. 倾听的重要性

倾听是一种积极的、有意识的听觉与心理活动。在倾听的过程中，必须思考、接收、理解说话者传递的信息，并做出必要的反馈。倾听的对象不仅仅局限于声音，还包括更广泛的内容，如语言、声音、非语言等。其重要性主要有以下几点。

(1)只有倾听才能发现对方的需要。

(2)倾听使对方有被尊重的感觉。

(3)倾听是激励对方的一种简单有效的方法。

2. 倾听的程度

一般来讲，倾听有以下五个层次。

• 听而不闻：指不做任何努力的听，“左耳朵进右耳朵出”指的就是这种倾听。

• 假装倾听：做出倾听假象，但未用心去听。

• 选择性地倾听：只听自己感兴趣的内容，不感兴趣的会不注意听。

• 专注地倾听：认真地倾听讲话，同时与自己的亲身经历做对比。

• 设身处地地倾听：用心和脑来倾听并做出反应，以理解讲话的内容、目的和情感。

3. 倾听的技巧

(1)目光接触

显露出兴趣十足的模样，适当地微笑。用言语响应，用声音参与。可以说："哦!""哇!""真的?""是啊!""对!"用肢体语言响应，如点头、身体向前倾、面孔朝着说话者，换个姿势。用说明的语句重述说话者刚讲过的话，如"你的意思是不是说……""换句话说，就是……"记下一些重要的内容，并适当响应。在心里回顾一下对方的话，并整理其中的重点，如"你刚刚说的……论点都很好，真的值得学习……"

(2)询问互动

说听双方有问有答，才能达到双向沟通、交流互动。在谈话中，倾听者可适时向说话者提出一两个该问的问题。

(3)情绪控制

练习控制好你的情绪，不要情绪反应过度(如打岔、反驳)，要静心听完全部的内容。要培养心平气和、冷静客观的涵养。

(4)组织听到的信息

利用听和谈之间的速度差距，整理得到的信息。包括：归类——整理出大纲要点；排顺序——分辨出先后缓急；比较对照——区别事实和假设、好处和坏处、优点和缺点。

(5)察觉非语言的信息

要察言观色，倾听的同时要注意对方的身体语言、姿势、表情。倾听要用"四心"——耐心、专心、用心、欢喜心，做一位好听众。[①]

---

① [美]罗纳德·B·阿德勒、[美] 拉塞尔·F·普罗克特：《沟通的艺术》，213页，北京，世界图书出版公司，2010。

体验式课堂实践活动

课堂实践一

活动名称　收获糖弹

活动目标

1. 通过给予赞美发现他人的长处，取长补短。

2. 通过接受赞美发现自己的优点，扬长避短。

3. 学会人际沟通的技巧，掌握人际和谐的法宝。

活动准备　彩纸、笔

活动时间　25分钟

注意事项

1. 因为可能每个人收到的“糖弹”不一样多，老师要关注收到较少或没有收到“糖弹”的学生，事先准备几个“糖弹”备用。

2. 在制造“糖弹”时，老师可以暗示同学们，赞美可以是表面的，也可以是深层的，最好是独特的。可以赞美熟悉的人、尊敬的人，也可以赞美初识的、需要鼓励的人等。

3. 发射“糖弹”时一定要有目光的交流和真诚的回应。

操作手册

1. 活动分组，每组5～8人，每个学生根据需要领取做“糖弹”的漂亮纸，在5分钟内，尽可能地对班内同学进行赞美，把赞美的话写在纸上，做成“糖弹”。

2. 大家把“糖弹”送给想要赞美的人，把手中的“糖弹”全部送完后，才能打开自己收到的“糖弹”。

3. 小组交流自己收到的“糖弹”，并把它们读出来。

学生成长记录

1. 收到“糖弹”时，与别人目光接触的感觉是什么？

2. 收到的“糖弹”是甜蜜的，还是有伤害的？

3. 当你看到别人对自己的赞美，感受如何？

4. 你是否还有赞美想送出去？

心成长体验

1. 当我收到“糖弹”时，我体验到什么？

2. 当我将“糖弹”送给别人时，我的感受是什么？

3. 在活动中，我有怎样的发现？

4. 活动给了我的怎样的启发？

教师总结

英国著名心理学家詹姆斯认为，人类本性中最深的企图是被赞美、钦佩和尊重。我们每人都愿意跟喜欢自己的人相处，每人都渴望得到他人的赞美和欣赏，合适且真诚的赞美是一种可以快速拉近人与人之间关系的方式，它可以调动人的积极性，可以滋养人与人之间的关系，从而有效改善人际关系。赞美是一种能力，给予他人赞美的时候应注意要真诚、实事求是、发自内心。

课堂实践二

活动名称　驿站传书

活动目标

1. 了解沟通的过程和要素。

2. 体会沟通中的组织障碍及控制。

3. 善于利用规则。

4. 增强相互协作的团队精神。

活动准备　可移动的桌椅、数字卡片、纸片

活动时间　40 分钟

操作手册

1. 按人数分成 3～5 队，每队不超过 8 人，按队将桌椅摆成 3～5 列。

2. 各队全队成员排成一列，每个人就相当于一个驿站，老师会把一个带有 7 位数以内的数字信息卡片交到最后一位伙伴的手中，同学们要利用聪明才智把这个数字信息传到最前面的伙伴的手中，当这位伙伴收到信息以后要迅速举手，并把信息写在纸片上交给最前面的老师。比赛总共会进行 4 轮。在信息传递的过程当中会有一些规则来约束。

3. 游戏规则：活动的开始是老师喊“开始”，信息从最后面的伙伴开始传递，要遵守以下规则。

(1)不能讲话。

(2)不能回头。

(3)后面的成员的任何部位不能超过前一成员身体的肩缝横截面(前后标准要以最前面的某个物品做参照，比如白板，离白板近则为前，离白板远则为后)。

(4)当信息传到最前面成员手中时，这位成员要迅速举手示意，并把信息

交到白板附近的老师手中，以举手那一刻为截止时间。

(5)不能传递纸片或扔纸片。

(6)第一轮时间≤2 分钟(给出 8 分钟的讨论时间，然后回来比赛)。

第二轮：以前的规则继续生效，新的规则增加以下 3 条。

第一，第一轮使用过的所有方法不能再被使用。

第二，不能传递和扔任何物品。

第三，第二轮时间≤1 分钟(给出 7 分钟的讨论时间，然后回来比赛)。

第三轮：以上规则继续生效，新增加的规则如下。

第一，第一轮、第二轮使用过的所有方法不能再被使用。

第二，第三轮时间≤40 秒(给出 6 分钟的讨论时间，然后回来比赛)。

第四轮：以上规则继续生效，新增加的规则如下。

第一，前三轮所有方法不可再用。

第二，屁股不可以离开地面。

第三，第四轮时间≤20 秒(给出 5 分钟的讨论时间，然后回来比赛)。

学生成长记录

1. 是否顺利地完成了传递任务?
2. 在传递中谁先提出改进的方法？自己想到了吗?
3. 当我作为传递者的时候，我接收到的信息是什么?
4. 印象最深的是什么?

心成长体验

1. 传递中印象最深的是什么?
2. 在不破坏规则的基础上怎么利用规则?
3. 要在团队合作中提高效率需要注意什么?
4. 当别的组先完成时，心情是怎么样的?
5. 以后在团队合作中应该注意什么?

教师总结

在团队沟通过程中，每个成员都应该集中注意力，这样才能提高效率。相信团队的力量，从中了解沟通的要素和规则，认识到突破性思维的益处，善于利用规则。在团队活动中，应遵守团队游戏规则，团结协作，充分沟通，这样才能达到目标。

内容小结

理解人际沟通的含义及人际沟通的技巧，主要包括：沟通准备的技巧，仔细观察的技巧，“听”的技巧。通过 DISC 人格测评了解了自己的性格特点，对自己有更清晰的认识，同时掌握测评技巧，帮助身边的人更好地了解自己。

心理测试

DISC 人格特质测评(问卷)

在每一个大标题下的 4 条表述中只选择 1 条最符合你自己的，并圈出其后的英文字母。共 40 题。不能遗漏。注意：请按第一印象做最快的选择，如果不能确定，可回忆童年时的情况，或者以你最熟悉的人对你的评价来选择。

一

1. 富于冒险：愿意面对新事物并敢于下决心尝试。D
2. 适应力强：轻松自如地适应任何环境　。S
3. 生动：充满活力，表情生动，多手势。I
4. 善于分析：喜欢研究各部分之间的逻辑和正确的关系。C

二

1. 坚持不懈：要完成现有的事才能做新的事情。C
2. 喜好娱乐：开心，充满乐趣与幽默感。I
3. 善于说服：用逻辑和事实而不用威严和权力服人。D
4. 平和：在冲突中不受干扰，保持平静。S

三

1. 顺服：易接受他人的观点和喜好，不坚持已见。S
2. 自我牺牲：为了他人利益愿意放弃个人意见。C
3. 善于社交：认为与人相处是好玩，而不是挑战或者商业机会。I
4. 意志坚定：决心以自己的方式做事。D

四

1. 使人认同：因人格魅力或性格使人认同。I
2. 体贴：关心别人的感受与需要。C
3. 竞争性：把一切当作竞赛，总是有强烈的赢的欲望。D
4. 自控性：控制自己的情感，极少流露。S

五

1. 使人振作：给他人振奋的刺激。I

2. 尊重他人：对人诚实尊重。C

3. 善于应变：对任何情况都能做出有效的反应。D

4. 含蓄：自我约束情绪与热忱。S

六

1. 生机勃勃：充满生命力并保持兴奋。I

2. 满足：容易接受任何情况与环境。S

3. 敏感：对周围的人和事过分关心。C

4. 自立：独立性强，只依靠自己的能力、判断与才智。D

七

1. 计划：先做详尽的计划，并严格按计划进行，不想改动。C

2. 耐性：不因延误而懊恼，冷静且能容忍。S

3. 积极：相信自己有转危为安的能力。D

4. 推动：动用性格魅力鼓励别人参与。I

八

1. 肯定：自信，极少犹豫或者动摇。D

2. 无拘无束：不喜欢预先计划或者被计划牵制。I

3. 羞涩：安静，不善于交谈。S

4. 有时间性：生活处事依靠时间表，不喜欢计划被人干扰。C

九

1. 迁就：改变自己以与他人协调，短时间内按他人要求行事。S

2. 井井有条：有系统、有条理地安排事情。C

3. 坦率：毫无保留，坦率发言。I

4. 乐观：令他人和自己相信任何事情都会好转。D

十

1. 强迫性：发号施令，强迫他人听从。D

2. 忠诚：一贯可靠，忠心不移，有时毫无根据地奉献。C

3 有趣：风趣，幽默，把任何事物都能变成精彩的故事。I

4 友善：不主动交谈，不爱争论。S

十一

1. 勇敢：敢于冒险，无所畏惧。D

2. 体贴：待人得体，有耐心。S

3. 注意细节：观察入微，做事情有条不紊。C

4. 可爱：开心，与他人的相处充满乐趣。I

十二

1. 令人开心：充满活力，并将快乐传于他人。I

2. 文化修养：特别爱好艺术学术，如戏剧、交响乐。C

3. 自信：确信自己的个人能力并一定能成功。D

4. 贯彻始终：情绪平稳，做事情坚持不懈。S

十三

1. 理想主义：以自己的完美标准来设想衡量新事物。C

2. 独立：自给自足，独立自信，不需要他人帮忙。D

3. 无攻击性：不说或者做可能引起别人不满和反对的事情。S

4. 激励：鼓励别人参与、加入，并把每件事情变得有趣。I

十四

1. 感情外露：从不掩饰情感、喜好。I

2. 深沉：深刻并常常内省，会对肤浅的交谈、消遣厌恶。C

3. 果断：有很快做出判断与结论的能力。D

4. 幽默：语气平和而又冷静的幽默。S

十五

1. 调解：经常居中调节不同的意见，以避免双方的冲突。S

2. 音乐性：爱好音乐并有较强的鉴赏能力，喜爱音乐的艺术性而不是表演的乐趣。C

3. 发起人：高效率的推动者，是他人的领导者，闲不住。D

4. 喜交朋友：喜欢聚会，善交新朋友，不把任何人当陌生人。I

十六

1. 考虑周到：善解人意，帮助别人，记住特别的日子。C

2. 执着：不达目的誓不罢休。D

3. 多言：不断说话、讲笑话以娱乐他人，觉得应该避免由沉默带来的尴尬。I

4. 容忍：易接受别人的想法和看法，不反对或改变他人。S

十七

1. 聆听者：愿意听别人倾诉。S

2. 忠心：对自己的理想、朋友、工作都绝对忠实，有时甚至不需要理由。C

3. 领导者：天生的领导，不相信别人的能力能比上自己。D

4. 活力充沛：充满活力，精力充沛。I

十八

1. 知足：满足自己拥有的，很少羡慕别人。S

2. 首领：要求领导地位及别人的跟随。D

3. 制图者：用图表数字来组织生活、解决问题。C

4. 惹人喜爱：是人们注意的中心，令人喜欢。I

十九

1. 完美主义者：对自己、对别人都高标准，要求一切事物有秩序。C

2. 和气：易相处，易说话，易让人接近。S

3. 勤劳：不停地工作以完成任务，不愿意休息。D

4. 受欢迎：聚会时的灵魂人物，受欢迎的宾客。I

二十

1. 跳跃性：充满活力，生气勃勃。I

2. 无畏：大胆前进，不怕冒险。D

3. 规范性：时时坚持自己的举止合乎认同的道德规范。C

4. 平衡：稳定，走中间路线。S

二十一

1. 乏味：死气沉沉，缺乏生气。S

2. 忸怩：躲避别人的注意力，在众人注意下会不自然。C

3. 露骨：好表现，华而不实，声音大。I

4. 专横：喜欢命令支配，有时略显傲慢。D

二十二

1. 散漫：生活任性，无秩序。I

2. 无同情心：不易理解别人的问题和麻烦。D

3. 缺乏热情：不易兴奋，经常感到好事难做。S

4. 不宽恕：不易宽恕和忘记别人对自己的伤害，易嫉妒。C

二十三

1. 保留：不愿意参与，尤其是当事情复杂时。S

2. 怨恨：经常把实际或者自己想象的别人的冒犯放在心中。C

3. 逆反：抗拒或者拒不接受别人的方法，固执己见。D

4. 唠叨：重复讲同一个事情或故事，忘记已经重复多次，总是不断找话题说话。I

二十四

1. 挑剔：注重琐事细节，总喜欢挑不足。C

2. 胆小：经常感到强烈的担心、焦虑、悲戚。S

3. 健忘：缺乏自我约束，健忘，不愿意回忆无趣的事情。I

4. 率直：直言不讳，直接表达自己的看法。D

二十五

1. 没耐性：难以忍受等待别人。D

2. 无安全感：感到担心且无自信心。S

3. 优柔寡断：很难下决定。C

4. 好插嘴：是一个滔滔不绝的发言人，不是好听众，不注意别人说的话。I

二十六

1. 不受欢迎：由于强烈要求完美而拒人千里。C

2. 不参与：不愿意加入，不参与，对别人的生活不感兴趣。S

3. 难预测：时而兴奋，时而低落，或总是不兑现诺言。I

4. 缺乏同情心：很难当众表达对弱者或者受难者的情感。D

二十七

1. 固执：坚持照自己的意见行事，不听不同意见。D

2. 随性：做事情没有一贯性，随意做事情。I

3. 难于取悦：因为要求太高而使别人很难取悦。C

4. 行动迟缓：迟迟才行动，不肯参与或者行动总是慢半拍。S

二十八

1. 平淡：平实淡漠，走中间路线，无高低之分，很少表露情感。S

2. 悲观：尽管期待好结果但往往首先看到事物的不利之处。C

3. 自负：自我评价高，认为自己是最好的人选。D

4. 放任：允许别人做他喜欢做的事情，为的是讨好别人，让别人鼓吹自己。I

二十九

1. 易怒：善变，孩子性格，易激动，过后马上就忘了。I

2. 无目标：不喜欢目标，也无意制定目标。S

3. 好争论：易与人争吵，对任何事都觉得自己是对的。D

4. 孤芳自赏：容易感到被疏离，经常没有安全感，或担心别人不喜欢和自己相处。C

三十

1. 天真：孩子般单纯，不理解生命的真谛。I

2. 消极：往往看到事物的消极面、阴暗面，而少有积极的态度。C
3. 鲁莽：充满自信，有胆识，但总是不恰当的。D
4. 冷漠：漠不关心，得过且过。S

三十一

1. 担忧：时时感到不确定、焦虑、心烦。S
2. 不善交际：总喜欢挑人毛病，不被人喜欢。C
3. 工作狂：为了回报或者成就感，设立雄伟目标，不断工作，耻于休息。D

4 喜获认同：需要旁人认同赞赏，像演员。I

三十二

1. 过分敏感：对事物过分反应，被人误解时感到被冒犯。C
2. 不圆滑老练：经常用冒犯或考虑不周的方式表达自己。D
3. 胆怯：遇到困难时退缩。S
4. 喋喋不休：难以自控，滔滔不绝，不能倾听别人。I

三十三

1. 腼腆：事事不确定，对所做的事情缺乏信心。S
2. 生活紊乱：缺乏安排生活的能力。I
3. 跋扈：冲动地控制事物和别人，指挥他人。D
4. 抑郁：常常情绪低落。C

三十四

1. 缺乏毅力：反复无常，互相矛盾，情绪与行动不合逻辑。I
2. 内向：活在自己的世界里，思想和兴趣放在心里。C
3. 不容忍：不能忍受他人的观点、态度和做事的方式。D
4. 无异议：对很多事情漠不关心。S

三十五

1. 杂乱无章：生活环境无秩序，经常找不到东西。I
2. 情绪化：情绪不易高涨，感到不被欣赏时很低落。C
3. 喃喃自语：低声说话，不在乎说不清楚；S
4. 喜欢操纵：精明处事，操纵事情，使之对自己有利。D

三十六

1. 缓慢：行动思想均比较慢，过分麻烦。S
2. 顽固：决心依自己的意愿行事，不易被说服。D
3. 好表现：要自己吸引人，需要自己成为别人注意的中心。I
4. 有戒心：不易相信，对语言背后的真正的动机存在疑问。C

三十七

1. 孤僻：需要大量的独处时间，避开人群。C
2. 统治欲：毫不犹豫地表示自己的正确或控制能力。D
3. 懒惰：总是先估量事情要耗费多少精力，认为能不做最好。S
4. 大嗓门：说话声和笑声总盖过他人。I

三十八

1. 拖延：凡事都起步慢，需要推动力。S
2. 多疑：凡事都怀疑，不相信别人。C
3. 易怒：在行动不快或不能完成指定工作时烦躁和发怒。D
4. 不专注：无法专心致志或者集中精力。I

三十九

1. 报复性：记恨并惩罚冒犯自己的人。C
2. 烦躁：喜新厌旧，不喜欢长时间做相同的事情。I
3. 勉强：不愿意参与或者投入。S
4. 轻率：因没有耐心，不经思考，草率行动。D

四十

1. 妥协：为避免矛盾，即使自己是对的，也不惜放弃自己的立场。S
2. 好批评：不断地衡量和做出判断，经常提出反对意见。C
3. 狡猾：精明，总是有办法达到目的。D
4. 善变：像孩子般注意力短暂，需要各种变化，怕无聊。I

将以下的选择做一个统计，并记在括号内。

D(　)　　I(　)　　S(　)　　C(　)

DISC性格测评结果分析

使用说明： 计算你的各项得分，超过10分的则为显性因子，可以作为性格测评的判断依据。低于10分的则为隐性因子，对性格测评没有实际指导意义，可以忽略。如果有两项及以上得分超过10，说明你同时具备两项或两项以上的特征。 D(　)　　I(　)　　S(　)　　C(　)
测试结果

续表

<table>
<tr><th>类型</th><th colspan="2">特质描述</th></tr>
<tr><td rowspan="5">Dominance
支配型/
控制者</td><td colspan="2">高 D 型的人可以被称为“天生的领袖”。</td></tr>
<tr><td>在情感方面</td><td>D 型人是坚定果敢的人，喜好变化，喜欢控制，干劲十足，独立自主，超级自信；可是由于比较不会顾及别人的感受，所以显得粗鲁霸道，没有耐心，穷追不舍，不会放松。D 型人不习惯与别人进行感情上的交流，不会恭维人，不喜欢眼泪，缺乏同情心。</td></tr>
<tr><td>在工作方面</td><td>D 型人是务实和讲究效率的人，目标明确，眼光全面，组织力强，行动迅速，不让问题过夜，果敢，坚持到底，在反对声中成长。但是，因为过于强调结果，D 型人往往容易忽视细节，处理问题不够细致。爱管人、喜欢支使他人的特点使得 D 型人能够带动团队进步，但也容易激起同事的反感。</td></tr>
<tr><td>在人际关系方面</td><td>D 型人喜欢为别人做主，虽然这样能够帮助别人做出选择，但也容易让人有被强迫感；由于关注自己的目标，D 型人在乎的是别人可利用的价值。喜欢控制别人，不会说对不起。</td></tr>
<tr><td>描述性词语</td><td>积极进取，争强好胜，强势，爱追根究底，直截了当，主动的开拓者，坚持意见，自信，直率。</td></tr>
<tr><td rowspan="5">Influence
活泼型/
社交者</td><td colspan="2">高 I 型的人通常是较为活泼的团队活动组织者</td></tr>
<tr><td>在情感方面</td><td>I 型人是情感丰富且外露的人，由于性格活跃，爱说，爱讲故事，幽默，能抓住听众，常常是聚会的中心人物；是一个天才演员，天真无邪，热情诚挚，喜欢送礼和接受礼物，看重人缘。情绪化的特点使得 I 型人容易兴奋，喜欢吹牛、说大话，天真，永远长不大，富有喜剧色彩。但是，I 型人似乎也很容易生气，爱抱怨，大嗓门，不成熟。</td></tr>
<tr><td>在工作方面</td><td>I 型人是热情的推动者，总有新主意，说干就干，能够鼓励和带领他人一起积极投入工作。可是，I 型人似乎总是情绪决定一切，想哪儿说哪儿，而且说得多干得少，遇到困难时容易失去信心，杂乱无章，做事不彻底，爱走神儿，爱找借口；喜欢轻松友好的环境，非常害怕被拒绝。</td></tr>
<tr><td>在人际关系方面</td><td>I 型人容易交上朋友，朋友也多；关爱朋友，也被朋友称赞；爱当主角，爱受欢迎，喜欢控制谈话内容。可是，喜欢即兴表演的特点使得 I 型人常常不能仔细理解别人，而且健忘多变。</td></tr>
<tr><td>描述性词语</td><td>有影响力，有说服力，友好，善于言辞，健谈，乐观积极，善于交际。</td></tr>
</table>

续表

类型	特质描述	
Steadiness 稳定型/ 支持者	高S型的人通常较为平和，知足常乐，不愿意主动前进	
	在情感方面	S型人是温和主义者，悠闲，平和，有耐心，感情内藏，待人和蔼，乐于倾听，遇事冷静，随遇而安。S型人喜欢使用一句口头禅：“不过如此。”这个特点使得S型总缺乏热情，不愿改变。
	在工作方面	S型人能够按部就班地管理事务，胜任工作，并能够持之以恒；奉行中庸之道，平和可亲，一方面习惯于避免冲突，另一方面也能处变不惊。但是，S型人似乎总是慢吞吞的，很难被鼓动，懒惰，马虎，得过且过。由于害怕承担风险和责任，S型人宁愿站在一边旁观。很多时候，S型人总是有话不说，或折中处理。
	在人际关系方面	S型人是容易相处的人，喜欢观察人、琢磨人，乐于倾听，愿意支持。可是，由于不以为然，S型人也可能显得对别人漠不关心，或者嘲讽别人。
	描述性词语	可靠，深思熟虑，亲切友好，有毅力，坚持不懈，善倾听，全面周到，自制力强。
Compliance 完美型/ 服从者	高C型的人通常是喜欢追求完美的专业型人才	
	在情感方面	C型人是性格深沉的人，严肃认真，目的性强，善于分析，愿意思考人生与工作的意义，喜欢美丽，对他人敏感，理想主义。但是C型人总是习惯于记住负面的东西，容易情绪低落，过分自我反省、自我贬低，离群索居，有抑郁症倾向。
	在工作方面	C型人是完美主义者，高标准，计划性强，注重细节，讲究条理，整洁，能够发现问题并制定解决问题的办法，喜欢图表和清单，坚持己见，善始善终。但是，C型人也很可能是一个优柔寡断的人，习惯于收集信息资料和做分析，却很难投入到实际运用中。C型人容易自我否定，因此需要别人的认同。同时也习惯于挑剔别人，不能忍受别人的工作做不好。
	在人际关系方面	C型人一方面寻找理想伙伴，另一方面交友谨慎。C型人能够深切地关怀他人，善于倾听抱怨，帮助别人解决困难。但是，C型人似乎始终有一种不安全感，以致感情内向，退缩，怀疑别人，喜欢批评人和事，却不喜欢别人的反对。
	描述性词语	遵从，仔细，有条不紊，严谨，准确，完美主义者，逻辑性强。
总结建议		

续表

类型	个性	表现	沟通方法
D型：支配型	强势，好胜，具有强烈的进取心，脾气急躁，黑白分明，喜欢挑战权威，固执，不听别人的规劝，刚愎自用。具有强烈的权力欲望和天生的领导气质，好面子，容易中别人的激将法。	经常打断别人说话，在电话里跟人抢话；经常匆匆忙忙，有许多事要做；有时显得无礼；往往是与对方进行单向沟通；把自己的意见表达为毋庸置疑的事实；直率，想什么说什么。	说话直接；有不同意见时，须提供替代答案；确保他赢，照顾他的面子；给予及时反馈；专注于主题；对他的言谈表现出感兴趣的样子。
I型：活泼型	爱说话，爱交际，贪玩，有趣，容易冲动，善于沟通，容易兴奋，善附和人，没有心机，容易相信别人，有强大亲和力，重承诺，爱面子，“大错不犯，小错不断”，不喜欢做一些关注细节的事。	兴奋，坦率，友善；明确表示同意别人的看法；强调问题和事物的积极面；以推销和鼓励的方式进行沟通；想说很多话，但又不愿详谈；不愿提及引起别扭的话题；善于提出建设性的问题。	保持积极正面的沟通态度；让他表达自己；对他热情些；多注意他的感觉；以有趣、好玩、幽默的言辞来谈；专注于伟大远景。
S型：稳定型	认真，行事稳健，不张扬，态度友善，工作条理性强，不太好意思拒绝别人的要求，心态平和，举止温和，让别人觉得他与世无争。喜欢安全稳定的环境，工作踏实，不贪图一蹴而就，而是考虑现状，对未来没有太大的憧憬。喜欢听别人说，只在讲解自己的专业时才侃侃而谈，并且最好不要打断。这种人适合在一个团队里贡献自己的能力，是可以信赖的好伙伴。	谨慎行事；经常是边听边点头的单向沟通；被询问时才回答；讲话平静而有条理；喜欢谈论熟悉的事物。	有逻辑次序地进行；问特定的问题，找出他真正的需求；提供先例，降低不确定感；秉持正义原则；安全、可靠、稳妥的环境；给他家的感觉；当他是自己人。
C型：完美型	重视实际，凡事喜欢按规章办事，不讲情面，话少，追求完美主义，行为常较慢，喜欢钻研细节，把每个细节都琢磨得很准确，做事有条理性，遵纪守法，实际，从不幻想美好的未来。喜欢阅读书面资料，这样才有时间慢慢思考所有的细节。	做事井井有条；注意细节；乖巧有礼；喜欢分析事情的前因后果；喜欢书面沟通；不轻易表达不同的观点；谙熟细节；可能抓不住关键；不喜欢谈论看法和抽象的事物；不发号施令，依规划办事。	注意倾听他的话；镇定而谨慎地回答问题；沟通前准备所有的相关资讯；放慢说明和展示；找出关键词，以免跑题；清楚事实和细节；要完整周全。

续表

类型	个性	表现	沟通方法
特质对比			
类型	优点		缺点
D型： 支配型	具有强烈的进取心，同时也有强烈的好胜心；喜欢挑战权威，不畏惧强权；勇于承担具有挑战性的工作与任务；喜欢享受工作带来的成就感；凡事自动自发，不需要别人催促；有积极性，对自己未来的规划很现实，也很明确；设定的目标总是比较严格；是一个主动争取的人，而且常常想带头，也很容易争取到别人的信服，是个天生的领导者。		过犹不及，说话很直，容易伤人；大胆冒险；刚愎自用；没有耐心；太强势（在表达意见时，常把自己的观点说成毋庸置疑的结果）。
I型： 活泼型	天生具有强大的亲和力，口才也不错；反应快，有创新意识，易交友，随遇而安；乐观、乐天，是人群中的焦点，是大家的开心果和军师；热情，并能很快感染别人；随时准备接受新事物，并很快就能感染别人；决策果断。		知道与感兴趣的事太多了，样样通、样样松，不容易精通专业；无足够的耐心，太情绪化；不擅长拒绝别人的要求；太注意面子，太容易相信别人；太容易感情用事，也有点粗心大意。
S型： 稳定型	安分守己，能够忍辱负重；做事细致，按部就班，不疾不徐；脚踏实地，不羡慕别人，心态稳定；性情善良，礼貌待人；喜欢处在团队中工作，互相帮助；对自己的专业会钻研得很深入，是个优良的指导者；凡事都会做好计划。		缺乏适应变化的能力，只能适应熟悉的环境；不善于表现自己，对自己缺乏信心。
C型： 完美型	专注，独立，专业，客观，按规定办事；不畏强权，具有强大的忠心，忠诚于组织与各种规范；不会感情用事，会精确地依照规则办事，追求完美；能很长时间地从事连续的工作或职务，不会积极地想要自己出头。		优柔寡断，抓不到重点；不太好相处，过分注重细节；缺乏优秀的口才。

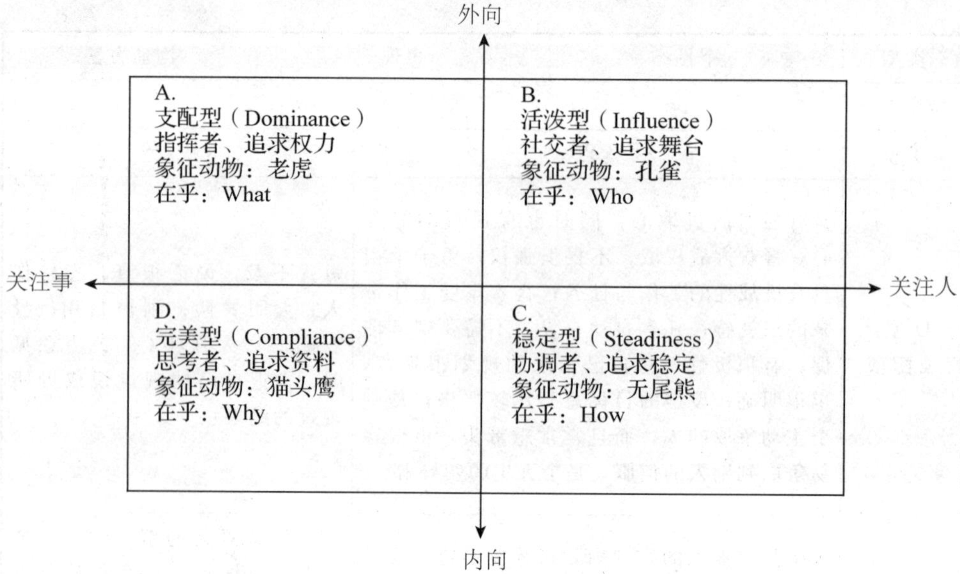

DISC 测评类型对照图

你是哪种性格特质呢？老虎型，孔雀型，无尾熊型，还是猫头鹰型呢？

总结：每个人都有自己与众不同的性格特点，性格无所谓好坏，我们只有不断学习，弥补自己性格的不足，才能提高自己的人际交往能力，与他人友好相处。

心成长资料库

推荐书籍

《沟通的艺术》，[美]罗纳德·阿德勒，[美]拉塞尔·普罗克特，世界图书出版公司，2010 年

推荐理由　这本书值得我们作为枕边书收藏，在人生的不同阶段会有不同的领悟。“交流式的沟通并不是我们‘对’别人做了什么，而是我们‘跟’别人做了什么。在这个意义上，人际沟通更像是跳舞——当然是需要同伴的那种舞蹈。沟通就像跳舞，取决于同伴的参与。而且成功的沟通就像好的舞蹈，绝不仅仅取决于主导(领舞)的那个人。一个舞者再成功，如果他(或她)不能考虑或者配合他(或她)同伴的技术，看起来也会很糟糕。”这段文字摘自此书，我们可以看出，沟通是人一生的必修课，希望此书能给你带来新的人生感悟。

推荐影片

《心灵捕手》

推荐理由　这是一部安静的电影，却让我们情绪跌宕，让我们更加明白我们应该用怎样的态度对待自己的人生。《心灵捕手》是一部励志剧情电影。影片由格斯·范·桑特执导，罗宾·威廉姆斯、马特·达蒙等主演。影片讲述了一个名叫威尔的麻省理工学院的清洁工的故事。威尔在数学方面有着过人的天赋，却是个叛逆的问题少年，在教授蓝勃、心理学家桑恩和朋友查克的帮助下，威尔最终把心灵打开，消除了人际隔阂，并找回了自我和爱情。经典对白：成功的含义不在于要得到什么，而在于你从那个奋斗的起点走了多远。

第三节　恋爱“心”观念

学习目标

1. 帮助大学生了解恋爱中的心理知识。
2. 使大学生有能力解决恋爱中常见的心理困惑。
3. 培养大学生具备恋爱能力。

心灵物语

死生契阔，与子成说。执子之手，与子偕老。

——《诗经》

有的人浅薄，有的人金玉其表败絮其中。有一天你会遇到一个彩虹般绚烂的人，当你遇到这个人后，会觉得其他人都只是浮云而已。

——《怦然心动》

爱情是性本能的表达与升华。

——弗洛伊德

爱情是爱一切的善，是一种动人的欲望。

——苏格拉底

长相知，才能不相疑；不相疑，才能长相知。

——曹禺

案例导入

2017 年女留学生遇害案

在日本学习的中国留学生江歌与刘鑫共同租房居住。陈世峰是江歌室友刘鑫的前男友。陈世峰曾与刘鑫共同居住在东京板桥区的一所公寓，由于两人之间发生矛盾，刘鑫搬至位于日本中野区的江歌住处。2016 年 11 月 3 日凌晨，中国女留学生江歌在其租住的公寓中被陈世峰杀害。一场恋爱造成了三个家庭的悲剧，并不是每一对情侣都能终成眷属，因为有些人在迈出恋爱第一步的时候就“动机不纯”，错误的开始必然导致不如意的结果。如何培养正确的亲密关系，需要我们从恋爱“心”观念开始。

一、认识爱情

为什么我们会喜欢上一个人？

为什么有的人失恋后会很痛苦？

遇到什么样的人才是遇到自己的真爱？

带着这些疑问，我们来学习爱情。爱情，是人类情感中最美妙的一种体验；爱情，是两人之间最亲密的社会关系。几乎在所有的文化中，都有许多美丽的民间传说或故事与爱情有关。人们渴望爱情，可能为它而生、因它而死。我们总希望能在恰当的时间遇见合适的人，获得一段令人难忘的爱情故事，然后相互陪伴到老。有些高校大学生对爱情感到很困惑，大学生正是想谈恋爱、正在谈恋爱或者经历失恋的年龄阶段，让我们一起从多角度来了解这“该死的”爱情。

（一）爱情的含义

爱情是人际吸引最强烈的一种形式，是身心成熟到一定程度的个体对异性产生的有浪漫色彩的高级情感。[①] 爱情的特征有以下几点。

第一，爱情一般是在异性之间产生的，狭义的爱情不含同性恋。

第二，爱情是个体身心发展到相对成熟的阶段时产生的情感体验。

第三，爱情是一种高级情感，不是低级情绪。

第四，爱情有生理基础，包括性爱，不是纯粹精神依恋。

第五，爱情的基本倾向是奉献，即你是否发自内心，帮助对方做其期待的事情。

① ［日］原田玲仁：《每天懂一点恋爱心理学》，12—13 页，西安，陕西师范大学出版社，2010。

(二)爱情三角理论

美国心理学家斯滕伯格提出了爱情三角理论，他认为爱情存在三个要素：亲密、激情和承诺。这是目前解释人类爱情最有影响力的观点。

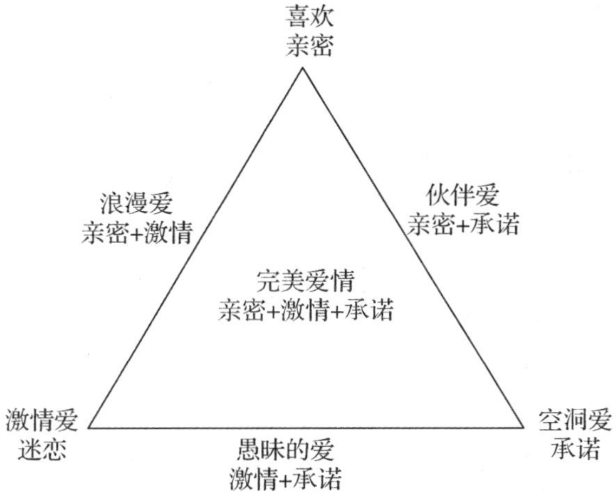

图 2-3 斯滕伯格爱情三元理论示意图

以三要素为顶点，加上三条边共可组成八种类型的爱情。如图 2-3 所示。

• 亲密：是指双方相互喜欢、相互理解；亲密基于恋人双方完全的信任和接纳而产生。

• 激情：双方之间存在性吸引力；激情混合着浪漫、外表吸引力和性驱力，是一种具有生理刺激性的动机，使人渴望并产生强烈冲动；激情一般会快速出现，一旦愿望达成，便快速消失。

• 承诺：决定发展稳定的关系；承诺包括短期决定爱一个人和长期承诺去维持爱的关系，是一种理性的决定。

1. 无爱

如果两人在一段关系中亲密、承诺和激情都不具备，那么爱是不存在的。一个人对另一个人的暗恋或者单恋，并无三要素中的任何一种因素，因此爱并没有被建立起来。如曾经热播的电视连续剧《三生三世十里桃花》里面女主角的情敌素锦，她与夜华的婚姻只是她的一厢情愿，这不是爱情。现实生活中追求者往往“锲而不舍”，会具有冒犯性，惹人讨厌，被追求者可能会感到内疚、苦恼或者难堪。

2. 喜欢

在一起感觉很舒服，但缺少激情，也没有承诺的时候，产生的便是喜爱的情感。生活中两性之间的真诚友谊，不会激发激情，也不会激发自己与对方共度余生的欲望。金庸的小说描述了很多这种男女之间的纯正友谊，如《倚天屠龙记》里面的俞莲舟（张翠山的三师兄）和殷素素，《射雕英雄传》里面的黄蓉和朱子柳（一灯大师的四徒弟），《神雕侠侣》里面的周伯通和小龙女，都是相互欣赏的友谊。

3. 迷恋

迷恋中有着强烈的激情，但缺乏亲密和承诺，人们被不太熟悉的人激起欲望时会有这种体验。迷恋往往开始于一见钟情，这种神魂颠倒的感情能否发展为稳定的爱情，取决于是否有亲密和承诺因素的形成。《西厢记》写道，在普济寺张生看到崔莺莺时，大呼“正撞着五百年前风流业冤啊”，遇到神仙姐姐了。当时的张生在迷恋中神魂颠倒。

4. 空洞的爱

两个人没有感情基础，在一起不是因为看上了对方这个人，而是看上了别的有价值的东西，没有激情和亲密，只有承诺，这就是空洞的爱。这种关系中双方只有责任和义务，是高度道德化的或价值高度异化的两性伙伴关系。如《甄嬛传》里的安陵容与皇帝的婚姻，安陵容不相信爱情也不爱皇帝，只是要利用皇帝的宠爱让自己出人头地。

5. 同伴的爱

两性之间有亲密，也有承诺，却无性爱吸引，彼此的关系是亲情式的信赖与依赖。如很多携手走过漫漫人生的银发夫妻，虽不再有青春激情，却有情感深度，相伴到老去。

6. 愚蠢的爱

关系中只有激情和承诺，缺少喜欢的亲密感。如有的男女两人相遇不久便在势不可挡的激情中闪电结婚，但是婚后由于之前不够了解，在婚姻中矛盾不断、争吵不断，最后以离婚收场。

7. 浪漫的爱

当高度的亲密和激情同时发生时，人们体验到的就是浪漫之爱。例如某男星本与一女星相识、相恋、结婚、生育，但后来出轨，此男星对出轨对象万般呵护、非常宠爱，他们如同一对幸福的情侣，而当出轨对象想要承诺时，该男星终止了浪漫的爱，致使出轨对象一直未找到自己的另一半。

8. 完美的爱情

真正完美的爱情应该由喜欢产生的相互信任为基础，以性的吸引带来的激情为催化剂，以婚姻模式的承诺为约束。完美的爱情既具有相对稳定性，又充满热情和活力。

当然，我们要认识到，三角理论界定的爱情在现实生活中看起来并非是泾渭分明的。有人说，爱情既是人生力量的源泉，也是制造彻骨痛苦的毒药。人们对爱的体验是复杂的，不过，在人生之中又有什么比“恋爱”更牵动人的心弦、更能制造不可思议的心理效应呢？

（三）爱情的特点

爱情作为一种人类的崇高情感，除具有情感的一般性质外，还具排他性、持久性、互爱性和冲动性等特点。

1. 排他性

排他性是爱情的最大特点。它源于爱情的自然属性，是基于性爱基础之上的一种自发的心理倾向。排他性往往表现为对恋人与其他异性亲密关系的排斥和抗拒。它强调恋爱双方要建立专一的情感，彼此忠诚，不能朝三暮四、三心二意，否则就很容易引起猜疑和嫉妒，对恋爱双方造成伤害。

2. 持久性

爱情不是交往双方因一时冲动而产生的泛泛的喜欢，而是经过长时间的相互了解和深入思考，在激情过后形成的真挚情感。爱情所包含的情绪成分和认知成分存在于整个恋爱的过程中，爱情会随着时间不断地深化。真正的爱情不会因为时间和环境的改变而轻易改变，它会随着岁月的流淌而不断地升华。

3. 互爱性

爱情是男女双方在思想品德、性格爱好、仪表风度和文化素养等方面的互相倾慕，是经过较长时间的接触，在彼此了解、相互尊重的基础上自愿建立的情感关系。恋爱的双方既是爱者，又是被爱者，彼此之间相互关怀、相互理解、相互包容，具有共同的理想、共同的目标和共同的思想感情。

4. 冲动性

冲动性是爱情的力量和魅力的重要表现。当爱情受到外来阻力时，爱的激情会使恋爱的双方产生极大的勇气，做出令人敬佩的抉择。冲动性还会表现为想与恋爱对象亲近的强烈欲望。爱情的冲动性往往会使人失去理智、感情用事，如果处理不当会产生严重后果。

二、爱情的发展

（一）“恋”的开始

有个发生在台湾的小故事：有个男孩子爱上一个漂亮的女孩子，为了打动姑娘的芳心，他给她写了700封信，请求她嫁给他，最后姑娘真的嫁了，但是她嫁的是那个送信的邮递员。故事揭示的道理很简单，我们会爱上那些在我们身边的人。

无论是谁，面对自己喜欢的人，都有心怦怦跳的感觉。实际上，这和兴奋时心脏跳动的感觉一样。运动后产生的生理兴奋导致人在与异性接触时容易对眼前的人产生爱慕的感觉。这听起来有些不可思议，真的是这样吗？

加拿大心理学家达顿和阿伦在两座桥上做了相同的实验。其中一座桥全长450英尺(约137米)，是仅靠两条粗麻绳悬挂在河谷上空的吊桥；另一座桥是建在小河上的坚固而且低矮的桥。他们让同一名漂亮的女助手站在桥对面，让不同的受试男子通过两座不同的桥，跟女子进行交谈并得到了该女子的电话号码。

结果发现，在通过晃晃悠悠的吊桥的受试者中，有超过半数的人给女子打了电话；而在通过坚固的桥的受试者中，给女子打电话的只有12%。通过吊桥时男性体温升高、心跳加速，这种生理反应的出现到底是由于对吊桥的恐惧还是对漂亮女助手的意乱情迷，估计他们很难分清。对于一部分通过吊桥且回电话的男性来说，可能是因为摇摆的吊桥致使他们心跳过速的，而他们却有意无意地认为是因为擦燃了爱情的火花，自己的心开始为一个女人而跳。

但我们不能否认的是，即使是这样“误擦”出来的火花，一样可以缔造美丽的爱情。如果你真的倾心于某位异性，不妨约他(她)去看看恐怖电影、爬爬山……自己动手去制造一场由“误擦”产生的爱情。

在工作受挫、事业失败、失恋等情况下精神脆弱的时候，人们也容易产生恋情。人在新环境中，目的意识强，注意力集中，同样也会产生恋情，如升学、转职、参加考研辅导班等转换新环境或迎来人生新转机的时候。这是由于脑内物质多巴胺分泌量增多，使人的心跳加快，充满活力，感觉爽快。这些感觉都和恋爱的状态相似，因此，如果当时结识了新的异性朋友，人会把这种感觉误认为是由异性造成的。

(二)“恋”的逆反

在莎士比亚的经典戏剧《罗密欧与朱丽叶》中，罗密欧与朱丽叶相爱，但由于双方家庭是世仇，他们的爱情遭到了极大的阻碍。但压迫并没有使他们分手，反而使他们爱得更深，直至殉情。这样的现象我们叫作罗密欧与朱丽叶效应。

我们在现实生活中也常常遇到这种现象：父母的干涉非但不能减弱恋人们之间的爱情，反而使之增强；父母干涉得越多、越强烈，恋人们反而相爱得越深、越不可被分离。心理学家德里斯科尔以140对恋人或夫妻为对象进行了调查，结果发现，父母越反对，两个人的感情越坚固。因此德里斯科尔引用莎士比亚的名著，称这种现象为罗密欧与朱丽叶效应。

为什么会有这种现象呢？我们都有一种自主的需要，都希望能够独立、自己做主，而不愿被人控制。一旦别人越俎代庖，替自己做出选择，并将这种选择强加于自己时，我们就会感到主权受到了威胁，从而产生一种心理抗拒：排斥自己被迫选择的事物，同时更加喜欢自己被迫失去的事物。正是这种心理机制造成了罗密欧与朱丽叶效应。大学生们应该从中得到启示，自由恋爱固然是值得称道的，但父母的反对可能也有一定的道理，不妨理性地与父母交流一下看法，而不是把恋爱建立在逆反、抗拒、满足好奇上，恋爱更重要的是建立在共同的基础之上。

心理学家的研究还发现，越是难以得到的东西，在人们心目中的地位越高、价值越大，对人们越有吸引力；轻易得到的东西或者已经得到的东西，其价值往往会被人所忽视。因此，当外在压力要求人们放弃自己选择的恋人时，由于心理抗拒的作用，人们会更倾心于自己选择的恋人，并增加对恋人的喜欢程度。这种现象不限于恋爱关系。

（三）“恋”的发展

恋爱是男女双方培养感情的过程。实际上人们总是选择能给自己带来更多利益和幸福的对象作为伴侣，而所有导致爱情的因素均可归结为利益和价值。因此，爱情的发展大致经历四个阶段。

1. 筛选与评估

男女双方在某一群体中选择愿意交往的对象时，所考虑的主要因素是交往的收益与成本以及互相抵消后的盈余。如果收益及盈余超过自己的期望值，那么对方就会成为自己追求的目标。

2. 互惠

在此阶段，男女双方尽可能地交换收益，即在让对方获益的同时力求降低成本，如一起聊天、互赠礼物、共同讨论有兴趣的话题等，但避免进入对方的私密性领域。在交换中，随着双方互惠增多，两个人的亲密感随之增强。

3. 承诺

双方认为从对方那里得到的收益大于从其他异性那里得到的收益，因此停止与其他异性的交往，双方关系相对固定，开始一对一地频繁交往。

4. 制度化

随着亲密感的不断增强，双方都觉得离不开对方，但又担心对方离开自己，希望能通过契约的形式将双方关系制度化，如订婚、办理结婚手续等。契约使双方的关系有排他性，要求彼此忠诚。

（四）“恋”的形式

爱情研究者将爱情划分为以下六种形式。

1. 浪漫式

浪漫式爱情是双方初次见面即相互吸引、一见钟情，是理想化的爱情。

关于恋爱经验的问卷调查结果显示：有55.2％的人有过一见钟情的经历，61.1％的男性和50.6％的女性经历过一见钟情。

美国科学家进行的调查显示：一见钟情也存在男女差异，男性发生的概率更高一些。这也从一个侧面说明男性更容易“以貌取人”，而女性更注重对方的内涵。

在朋友介绍、聚会、相亲等容易产生恋情的场合，给对方的第一印象十分重要。第一印象包括发型、体型、姿势、说话方式、语气语调、表情等，是一个综合性的评价。如果想要获得恋情，就需要注意自己的外在形象，留下良好的第一印象。

2. 好朋友式

好朋友式爱情是一种深厚情谊，是长时间的陪伴形成的，虽然平淡但是深厚。

当人遇到与自己价值观等相近的异性时，容易产生好感，继而发展恋情。对男性来说，与女性长时间的亲密友情，都有转变成恋情的倾向。男性对于恋情、好感、友情、爱情等感情划分得并不是那么清楚。男女之间存在真正的友情吗？这是一个经常引起争论的问题。心理学研究得出，大多数情况下女性认为男女之间可以存在真正的友情；但是，男性容易把和女性之间的友情转变成恋情。

3. 游戏式

游戏式爱情视恋爱如游戏，只求个人需求的满足，对所爱者不肯付道义责任，因而把更换恋爱对象视为轻易之事。所以谈恋爱之前需要多了解对方的态度，了解对方原始家庭的情况，了解朋友间接评价，等等。

4. 占有式

占有式爱情的人对爱人付出强烈的感情，亦希望对方有同样的回应。

占有式爱情中的“占有”不仅是一种行为，也是一种心态。对爱人有强烈的占有欲望，并且希望对方以同样的方式回应；有极度的占有欲，对方稍有怠慢即心存猜疑妒忌。占有式爱情就是一种缺乏安全感的爱情，一个人缺乏安全感、缺乏自信才会一再要别人的保证、肯定。其实一切源于他（她）自己的恐惧，与别人做事情的方式方法无关。

5. 实用式

实用式爱情的人寻找能满足自己基本需求或实际需求的伴侣，将爱情视为生活之应用，但求彼此实现需求的满足，不求理想的追求。这往往是基于各自不同的原生家庭和成长经历形成的人皆有之的趋利性。如实用式爱情的人寻找的伴侣要能满足他们对金钱地位的需求、对美貌和安乐的需求、对安全和退路的需求、对虚荣和名声的需求、对人生自我主导权的需求等。“男子娶妻，煮饭洗衣；女子嫁汉，穿衣吃饭”正是此种爱情的典型。

6. 利他式

利他式爱情是付出不求回报，为爱牺牲。

利他式爱情的人信奉爱情是付出不是回报的原则，甘愿为其所爱牺牲一切，不求回报。利他式爱情就是什么都愿意为对方去做，不管能不能天长地久。

（五）“恋”的风格

社会学家约翰·艾伦·李采用希腊和拉丁词语来描述六种爱情风格，与爱情的形式有相似之处。爱情风格的差别表现在爱恋情感的强烈程度、对爱人的忠诚程度、期待的爱人特征以及得到对方回报的爱情期望，如表 2-4 所示。

表 2-4　六种爱情风格

情欲之爱	四处寻找外表长相适宜的人，并急于建立深厚的关系
游戏之爱	视爱情为游戏，玩弄别人的感情
友谊之爱	偏好缓慢建立的依恋，然后产生持久的忠诚
狂热之爱	难以满足并且对伴侣有强烈的占有欲，感觉爱情失控
利他之爱	具有利他精神，爱恋却不指望任何回报
现实之爱	会寻找适合的关键指标：工作、年龄、信仰等

第一种风格是情欲之爱，与人的色欲有关，有着强烈的肉欲色彩，这种风格的人可能会受到外表长相的严重影响，相信一见钟情。

第二种风格是游戏之爱，视爱情为没有约束的游戏。这类人常常反复无常，试图同时拥有几个伴侣。

第三种风格是友谊之爱，引导人们不再重视强烈的情感，而去寻求真正的友谊，逐渐发展为真实的忠诚。如青梅竹马，自幼一直陪伴长大的男女恋爱或结婚。

第四种风格是狂热之爱，难以满足，占有欲强，充斥着生动的幻想和沉迷。如跟踪狂，有感情失败记录，精神失调，是病态的。

第五种风格是利他之爱，无偿付出、利他、无私，把爱情视为一种职责。

第六种风格的现实之爱，客观而务实，使人冷静地寻找理论上和自己最般配的伴侣。积极主动，相信会通过征婚、相亲等方式寻找适合自己的伴侣，合适的关键指标可能会涉及工作、年龄、经济条件、宗教信仰等。

三、大学生恋爱中的常见困惑

案例分享

女大学生陪男友回了次家，男友却想分手了

大学生王磊和张媛媛(均为化名)是同班同学，王磊个性随和，张媛媛性格开朗，两人互有好感，越走越近。大一下半学期，王磊向张媛媛表白成功，确定了恋爱关系。之后的几个月，两人一起学习，一起外出，很享受“粘”在一起的感觉。国庆长假，王磊邀请张媛媛去自己家附近的景点游玩。张媛媛欣然同意，带上简单的行李住进王磊家中，也见到了王磊的父母。

长假那几天，两人玩得挺愉快，谁知回学校后，王磊对张媛媛越发冷淡，两人吵了几次都不欢而散。后来，王磊吐露实情，说是自己的母亲觉得张媛媛在生活当中太随意，太“作”，还经常指使他做这做那，希望他慎重考虑两人的关系。

对此，张媛媛难以接受。她认为，自己在王磊家中的表现跟他们平时相处时差不多，是两人关系好的体现，虽然在相处过程中自己是相对强势一些，但平时也是很关心、照顾王磊的。

现在闹成这样，王磊的父母还这么挑剔，张媛媛非常苦恼，她不知道这段恋爱关系是否应该持续下去?

分析：受原生家庭的影响，王磊觉得和张媛媛相处舒服，是因为张媛媛和他的妈妈相似，开朗热情同时又有点控制欲，所以他愿意被张媛媛影响；但是在回到自己家后，他和妈妈的联结要远比和张媛媛的联结强，这时候妈妈对他的影响要超过张媛媛的，因此妈妈要求他终止与张媛媛的恋爱关系时他就照着去做；虽然他们还在恋爱初期，但已隐隐有了‘婆媳大战’的雏形，如果不及时觉察、修正这种模式，即使两人结婚，他们的婚姻也难免会受到影响；同时每个家庭都有自己的规则和界限，张媛媛需要尊重这个界限，不能把两人私下相处的方式完全带入对方家庭；事实上，即使他们结婚，维护好小家庭与原生家庭之间清晰的界限也是非常重要的；两个人的恋爱需要尊重双方家中的规则，如果要走下去，两人还要继续磨合。

(一)何为真爱

德国著名诗人歌德在《少年维特的烦恼》一书中写道：“青年男子哪个不善钟情？妙龄女子哪个不善怀春？这是人性中的至洁至纯。”可以说，爱情是人类永恒的主题。然而，著名女作家三毛在谈到爱情时，曾说过这样一句耐人寻味的话："爱情犹如佛家的禅，不可说，不可说，一说便是错。"的确，对爱情进行解剖，把活生生、充满浪漫遐想的爱情搞得干巴巴的，也许会大煞风景。但当我们看到有些大学生因为爱情而在花前月下任岁月蹉跎时，大学生的爱情观就不得不成为我们审视和研究的对象了。

我们公认爱情是一种感觉，是一种情绪。感觉和情绪本身就是一种很玄妙的东西，作为这里面最复杂的一种，爱情就更是说不清道不明的了。人们常说"我爱你"，但实际上可能是对"我需要你""我需要你来满足我，并释放我的激情"的表达。

1. 如果型的爱

我们小的时候，可能会经常听到这样描述："如果你做乖孩子，爸爸就会爱你。""如果你听话(满足家长的需要)……""如果你能够满足我的愿望……""如果你能考到第一名，我就会……"从小被这样要求着，以至于我们长大后面对爱情时，会在为获得某种东西时才会付出，爱的动机完全出于自私的目的，是为了从爱中得到自己想要的东西。这样的爱是有附加条件的，如果条件能够被满足，关系就会进展得比较顺利；而一旦对方无法做到符合自己的心意，这种条件发生了改变，爱就会立刻消失。有附加条件的爱往往会走向死亡，因为总有一天对方会无法满足这些附加的条件，日常生活中许多婚姻的失败也源于此。

2. 因为型的爱

某些人的爱是因为对方是什么样的人、具有什么样的特质或者做了什么样的事情。"我爱你因为你很美""我爱你因为你为我提供生活保障"，这是"因为型"的爱的写照。许多女生会爱上学历高、工资高或者权力大的男人，其实她们可能爱上的是跟这样的人在一起的优越感。

但是有了这种爱的人内心会时常产生恐惧感，因为自己一旦失去这种特质，也就意味着爱会消失。他们害怕对方爱的并非真正的自我，一旦对方了解真实的自己，自己就不会被接纳和被爱，甚至可能会被抛弃，这些都给恋爱关系埋下不稳定的种子。

3. 无条件的爱

"我爱你，无条件地爱你。爱你的一切，爱你的所有。"无条件的爱并不是盲目的，这样的爱建立在对对方充分了解的基础上，尽管对方可能有种种缺点，但也会无条件地接受他们真实的样子。一个知足的人才能够真正地、自由地给予，而不需要从对方身上索取。

当然，就算最和谐的关系也会遭遇到冲突，生活中的矛盾和问题是无法避免的，爱也并非要我们忽略彼此的问题，而是勇敢地直面并解决问题。冲突往往源于各自的不同需求和期待，解决冲突可能意味着将自我的需要降到最低，将对方的需要放在自我需求之上。有时接纳也意味着合理的妥协，一个人若觉得自我是被接纳的，则会很自然地把自我最好的一面表现出来，此时没有任何情感障碍可以阻止他(她)前进。

(二)依恋理论

我们每个人都是不同的，个人的经历如何影响亲密关系？依恋理论者认为，我们从最初的照料者(通常是父母)那里获得的情感联结影响着我们的一生。如果父母从小对我们关心且敏感，我们就会把同他人的关系视为爱和支持的源泉。如果我们依恋和被关注的需要得不到满足，我们会变得怀疑且不信任别人。而这些心理模式主要是无意识的。玛丽·爱因斯沃斯和她的同事在对婴儿和母亲的关系进行研究后，界定了亲子关系的三种类型。[①]

1. 安全型依恋

约 60%的婴儿在父母离开时显得焦虑不安，但能在父母返回时主动寻找他们，并且很快平静下来。这种依恋类型的婴儿知道父母负责且亲切，他们能忍受与父母的短暂分离。

安全自主型的父母更可能采用民主型的教养方式，重视孩子的自主性和自我管理，重视亲子间的双向交流，注意满足孩子的正当需求。更重要的是当孩子面临困难时，父母能给予积极的支持和鼓励，使孩子感受到依恋对象的可靠。这样，婴儿从与父母的交往中得到快乐和安慰，形成安全型依恋。

2. 焦虑矛盾型依恋

约 20%的婴儿在与父母分离后变得极为痛苦、焦虑，大哭，还害怕陌生的环境。这主要是由于父母对孩子的需要不是特别的关心和敏感。

过度反应型父母往往采取低要求、高反应的溺爱型教养方式。他们较少提出要求，但过分迁就和保护孩子，减少孩子的自由、积极的探索。这类婴儿的母亲对婴儿的照顾很不稳定，有时对婴儿做出热情的反应，有时却很冷淡，造成婴儿矛盾的感觉。因此当婴儿需要情感支持和抚慰时，不能确认是否应该依靠父母，使得婴儿形成焦虑矛盾型依恋。

3. 回避型依恋

约 20%的婴儿在与父母分离后显得不是那么痛苦，并疏远、冷漠。也就

① [美]罗兰·米勒：《亲密关系(第6版)》，239—265页，北京，人民邮电出版社，2015。

是说父母离开时孩子不焦虑，父母回来时孩子也不是特别高兴。

冷漠型的父母对孩子不耐心，反应性很低，对孩子的表现不重视、视若无睹，对孩子的消极情感更多，常用粗暴的态度和命令，把自己的意志强加给孩子，以自我为中心，迫使孩子服从，干涉限制孩子的行为。婴儿因此形成回避型依恋，以回避行为来避免过度唤醒。

4. 成人亲密关系与依恋理论

关系科学研究者借用发展心理学家对婴幼儿三种依恋类型的区分，也将亲近的关系区分为三种倾向，即安全型、回避型和焦虑矛盾型。安全型的人对情感的亲密和相互依赖感到很自在；回避型的人不喜欢依赖和亲近；焦虑矛盾型的人则是粘人的、占有欲强的人，寻求更多的亲密和安慰，而这常常超出对方所愿意提供的范围，见表 2-5。

表 2-5　依恋型与恋爱型对照表

依恋类型	恋爱类型	恋爱特点
安全型依恋	热情的爱、无私的爱	亲密、热情、愿意付出、非神经质
回避型依恋	轻浮的爱	亲密、不热情、不愿意付出、不自信、逃避亲密、非神经质
焦虑矛盾型依恋	占有式的爱	不亲密、不热情、不考虑他人、不自信、不逃避亲密

美国的一项全国大样本调查发现：成人的亲密关系，安全型占 59%，回避型占 25%，焦虑型占 11%，另外 5%不可分类，并且这三种类型的成人比例与发展心理学家计算的婴儿安全型、回避型和焦虑矛盾型的比例十分匹配。很多类似的研究都证实，成人的依恋类型形成于童年。

依恋类型真的影响我们的爱情关系吗？一组调查人员测量了 52 岁人群中的依恋类型，并且调查人员在这些被测者 21 岁、27 岁和 43 岁时就已经测量了他们的人际关系满意度。研究结果显示，到 52 岁时，95%的安全型成人都已经结婚，仅有 24%的曾经离过婚；72%的回避型成人曾结过婚，且其中 50%的人经历过离婚。

所以我们可以经常看到，一个在别人看来十分坚强、自信、宽容的女生，在其男朋友面前却经常是小气和吝啬的。因此，想要了解自己，就好好谈一场恋爱吧！是的，谈恋爱是发现未知的自己的最有效方法。在挑选伴侣时，我们会认为那些积极回应我们的需求、关心照顾我们的情绪、能成为我们安全基地的人具有更大的吸引力。

值得欣慰的是，虽然我们的成人依恋类型受到幼年时亲子关系类型的影响，从而影响到爱情关系和伴侣关系，但是，当那些具有回避型或焦虑矛盾型依恋的人进入一个安全的、长期的成人人际关系时，他们要想改变自己的依恋类型也是可能的。例如，一种充满真情和信任的成人人际关系，可能为一些小时候曾经被拒绝的人提供安全的工作模式。在一项研究中，30%的年轻女性在两年内改变了她们的依恋类型。

(三)如何经营亲密关系

1. 确认依恋类型

想要通过建立安全型依恋来拥有完美的爱情，首先要确定彼此的依恋类型，才能寻找到误会的成因及问题的心理根源。莱文和赫勒认为，当你拥有一个能理解并支持你需要的伴侣时，更容易获得安全型依恋。辨别和认识对方的依恋类型，能够帮助你们理解彼此，更加包容，共同支持。

2. 直接倾诉你的需求

占有式的恋人应该直接告诉对方："我喜欢粘着你，并期待你也能这样对我。"交流中应用请求、征询意见的语气，克制因焦虑带来的控制欲。

而疏离型的恋人应告诉对方："我想有自由而独立的空间，但这并不代表我不爱你，我希望你也能找到除爱情外的其他生活乐趣。"

无论是男生还是女生都应该注意，直接倾诉自我的需求虽然看起来直白，但比起拐弯抹角、等待着对方去猜测自己的心思，往往更为高效、真诚。

3. 勇于交流，坦诚相待

交流虽然可能激起矛盾，但争吵后的冷静思考比起冷战、沉默反而让情侣更容易走近彼此的内心。勇于面对交流的风险，不要在感情中耍花招、玩心计，也不要尝试操纵、控制对方。直接、坦诚地交流，才能磨平彼此伤人的棱角，彼此契合。

4. 接受不同与缺陷

接受自己和他(她)的不完美，承认彼此有着不同之处以及不同的表达爱的方式，以包容的心态看待，求同存异。努力建立起积极的自我与他人评价。

你并不完美，你认识的女生(男生)也不完美，问题是你们是否完美地适合，亲密关系就是这么回事。

5. 保持耐心

最后，不要以"立即摆脱"的心态看待你的不安全依恋，也不必因此而焦虑。改变是渐进的，需要时间与耐心。另外，不安全依恋并不代表百害而无一益，例如，疏离型依恋的个体因为逃避控制、追求独立，往往更有动机去追求自我的实现与升华。

四、恋爱能力的培养

（一）自我完善

爱自己是一种磁力，会吸引别人来爱你；不爱自己也是一种磁力，会吸引别人来伤害你。在恋爱中丧失了自我的界限，不知道如何保持自我的个体独立性，是很多人会在恋爱中遇到的问题。

如果你有在恋爱中不会保持自我的问题，那么只有从心理与意识的层面、从问题的本质出发，去探讨其根源所在，才能够真正理解并做出改变，来解决你的问题。

1. 前提

在恋爱中丧失了自我的界限，不知道如何保持自我的个体独立性，是很多人会在恋爱中遇到的问题。我们从小获得的对于恋爱的印象和概念大部分来自于小说、电视剧和电影。这种来自艺术作品的对爱的理解往往是幼稚的、极端的、理想化的。并且这些宣扬爱情的故事有很多是在暗示“在爱情中就是要失去自我，在爱情中就是和对方融为一体”，导致世界上很多的人对于爱情有着错误的、不切实际的理解与期待。在世界范围内，对爱情的错误传播令许多人一生都带着对于爱情的不现实的理解，因而产生了许多的痛苦与悲剧。

纵观现在的小说、电影、电视剧，不管什么题材什么类型，总要加上一些爱情的元素，仿佛爱情在人类的一生中就应该是无处不在的，并且大多数故事会以主角在最后收获了一份“完美”的爱情作为结局，从而潜移默化地令大多数人以为获得爱情就意味着获得了幸福，找到了真爱就意味自己能变得更好。

然而现实中的爱情只不过是人生的一部分，爱情就和你的亲情、友情、工作、学习等一样，它并没有那么伟大，也并非多么高尚。

2. 本质

真正的爱情在本质上是两个独立、成熟的个体的相互滋养，令对方成长，令彼此的心智更加成熟。他们感受到了相互的吸引，但并不会为了取悦对方和片刻的欢愉而丧失和损害自己的独立性；他们都坚定地走在属于自己的道路上，不会要求对方必须和自己一路同行，他们至多只会在各自的道路偶有交叉的时候给予对方鼓励，默契地相视一笑；他们并不一定非要在一起，即便他们在一起生活，那也只是他们选择了在一起生活而已。他们能够接受这个事实，相互尊重对方，活在当下。

因此，必须承认一个事实，其实有一些所谓的恋爱并不是真正的恋爱。一些恋爱经历在本质上只是因为缺乏安全感和内心的空虚，抱着对爱情的错误幻想，而和另一个人“在一起”了一段时间而已。当然这种幼稚的恋爱并不一定是不好的，每个人都是从幼稚走向成熟，幼稚的恋爱是自我成长、心智成熟的一个必经的阶段。但是只有当我们意识到，我们的恋爱观、我们对爱情的态度是幼稚的，才能得到成长的机会，才能够改变自己，由幼稚走向成熟。

3. 为什么在恋爱中会失去自我？

其实在恋爱中失去自我的人，在恋爱以前可能就没有自我。这话虽然说得极端了些，但有一定道理。恋爱不会令你变得更好，同样也不会令你变得更坏。早期的依恋经验会影响我们对于伴侣的选择，这是因为我们并没有意识到我们不喜欢这种依恋关系。我们在儿童早期形成依恋关系，也就是跟父母相处的模式，在儿童时我们还没有能力去分析自己是否喜欢这一模式，就被迫接受了这一模式，此时我们以为跟自己亲密的人就应该是这样的。由此可以理解一个屡次遇人不淑的女生还会继续寻找同样类型的却伤害他的男生。

有人之所以会在恋爱中受伤、失败、受挫，可能是因为他之前就存在了这样或那样的问题，只不过是恋爱令这些问题暴露出来了而已。但是问题就出在这里，大部分人无法认清恋爱带来的那种美妙感受只是暂时的，他们不能接受那种和恋人的世界融为一体的感觉其实是虚假的，他们也不懂得如何破而后立，如何令自己在自我界限崩溃后借着这个契机去完善自己。这种自我界限的缺失会令其在恋爱关系中越来越没有安全感，越来越依赖对方，越来越反复无常，到最后越来越空虚。没有明确的自我界限，这就是大部分人会在恋爱中失去自我的最本质的原因。

4. 如何在恋爱中拥有自我？

首先关爱自己，满足自己的兴趣与需求。解决的办法说起来很简单——把关注点放在自己的身上。学会爱自己，关心自己的生活，满足自己的兴趣与需求，好好维护自己的人脉和圈子，看自己想看的书，提升自己的技能，树立自己的人生目标并为之奋斗。爱自己的人才懂得爱别人，己所不欲，勿施于人，恋爱中的我们要深刻领会。

相爱是两个人的事，不能只收获不付出。在相爱的过程中，我们需要相互理解、相互爱惜，不能只被爱，觉得对方做什么事都是理所当然的，不管是物质的还是精神的，付出都是相对的，一个人爱得太久会累，这个一点都不假。

每个人心里都有小秘密，需要给对方一些私人空间。人心最怕试，如果对方真的爱我们，别人又怎么能轻易地从我们身边抢走呢？所以，不要试着去知道对方过去的一切，如果仍那么在意他的过去，那就赶紧放手。你更应该在意今天和明天，而不是昨天，因为那个时候，你都没有出现在他的生活中，他的过去不属于你。你认为你是很在乎他，想知道他的所有，其实你这是在占有他的思想和灵魂，时间久了，如果两个人发生争执，你自然而然地又把他以前的全部翻出来，然后做对比，最后，这场没有硝烟的战争结束了，两人的心也越走越远了。

给双方足够的自由，不要强行改变对方的生活习惯。爱是自私的，但我们也要爱得无私，她想和闺蜜去逛逛街，就大大方方地让她去；他要和老同学、兄弟喝喝酒、唱唱歌，只要能把握住度，也要高高兴兴地放他去。这个世界上，朋友之情也非常珍贵。有人一旦恋爱，整个生活中就只有爱人，生活中没有了闺蜜、兄弟的身影，做起了可怜的金丝雀。

(二)“恋”与何人产生

1. 人们喜欢的异性所共有的特征

恋爱会在什么样人之间产生呢？事实上，每个人喜欢的异性，在身体上、性格上会有一定的特征、倾向。

首先，无论男性还是女性，都喜欢身体富有魅力的人。我们都会对身体富有魅力、容貌好的异性产生好感。与帅哥美女交往，人们会感觉自身的价值也得到了提高，极大地满足了虚荣心。同时，与容貌好的异性结婚生子，不仅使自己在精神上得到更大的满足，而且满足了自己的后代遗传俊美的容貌的本能希望。

不过，所有人都找俊男美女谈恋爱是不可能的，世界上也绝非所有人都是帅哥美女。寻找恋爱对象时，人会把对方的容貌和自己的进行比较，对和自己容貌相当的异性更感兴趣。虽然俊男美女更吸引人，但如果对方的容貌相比自己好太多，容易遭到对方的拒绝。

其次，人倾向于寻找与自己相似的对象。当人遇到与自己价值观等相近的异性时，容易产生好感，继而发展成为恋情。这种叫作“类似性因素”的心理效应，不仅在恋爱关系中发挥作用，在普通的人际交往中也是构筑良好人际关系的一个重要因素。而且，在对方比自己稍微优秀一点的状态(尊敬状态)下，恋爱关系(或人际关系)更加稳固。

2. 女性喜欢的男性特点

男女对恋爱对象的选择是存在差异的，我们先了解一下女性往往会喜欢的男性。

(1)喜欢认真工作的男性

从生物角色来说，男性需要承担养育后代的责任，即要承担起养家糊口的责任。不管男性做什么样的工作，只要是认真地投入到工作中，努力工作，专心做一件事，就算是沉默不说话，眼中只有手上没有完成的工作，那种专注就可以迷倒女性。因此会有职场恋情的发生，职场中异性同事之间容易培养出恋爱感情。

(2)高收入的男性

“宁愿坐在宝马车里哭，也不愿坐在自行车上笑。”女嘉宾在《非诚勿扰》上的一句“肺腑之言”，引来社会舆论一片哗然。人们纷纷指责女嘉宾的拜金主义。但是，现实中女性往往更喜欢高收入的男性，因为收入高社会地位往往也高，嫁给这样的男性，自己的地位也间接得到提高，从而获得精神上的满足。此外，传统文化中女性还承担着生儿育女的重任，如果嫁给高收入的男性，日后在物质生活方面将无后顾之忧，自己和子女也能过上稳定富足的生活，这也是女性的安全感需求。其实，每个人都有资格谈恋爱，不论你钱多钱少，而在于你情深清浅，在于你未来是否有能力给对方想要的生活。所以，在大学期间，不要在还能选择的时候选择安逸、甘于平庸。

(3)聪明、有教养的男性

知识丰富、有智慧、有洞察力的男性也是容易受到女性欢迎的。从她们的角度看，聪明的男性可以让自己了解更多的东西，丰富自己的知识。有一个聪明、有教养的男朋友，也在一定程度上使女性的虚荣心得到满足。此外，和聪明的男性在一起更可能避免各种各样的麻烦和纷争。

(4)认真对待男女关系的男性

许多女生不喜欢轻浮的男人，轻浮的男人一般以为女朋友多是炫耀的资本。其实女性是比较反感这种男性的。她们更渴望找到一个优质的男性过一辈子，能够认真对待两人的关系，如果判断出男性不是想和她长久地发展下去，不管对方说多么爱她，大多数女性也会果断地提出分手。所以作为男生一定要注意这一点，以免伤害到女生。

3. 男性喜欢的女性特点

(1)持家型女性

贤妻良母，即所谓上得厅堂下得厨房，这一类传统优秀女性依然是最受男性欢迎的类型之一。曾有人做过一个相关调查，该调查发现，40%的被访男性依然喜欢传统类型的女人，而且已婚男性比未婚男性更看重这一点。在已婚男性看来，居家过日子不再是风花雪月的生活，这时候的女性是要会“过日子”的。

(2)具有思想和看法的女性

如今随着社会的发展，人的压力也越来越大，男性在外打拼承受很大的压力，有自己的思想和看法的女性不仅可以帮助男性解决生活上的后顾之忧，更可以给男性带来精神上的安慰。她们在言谈举止、接人待物、礼貌礼仪等方面做得非常到位，在交往中可以影响男性，甚至将男性“改造”成绅士。再者，这样的女性也可以在一定程度上使男性的虚荣心得到满足。

(三)恋爱能力的培养

1. 学会表达，爱得自信与主动

首先，对爱人要赞美和信任。赞美、信任和期待具有一种能量，它能改变人的行为，当一个人获得另一个人的信任、赞美时，他会感觉获得了社会支持，从而增强了对自我价值的肯定，变得自信、自尊，获得积极向上的动力，并尽力达到对方的期待。心理学上有个皮格马利翁期待效应，是指一个人期望什么就会得到什么，得到的不是想要的，而是期待的。充满自信地期待，真的相信事情会顺利进行，事情可能会更顺利地进行；相反，如果相信事情会不断地受到阻力，这些阻力更可能会产生。恋人双方越是肯定和鼓励对方，就越是努力完善自己。因此，经常赞美另一半，也许很快奇迹就会出现。

其次，要学会表达与沟通，爱得自信与主动。爱是需要表达的，不把爱意大胆地表达出来，所喜欢的人也许一辈子都不知道，而两人就会失之交臂。有时候自己喜欢的人刚好也喜欢自己，虽然这样的事情不是经常发生的，但只有勇敢尝试才不会给自己留下遗憾。

有这样一个故事：一对恩爱的夫妻，每次吃鱼时，丈夫都把鱼头夹给妻子，因为他最爱吃鱼头，妻子每次都将鱼尾夹给丈夫，因为她最爱吃鱼尾；两个人都把自己最喜欢吃的夹给对方，然后相对无言，默默无语；时光飞逝，丈夫临终前对妻子说想吃一次最喜欢吃的鱼头汤，妻子很惊讶，问道：“你不是一直最喜欢吃鱼尾吗?”听了这个故事，我们在感到遗憾的同时，更能懂得表达沟通的重要性。

2. 学会拒绝，尊重自我与他人

表达爱需要能力，拒绝爱也需要能力。拒绝爱要注意以下两个方面。

首先，如果你认为对方的爱不值得接受或者自己不愿意接受，就要勇敢、坚决、毫不含糊地拒绝，如果优柔寡断或屈服于对方的穷追不舍，发展下去对双方都不利。

其次，要采取恰当的拒绝方式，虽然每个人都有权拒绝爱，但是珍视每份真挚的感情是对他人的尊重，也是一种自珍，同时是对自己道德情操的检验。处理方法简单轻率、不顾情面，甚至恶语相加，会使对方的感情和自尊心受到伤害，这些做法是很不妥当的。运动拒绝的形式和技巧时需要发挥你的创造力，拒绝他人原则上以保护他人的自尊心为前提。

（四）如何应对失恋

很多学生进入大学后，在从众心理的影响下急着谈恋爱，可是由于缺乏与异性交往的能力，更缺少爱别人和被别人爱的能力，在恋爱时很容易出现问题。[①] 细节打败爱情，所以一定要学会处理恋爱中的各类问题，而失恋问题是众多人难以处理的问题，有些大学生自杀是由于无法承受失恋，所以该如何对待失恋呢？

1. 了解失恋后的五个阶段，正确认识爱情

恋爱经历对每个人来说都是难忘的，恋爱中的关心体贴、互帮互助和激励安慰会让每个人体会到恋爱的美好。然而，越是美好的东西，失去之后的伤害越大，失恋正是如此，当你把全身心投入一个人身上之后，那个人却转身离开，所有的依靠一下子都没了，就好像全世界只剩下你一个人一般。心理学家提出了人在失恋后的五个阶段。第一个阶段是不相信，不能接受这个事实，会寻找各种证据证明爱情仍旧存在，虽然你趴伏在地上，但最终抓住的都是旧日爱情蜕掉的躯壳。第二阶段是愤怒，是中伤，是让自己尽力地去恨那个人，贬低他（她）所有昔日和今日都使你爱的品质。第三个阶段是挽回、哀求，你放下了自尊放手一搏，你发觉失去他（她）的痛苦超过了你牢牢守护的尊严，你心存侥幸，满怀希望。第四个阶段是愤世嫉俗，对过去爱情的信仰不屑一顾，你积极地去寻找替代品，急于和一个陌生人恋爱，以证明自己痊愈。最后，终于平静下来，继续生活，再爱上一个人。

要忘记一个曾经爱过的人很难，因此在决定恋爱前，要先考虑清楚。失恋往往给大学生造成一系列消极心理，如羞辱、愤恨、悲伤、失落、孤独、虚无、绝望等，导致部分大学生难以排解，偏激轻生，无法忍受，反施报复，自甘堕落，使大好青春擦肩而过。

2. 树立正确的大学恋爱观，积极面对爱情

部分大学生因为不能树立的正确恋爱观，盲目恋爱，导致失恋后无法正确处理。不要由于从众去恋爱，不要只是为了恋爱而去恋爱，也不要只为了简单

---

① 刘晓明、杨平：《大学生心理健康教育——体验·认知·训练》，45－50页，北京，科学出版社，2016。

的生理需求或者心理需求就去盲目地恋爱。两个人在一起就要一起努力，共同向上。我们提倡志同道合的爱情，正确处理爱情和学业之间的关系，恋爱要严肃认真、感情专一，恋爱过程中要相互理解、信任和宽容，相互尊重，共同进步。要追求高尚的爱情，摒弃庸俗的爱情。所谓高尚的爱情，更多的是精神层面上的。大学阶段属于不断完善与提高自我的阶段，大学生在体验美好爱情的同时，也应该不断充实自我，今后才能在社会中更好地生存、发展。

3. 大学生失恋后应当学会自我调节

很多大学生在失恋后不知道该怎么办，一下陷入失恋的泥淖里无法自拔，结果影响了自己的学习、交友和生活。还有部分学生因不能正确看待恋爱失败和自己的付出，萌生报复心理，造成破坏性的结果。作为新一代大学生，应理智看待失恋这件事，从失恋中总结经验教训，提高情商。对于大学生失恋，可以给出以下一些建议。

第一，失恋后要及时疏导内心的郁闷情绪。失恋的学生可以找好友倾诉心中的烦恼，也可以做一些体育运动，甚至关门大哭一场，等等。要寻求一个合适的发泄途径，一方面消除心理压力，另一方面及时把内心的委屈、痛苦和愤怒发泄出来，恢复心理平衡。

第二，要冷静分析失恋的原因。把恋爱失败的所有责任都推给另一方的做法是不可取的，多反思自己在恋爱中有哪些做得不好的地方，这样有利于自我完善。

第三，转移失恋的注意力。可以通过改变自己的生活方式来消除失恋的痛苦，如投身于学习或集体活动中。不要把自己圈起来，整天唉声叹气、难以自拔，而应鼓足勇气，转移自己的注意力，从痛苦中解脱出来。

第四，学会精神自励。面对挫折应有一个积极的态度，学会自我鼓励。爱情的挫折是对人生的考验，是人格走向成熟的阶梯。培根有句名言："一切真正伟大的人物没有一个是因爱情而发狂的人。"强制别人接受自己痴情的爱是一切爱情悲剧的根源，孤注一掷的爱是软弱无能的表现。因此，应不断鼓励自己走过这段不平坦的路途，迅速振作起来，摆脱眼前的感情危机。

任何事物的得与失都是相对的，失恋同样如此，不能因为失去某一个人的爱就感到一无所有，失恋以后要有更宽广的胸怀，坦然自若地面对人生挫折，坚信"天涯何处无芳草"。看过电影《泰坦尼克号》的人或许能感受到这样一种全新的爱情观，就是"他(她)死了，为了他(她)，我要好好地活下去"。这才是一种富有生机的爱情观。

五、大学生性心理

（一）恋爱中易产生“生理兴奋→性兴奋”的过程

年轻人更容易一见钟情。青春期的爱情有几个特征。由于青春期心脏和心血管等循环系统尚不发达，伴随性成熟，很容易产生生理变化，即便是轻微的刺激也会心跳加快、面红耳赤。此外，由于性激素分泌旺盛，也容易产生性冲动。

由于年轻人没有经验，很难辨出这种生理现象的原因，因此当心怦怦跳时，就会误以为自己喜欢上了对方。青春期的爱情往往会以“恋上恋爱”“一见钟情”“单相思”“盲目的爱”等形式出现，原因就在于此。[①]

人在和他人进行反复、简单的接触后，会对对方产生好印象，越了解越喜欢，这就是单纯曝光效应。曝光效应，又谓多看效应、暴露效应、接触效应等，它是一种心理现象，指的是我们会偏好自己熟悉的事物，某样事物出现的次数越多，人对其产生的好感度也越高（当然前提是这件事物首次出现时没有给人带来极大的厌恶感）。在大学新学期开始时，研究者让一些女生在课堂上分别出现 15 次、10 次或 5 次。这些女生从来不和教室里的其他人交谈，只是坐在那里上课。然后，在学期末让课堂里真正的学生看这些女生的照片，并询问他们的喜好。结果，出现次数越多的女生，对其他学生越有吸引力，比那些从未看到过的女生更受他们喜欢。

（二）了解必要的性知识[②]

案例分享

一高校女生宿舍产子

2017 年 3 月，在合肥一所高校里，当别的同学都如往常一样吃饭、打水、在路上走走聊聊时，小云却独自一个人在宿舍的卫生间里。她顾不上腹部传来的疼痛，身下一摊血早已让她慌了神。

几个月前，她意外怀孕；而就在这一天，孩子在狭小的卫生间里来到这个世界。她对这个孩子的到来没有感到丝毫喜悦，有的只是恐惧和痛苦。孩子的父亲是谁，小云没有向任何人说起。

21 岁的她，本应在窗明几净的教室里读书、学习，却因感情受挫、缺失亲友的关怀，在慌乱中犯下了过错……

---

① ［日］原田玲仁：《每天懂一点恋爱心理学》，12—13 页，西安，陕西师范大学出版社，2010。

② 陈霖：《关于大学生安全教育选修课建设的思考》，载《科教文汇（下旬刊）》，2011(9)。

1. 了解避孕

(1)常识

据国家卫计委统计，我国每年人工流产至少 1 300 万人次，位居世界第一，其中不包括 1 000 万药物流产和在民营医院所做的“人流”。更触目惊心的是，在未婚先孕人群中，青少年占流产人数的 50%。为什么这种事件频频发生？事件的背后折射出广大年轻女性避孕知识的匮乏。年轻女性该如何保护自己呢？

希望大家牢记一个最高准则：无论发生什么，保护好自己和他人的身体健康和生命安全都是最重要的。目前可使用的避孕方法有很多，避孕套、避孕药、节育手术等，各有特点，选择的时候既要考虑到方便，更要考虑到效果，根据每个人的具体情况，挑选出最适合自己的避孕方法。其中，适合年轻人并且比较可靠的方式有：男用安全套、女用安全套、常规避孕药、宫内节育器。

(2)对避孕措施的正确认知

首先，避孕措施不是完全可靠的。

有些人可能认为安全套、避孕药等措施可以确保万无一失，专家表示这种想法是完全错误的，没有一种避孕方法对所有人都是最好的，只有某种或某一些方法是最适合某些人的。没有一种避孕措施是完全安全的，每种避孕措施都有它的弊端。

在各种避孕方式中，避孕套相对可靠，既可以避免意外怀孕，又可以避免性疾病传播。避孕药也是大众避孕选择较多的一种方式，专家告诫女性朋友千万不要将紧急避孕药当成常规避孕方式，更不可滥用。

其次，避孕套使用不当也无法起到避孕作用。

避孕套一般都有生产日期和使用年限，如果超出了有效期限，就属于过期产品，不可再使用。因为过期的避孕套容易破裂，起不到避孕的效果，而且还可能引起皮肤不适。

很多年轻夫妻会购买很多避孕套放在家里，但若存放避孕套的方法不对，容易导致避孕套变质。平时应该把避孕套存放在阴凉、干燥处，而且不要接近高温的地方，更不要放于酸性、碱性、油性的环境，这样会使避孕套加速变质。

值得注意的是，购买避孕套时要选择合适的大小型号。避孕套过紧可能发生破裂，过松则容易脱落。而且，如果发现包装已经破裂，或者有损坏，那么最好不要使用，以免影响避孕效果。

2. 认识到流产对女性的生理会产生的影响

众所周知，任何手术都是有危险的，人工流产手术也不例外。那么，人工流产的并发症有哪些呢？

妊娠3个月内采用人工或药物方法终止妊娠被称为早期妊娠终止，也可被称为人工流产，通常用来作为避孕失败后意外妊娠的补救措施，另外也用于因疾病不宜继续妊娠、为预防先天性畸形或遗传性疾病而需终止的妊娠。人工流产可分为手术流产和药物流产两种方法。

人工流产并发症发生率的高低受许多因素的影响，一般与受术者身体健康情况、妊娠月份大小、手术操作者的技术熟练程度、手术基本条件等因素有关。人工流产手术中常见的并发症发生在手术之中，最为常见的并发症有大出血、子宫穿孔与宫颈撕裂、羊水栓塞、人工流产综合征等。人工流产手术后还会发生人流不全、生殖道感染、卵巢囊肿破裂等并发症。人工流产后，有的女性会发生月经不调、宫颈或宫腔粘连、继发性不孕、自然或习惯性流产、异位妊娠、子宫内膜异位症、母儿血型不合、胎盘粘连、前置胎盘、早产、出生低体重儿、功能性子宫出血、闭经、周期性焦虑等。除此之外，人工流产还有可能会对男女双方将来的感情生活有一定的心理影响。

我们不提倡大学生在校期间的性行为，但了解必要的避孕常识是很重要的。尤其强调，人流手术只是避孕失败的补救措施，而不是避孕措施，会给身体造成极大的伤害。

(三)大学生应对婚前性行为说“不”

2016年发布的《大学生性与生殖健康现状调查报告》显示，约7成的大学生接受婚前性行为。这一调查结果显示当今大学生在性问题上越来越开放，这是有一定危险性的。

婚前性行为对性道德、性文明、性健康等可能会产生严重不良影响。然而，受到欧美影视作品中部分错误观念的引导，有些大学生对西方国家的性观念存在错误解读，在恋爱中忽视了道德，放弃了社会责任感。加上品德教育和健康生活方式教育的缺乏，一些大学生对婚前性行为的观点和处理方式是不恰当的。

对此，心理咨询师给大学生提出了几点建议：(1)恋爱中的大学生应审视自己的爱情观，加强自我信念；(2)通过科学的途径了解生理心理健康知识，建立健康的两性互动关系；(3)限制两人独处的时间，多与家人及朋友共处，当出现问题时可以主动寻求朋友、师长等的帮助，听取多方面的意见，寻求支持与接纳；(4)及时觉察与调整自己的学习和生活状况，培养自己多方面的兴趣，结交更多朋友；(5)避免易受试探的情境，如不要两人单独待在关上门的房间内，也不要待在黑暗或人迹罕至的地方；(6)拒绝“危险游戏”，保持清醒，远离酒精和毒品。

美国社会学者埃德温·迈尔斯教授曾经给中国的女大学生支招，以正确对待性问题：“如果你的恋爱对象向你提出逾越界限的要求，以证明你有多爱他，并以此作为你对他的爱的表现，那么你应该主动向他提出分手，因为这是一种破坏正常恋爱关系的行为。”他建议恋爱中的大学生在表现对彼此的爱慕情绪时应该含蓄一些，注重场合。多年从事两性教育的台湾师范大学晏涵文教授也强调，“爱”和“婚前的自制”都是必须学习的事情。生命最崇高、最丰富的价值是：爱自己、爱对方，尊重自己、尊重对方，自我约束冲动。

体验式课堂实践活动

课堂实践一

活动名称　学会拒绝“三部曲”

活动目标

1. 学会拒绝的方式。
2. 理解拒绝的流程图。
3. 通过练习得以强化。

活动准备　拒绝流程图、可活动的便于分组的桌椅

活动时间　老师引导 10 分钟，学生体验 20 分钟，共计 30 分钟

注意事项

1. 教师应先使用“三部曲”举例。
2. 学生实践过程中，老师应在多个组倾听，及时解惑。
3. 可以先想想生活中的例子，再进行角色扮演。

操作手册

1. 老师讲授拒绝“三部曲”。

第一步，打破“唯一式”思维——如果你说“不”，会怎么样？如果你不帮他，他就没有办法了吗？除了找你，他是否别无选择？

第二步，学会合理拒绝的方法。

第三步，适当承诺。

给对方一个台阶下，能够使对方更好地接受你的拒绝，同时也可以补偿自己的过意不去。比如“你可别生气啊，我回来给你带特产”“特别不好意思，等你有时间了请你吃饭”等。

2. 教师介绍拒绝的流程图。

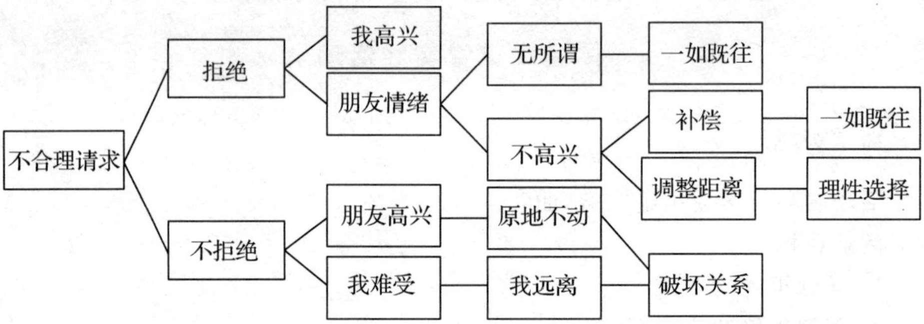

3. 学生分组练习。

三人一组，一人先后扮演朋友、老板、家人，一人扮演求助者，第三人扮演观察员。当一组完成后，互换角色，再次练习。也可以由一人扮演暗恋者表白，一人扮演拒绝者，第三人扮演观察员，之后互换角色。

学生成长记录

1. 拒绝别人时，我的情绪是怎样的？

2. 被人拒绝时，我的情绪是怎样的？

3. 做旁观者时，我观察到的双方的情绪是怎样的？

4. 将来我敢说不吗？

教师总结

不懂拒绝的背后，往往是我们将自己放在了太重要的位置。当一个人开口提出要求的时候，他的心里本就应该预备好两种答案。所以，给他其中任何一个答案，都应该是在他意料中的。拒绝需要勇气，拒绝还是一种权利，高情商的人都懂得拒绝。

体验式课堂实践活动

课堂实践二

活动名称 借船过河

活动目标

通过故事中的隐喻，了解自己的潜意识，了解爱情在你的价值观中是否重要。

活动准备 多媒体教室、足够安静的环境

活动时间 20分钟

注意事项

1. 先听故事《借船过河》。
2. 根据自己的直觉进行排序。

操作手册

1. 先听教师讲述故事内容。

借船过河

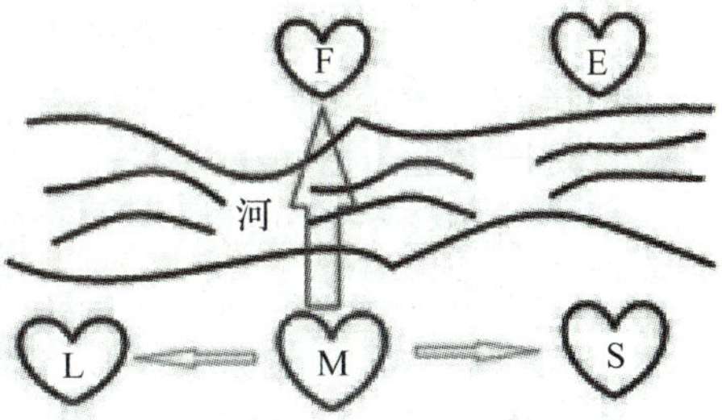

一个男人M要与未婚妻F相会结婚，但两人一河相隔，M必须要借船过河才能见到F，于是他开始四处找船。

这时M见一个女子L刚好有船，M跟L借，L遇到M后爱上了他，就问："我爱上你了，你爱我吗？"M比较诚实，说："对不起，我有未婚妻，我不能爱你。"这么一来，L就不肯把船借给M，她的理由是："我爱你，你不爱我，这不公平，我不会借给你的！"

M很沮丧，继续找船，刚好见到一位叫S的女子，就向她借船，S说："我借给你没问题，但有个条件，我很喜欢你，你是不是喜欢我无所谓，但你必须留下陪我一晚，不然我不借你。"M很为难，L不借给他船，S如果再不借给他的话，他就不能过河与F相见了，据说这个地方只有这两条船。为了彼岸的未婚妻，他不得不同意了S的要求，陪S过了一夜。次日，S遵守承诺把船借给了M。

见到未婚妻F后，M一直心事重重，考虑了很久，M终于决定把向L和S借船的故事跟F说了。可惜，F听了非常伤心，一气之下与M分手，她觉得M不忠，不能被原谅。F失恋了，很受打击。

这时M的生活里出现了女子E，两人开始恋爱了，但之前的故事一直让他耿耿于怀，E问M是不是有什么话要跟她说，于是，M一五一十地把他和L、S、F之间的故事讲了一遍。E听了后，说："我不会介意的，这些跟我没关系。"

故事讲完了，问题来了，请把这几个人排列个次序(M也在排序范围内)，标准是你认为谁最好谁就排第一，谁最不好，就排最后。建议不要想得太复杂，也不需要考虑大众的看法，你认为谁做得好就是好。

2. 听完故事，请同学们先排好顺序，之后再往下看答案。

3. 答案分享。

每一个字母，代表了一个英文单词的首位字母：M——金钱(Money)，L——爱情(Love)，S——性(Sex)，F——家庭(Family)，E——事业(Enterprise)。

学生成长记录

1. 我是否觉得这个心理测试可靠？

2. 金钱、爱情、性、家庭、事业这五个人生主题，我最看重的是什么？

心成长体验

1. 当看到这个答案的时候，我的感受是：______________________。

2. 不论测试是否准确，我自己真的知道自己看重的是什么吗？

3. 在今后的人生道路上，我认为什么是真正重要的？

教师总结

我们不知道自己要什么，这是很普遍的问题。因为什么都挺重要，舍弃什么都不合适，只是每个人的人生追求确实差异很大，看别人追求事业，你很羡慕，也很想这样，但不知道为什么总做不到；看别人婚姻幸福，你也很想这样，可实现起来确实不容易。这和运气没有很大关系，而是由你需要的决定。这个测试本没有确凿的科学依据，只是通过趣味心理测试来帮助你思考、决定你未来应该以什么为目标。

内容小结

本节介绍了爱情的发生、发展过程及特点，解析大学生的年龄段、客观环境变化对恋爱心理与行为带来的影响，帮助大学生提高对自身恋爱身心变化的觉察和理解，正确对待爱情及爱情可能带来的困扰。

课后思考题

刘少林与王文雅相识前，两人都没有谈过恋爱，所以当他们从同学关系逐渐发展成亲密的恋爱关系时，他们都很兴奋。彼此都是对方的初恋情人，他们沉浸在从未体验过的浪漫情感的兴奋中。但很快刘少林就被王文雅惹恼，因为她想知道刘少林每天的所有活动，并且要求两人必须天天见面。放寒假两人各自回家，王文雅每天上午、下午都会打来电话，仅仅是为了“保持联系”。如果刘少林跟同学打篮球或者参加校园活动不带着王文雅，她就会变得很烦躁。从王文雅的角度看，她因为刘少林明显不愿意向她倾诉心中的想法而感到困扰。刘少林则为自己的自我和独立而自豪，认为没有必要告诉王文雅所有的事情，王文雅持续不断的探查让他开始觉得不胜其烦。

1. 你认为刘少林和王文雅的未来会怎样？为什么？

2. 你期待什么样的爱情？为什么？请根据斯滕伯格爱情三角理论进行分析。

心理测试

测试一：宿命信念和成长信念

宿命信念：认为伴侣要么是天造地设的一对，婚姻生活注定幸福美满；要么就是不是冤家不聚头，婚姻生活注定痛苦悲惨。

成长信念：认为幸福的关系是努力、付出和回报。如果伴侣一起努力，战胜挑战，克服困难，良性的亲密关系就能逐渐建立起来。

这里列出的是奇普·尼测量宿命观念和成长观念的量表。请根据下面的七点量表来评价你对每个问题同意或反对的程度。

1　　2　　3　　4　　5　　6　　7

强烈反对————————————————→强烈同意

1. 谈恋爱的情侣要么能和睦相处，要么就格格不入。
2. 理想的亲密关系是逐渐发展的。
3. 美满关系的关键往往是从一开始就要找到般配的伴侣。
4. 亲密关系中的挑战和障碍只会让爱变得更深厚。
5. 恋爱中的情侣注定要么能融洽相处，要么不能。
6. 美满关系的关键往往是要学会与伴侣一起解决冲突。
7. 亲密关系如果开局不太好，则必然以失败告终。

8. 美满的关系是经过艰苦努力和解决双方的矛盾而形成的。

上面的问题中，奇数项评价的是宿命信念，而偶数项评价的是成长信念。在宿命信念和成长信念的研究中所采用的量表就包括这些测量项目以及其他项目，这些经典的项目是这两套信念的最佳示例。你偏向哪种信念呢？

测试二：成人依恋量表(AAS)

请阅读下列语句，并衡量你对情感关系的感受程度。请考虑你的所有关系(过去的和现在的)，并回答有关你在这些关系中通常感受的题目。如果你从来没有卷进情感关系中，请按你认为情感会是怎样的来回答。

请在量表每题之后的括号里填写与你的感受一致的数字(1～5)。1代表完全不符合，2代表较不符合，3代表不能确定，4代表较符合，5代表完全符合。

1. 我发现与人亲近比较容易。 (　　)
2. 我发现要我去依赖别人很困难。 (　　)
3. 我时常担心情侣并不真心爱我。 (　　)
4. 我发现别人并不愿像我希望的那样亲近我。 (　　)
5. 能依赖别人让我感到很舒服。 (　　)
6. 我不在乎别人太亲近我。 (　　)
7. 我发现当我需要别人帮助时，没人会帮我。 (　　)
8. 和别人亲近使我感到有些不舒服。 (　　)
9. 我时常担心情侣不想和我在一起。 (　　)
10. 当我对别人表达情感时，我害怕他们与我的感觉不一样。 (　　)
11. 我时常怀疑情侣是否真正关心我。 (　　)
12. 我对与别人建立的亲密关系感到很舒服。 (　　)
13. 当有人在情感上太亲近我时，我感到不舒服。 (　　)
14. 我知道当我需要别人帮助时，总有人会帮我。 (　　)
15. 我想与人亲近，但担心自己会受到伤害。 (　　)
16. 我发现我很难完全信赖别人。 (　　)
17. 情侣想要我们在情感上更亲近一些，这常使我感到不舒服。 (　　)
18. 我不能肯定，在我需要时，是否总找得到可以依赖的人。 (　　)

【成人依恋量表评分】

1. 计算分量表分

本量表包括3个分量表，分别是亲近、依赖和焦虑分量表，每个分量表由6个条目组成，共18个条目。本量表采用五级评分法，填几就得几分。其中，

2、7、8、13、16、17、18 题为反向计分条目，在评分时需进行反向计分转换。

先计算 3 个分量表的平均分数，再将亲近和依赖合并，产生一个亲近依赖复合维度，如表 2-6 所示。

表 2-6　计算 3 个分量表的平均分数

亲近分量表	题号	1	6	8	12	13	17	平均分
	得分							
依赖分量表	题号	2	5	7	14	16	18	平均分
	得分							
焦虑分量表	题号	3	4	9	10	11	15	平均分
	得分							

亲近依赖复合维度计算方法：

亲近依赖均分＝(亲近分量表总分＋依赖分量表总分)÷12

2. 依恋类型的划分

安全型：亲近依赖均分＞3，且焦虑均分＜3。

矛盾型：亲近依赖均分＞3，且焦虑均分＞3。

回避型：亲近依赖均分＜3，且焦虑均分＜3。

恐惧型：亲近依赖均分＜3，且焦虑均分＞3。

心成长资料库

推荐书籍

1.《亲密关系(第 6 版)》，[美]罗兰·米勒，人民邮电出版社，2015 年

推荐理由　这是一本从心理学角度对两性关系进行科学而系统总结的专著，综合了多个心理学分支的理论和研究成果，用有趣的语言总结出人们在交往与沟通、爱情与承诺、婚姻与性爱、嫉妒与背叛等方面的行为特点和规律。

2.《每天懂一点恋爱心理学》，[日]原田玲仁，陕西师范大学出版社，2010 年

推荐理由　这本书的总体结构就像是恋爱的过程：相遇→相恋→爱情加深→结婚→分手→下一次恋爱。恋爱的多发时机和多发地、男性和女性不经意间会喜欢上的异性的类型，拉近彼此距离的约会秘籍……此书运用漫画的形式，

为您全程揭晓男女之间奇妙的心理。

推荐影片

1.《心理心灵》

推荐理由 影片讲述了心理咨询、认知行为疗法、弗洛伊德精神分析的原理与运用，你会想找一位像桑恩(主角的心理咨询师)那样懂爱的人。

2.《和莎莫的500天》

推荐理由 它拍摄的不是一个爱情结果，而是一个相爱的过程，男女主角在相爱和失落间徘徊。我们无法真正把握爱情，我们无法掌控它将如何结束，正如我们无法知道它会因何开始一样。

3.《没关系，是爱情啊》

推荐理由 这是一部浪漫心理医学电视剧，讲述有心理疾病仍继续生活的现代人的人生与爱情。剧中性格不同的男女主角互相抚慰彼此深藏的伤痛，逐渐陷入爱情中。

第四节 重要关系提升

学习目标

通过学习本节，清晰认识到与父母相处中存在问题的原因，熟练掌握与父母相处的适用技巧，进而从信念系统层面上改变认知，接纳父母，加深连接，疏通与父母的关系，让爱流动起来。

心灵物语

时间流逝，许多往事已经淡化了。可在历史的长河中，有一颗星星永远闪亮，那便是亲情。时间可以让人丢失一切，可是亲情是割舍不去的。即使有一天亲人离去，他们的爱却永远留在子女灵魂的最深处。

——高尔基

哀哀父母，生我劬劳。

——《诗经》

案例导入

王雪这个假期过得很不愉快，刚放假回家，她和父母就为毕业后是回到家乡工作，还是根据她的想法独自去外省闯荡的事情发生了激烈的争执。母亲认为女孩子回到家乡工作，父母可以就近照顾，而父亲觉得年轻人就要趁年轻多走走、多看看，给自己寻找一个更大的发展空间。

王雪从内心中认同父亲的想法，可是常年独自陪伴她长大的母亲为她付出了很多的心血，而且母亲在家里一直是一个强势的人，她知道父母建议的出发点都是为了她，如果选择一个人的建议就会伤害到另一个人，所以她左右为难，不知道自己该听谁的建议，假期还没有结束，她就匆忙地回到了学校。

如果你是王同学，面对父母因你而起的争执，你该怎么办？

家庭是在婚姻关系、血缘关系或收养关系的基础上产生的，是由亲属所构成的社会生活单位，是人类最基本、最重要的制度和群体形式，对一个人的成长具有很重要影响。

家庭是人们最早接触的社会环境，每个人从家庭的经历中学习，在家庭的呵护下成长，最终才能独立生活在社会中。原生家庭是指父母的家庭，且儿子或女儿并没有组成新的家庭；原生家庭中的父母关系模式和亲子关系模式，会持续影响孩子未来的人际关系，尤其是在亲密关系中，人会倾向于复制早期原生家庭建立的关系模式。认识自己和父母的关系，多角度地审视我们的家庭，与父母保持良好的沟通并从中获得更多的支持、帮助，这是我们走向成熟的重要途径。

一、我和父母的画像

父母是这个世界上给予我们最多爱和付出的人。时间都去哪儿了？眼看着父母不再年轻，我们的人生也踏上了一个新的台阶。在我们不断努力朝前方奔跑的时候，父母却慢慢地跟不上我们的脚步。你和父母有了怎样的不同？你眼中的父母和自己是什么样子的？请画出你和父母的画像，同时备注出来你们的不同和相同点。

画像：

我们和父母的相同点：________________________________。

我们和父母的不同点：________________________________。

二、父母对我们的人生影响

父母是我们人生的第一任导师，一个孩子从呱呱坠地的那一刻起，他的生命就被父母倾注了无尽的爱与祝福。或许父母不能给我们奢华的生活，但是他们给予了我们一生中不可替代的生命。我们就是父母的一面镜子，父母每时每刻都在“教我们”，而他们可能都没有意识到自己在“教”。从父母的言传身教中，我们学会了优秀的品德，为人处世的技巧，面对情绪及压力时的应对方式，不良的生活习惯，我们曾经讨厌的行为，这些东西都通过父母的行为融入我们的血肉里。

如果不能认识我们的父母、家庭，我们就不能真正认识自己。家庭系统理论的奠基人默里·鲍恩西曾指出：“人并不像所想象的那样，可以和家庭、周围的人、过去的祖先隔离”。① 我们还是孩子时，就受到周围人的影响，学习如何看到自己，如何看待生活。② 这些周围的人更可能是我们的父母，我们虽然会不喜欢甚至厌恶那些不好的影响，可是我们不能去责怪父母。当我们的父母不懂得怎么如何爱他们自己的时候，他们也就不会教给我们如何去爱自己，他们依旧竭尽所能将自己认为最好的东西全部教给我们。

三、大学生与父母之间相处困扰的成因

大学生随着年龄的增长和自我意识的不断增强，与父母在很多事情上产生矛盾已成为一种普遍现象。有些大学生在学校里和同学、老师相处得非常不错，但在家里和父母却没有任何共同语言，甚至有时顶撞父母。有些同学虽然不敢当面顶撞父母，但也是“话不投机半句多”。到底是什么影响了我们与父母之间的相处呢？

1. 思想观念、价值观的不同

独生子女在大学生中占到很大的比例，在许多父母的观念中，即使孩子上了大学，也是没有长大的孩子。他们可能会省吃俭用将自己最好的一切都给予孩子，习惯为孩子做一切事情，每天将全部的心思都花费在孩子的身上。

随着社会不断发展，知识的积累与更新越来越快，我们渐渐发现自己与父

---

① [美]露易丝·海：《生命的重建》，8页，北京，中国宇航出版社，2008。

② 贾晓明：《学生心理健康——走向和谐与适应(第2版)》，166页，北京，北京理工大学出版社，2010。

母之间已经没有了共同话题，我们之间的价值观差距越来越大。对于我们学习、探索的事情父母都不知道，他们只是不断地按照自己在工作、生活中积累的经验来指导和教育我们。慢慢地我们开始不愿意与父母分享自己的心事，父母在我们内心中的地位开始下降。我们想要摆脱父母的要求、控制并学会独立，于是我们和父母之间产生了代沟。

2. 不善于向父母表达爱意

中国人受传统礼教的影响和文化的熏陶，在感情表达方面比较含蓄。父母这一代会将对孩子的爱通过生活中的关心照顾、絮絮叨叨的言语表达。当代的我们已经不像父母那样对于爱会羞于张口，我们会向自己的朋友、恋人、老师表达感谢和爱。但是，在家庭生活中，我们仍然不善于用语言表达对父母的爱。

3. 不接受现实的父母

父母和我们之间的爱是原爱，这种爱是最忠诚、最本质的，也是无法改变的事实。可是在生活中，当我们看到父母一些行为上的偏差，或者是他们做了社会或道德法则不允许的事情时，我们会对父母充满不满，无法接受父母，有时甚至产生逃离他们的想法。我们内心中甚至会出现一种声音："我不喜欢你这一点，所以你不配做我的父母。"或者"我需要的东西你没有给我，你没有资格做我的父母。"

4. 托付心态

托付心态指的是一个人将人生成功快乐的责任交给另一个人承担，它是由成长过程中形成的自我价值不足造成的。日常生活中，父母说了两句话，自己心里便不是滋味，责怪他们不体谅自己；父母无意中对自己进行抱怨，自己便会怀疑是不是因为自己不够优秀才会让父母有这样的想法。这些都是托付心态所造成的。

四、与父母和解的秘诀

1. 理解并尊重父母

我们在父母的眼中永远是孩子，他们愿意用自己的身体为我们遮风避雨。即使我们已经可以独立地处理很多事情，他们也会竭尽全力地帮助我们，甚至是代替我们去做事情。在我们看来这是多此一举，甚至是对我们处事能力的否定，但我们要理解父母，他们这样的行为只是对孩子发自内心的爱的表现，只是他们的方式、方法可能不被我们认同及接受。

作为孩子，我们需要站在父母的角度，用他们的眼睛去看，用他们的耳朵去听，感受他们的感受，真正看到他们所有行为的背后是对我们深厚的爱，这样才能学会理解并尊重我们的父母。

2. 学会与父母和谐沟通

最好的沟通从倾听开始。与父母沟通时需要耐心倾听父母话语中的意思，不要随意打断，在沟通中重要的不是父母说了什么，而是你听了什么。

沟通时除了语言外，还需要运用到非语言的配合。一份美国心理学家的研究报告显示，沟通的效果来源中，文字意义(说话用字的内容)占7%，语音语调(说话的音调高低、音量大小、速度快慢和语气)占38%，身体语言(面部表情、头与身体的姿势、手势等)占55%。[①]

在和父母沟通时，我们需要在眼神接触、语调、语速、身体语言上进行配合。例如，我们可以在和父母沟通时与他们的眼睛进行对视，声音可以低沉而温柔，语调语速一定要均匀且缓慢，不要发出刺耳的声音。这样我们才能有效地和父母沟通。

当然不要认为与父母沟通就是为了解决问题、和父母达成一致的意见。沟通的重要意义是了解彼此的想法、观点、立场，然后理解彼此，相互妥协，形成一个双方都可以接受的解决办法。即使不能达成一个可以接受的办法，也能对自己有进一步的审视、察觉。

3. 改变内心的BVR

信念系统包括信念、价值观和规条(beliefs，values and rules，BVR)，是每人都有，并且与其他人不同的思想发动机。一个人凭这套系统去处理人生里的每一件事，因此，这套系统决定了这个人的成功快乐、情绪感觉和人生成就。BVR是一个人的人生观，是所有意念行为的思想基础，它们操纵着我们人生里的每一件事情，是做还是不做的基本原因。

人生所有的事情只有三种——自己的事情、他人的事情、老天的事情。很多烦恼的起因在于没有清晰地区分这三种事情的关系。孩子与父母之间也是如此，当我们清晰地知道什么是自己的事情、他人的事情、老天的事情时，就可以顺势而为。

自己的事情包括自己的人生、成功、快乐，需要我们竭尽全力去做好。

他人的事情指的是他人自己的事情，我们只能守住自己的界限，尊重他人的想法、处事行为以及他人的命运。不能以爱护、关心的名义去操控、改变他人的想法，我们可以做的只是顺从。

---

① 李中莹：《简快身心积极疗法》，132页，北京，世界图书出版公司，2014。

老天的事，下雨、地震、海啸等天灾都不是以我们的意志而变化的，面对这些，我们只能做到顺应它们的运作规律而发展，不对抗，这样才可以拥有快乐的人生。

体验式课堂实践活动

课堂实践一

活动名称　改善父母关系的技巧

活动目标

改善在成长过程中因对父母的深爱而感觉沉重、有内疚感，或纠结不定，难以做出选择、过自己的人生。

活动准备　足够的空间

活动时间　20 分钟

注意事项　在练习过程中严格按照引导语进行引导，如在引导过程中出现突发情况，立即停止引导。

操作手册

1. 引导学生做呼吸放松练习。

吸气时，鼓起腹部，使横膈肌顺势下沉，利于启动副交感神经。

呼气时，注意力放在双肩的同时也有意使腹部缓缓地收起，越慢越好。

2. 当被引导者觉得呼吸放松练习足够时，让其想象内心面对父母(看见父母在自己的对面站立，或者感觉到父母在自己的对面站立)。

3. 学生看到或者感觉到父母时示意，引导学生与父母进行对话。

“亲爱的爸爸妈妈，你们给了我生命，我才有现在的人生，你们对于我是最重要的人，是最爱我、也是我最爱的人。我全然接受你们是我的父母，全然接受你们的爱，作为你们的孩子，也全然接受你们有为我付出和担忧的资格，全然接受你们在付出和担忧中感受父母的辛劳和快乐。我的生命经由你们而来，我无法将同样的恩德回报给你们，你们传承给我的生命会经由我去传承，作为你们的孩子，我也全然接受在成长过程中会对你们感到愧疚，那是我成长必须要付出的代价。我在愧疚中与你们连接，同时我作为孩子无以为报，只能好好过日子，创造轻松满足、成功快乐的人生来报答你们!”

“爸爸妈妈，我爱你们！我会更好地成长来回报你们的爱。”

4. 引导学生用自己的方式去拥抱、亲吻自己的父母，感谢他们全然的付出和爱。

5. 当学生完成以上的步骤后，请他们睁开眼睛，同时通过询问其他的事情打破现状。

学生成长记录

1. 当我说这段引导语之前我的情绪是什么?

2. 最初我看到或者感受到我父母的样子是什么样的?

3. 当我说完引导词后再次看自己的父母，他们有怎样的变化?

4. 引导结束后我又有怎样的情绪变化?

心成长体验

1. 这个练习给我带来了什么?

2. 做这个练习后我的察觉是什么?

3. 我的决定是什么?

教师总结

父母与孩子的关系模式是孩子与他人建立关系的基础，也是孩子人格发展的基石。过去发生的事情无法改变，但我们可以通过一些小技巧调整自己的认知，从而改善事情带给我们的影响。

课堂实践二

活动名称 画出我的家庭结构图

活动目标

帮助学生们直观地了解家庭互动、家庭结构、家庭状态，进而达到自我觉醒。

活动准备 A4 纸一张、中性笔

活动时间 30 分钟

注意事项 无

操作手册

1. 教师讲解绘制结构图的基本信息图示。

2. 明确家庭结构图的绘制原则。

3. 根据收集的家庭信息进行绘制。

4. 解读结构图。

学生成长记录

1. 当我绘制完这份家庭结构图时我想到什么?

2. 我有怎样的情绪?

3. 从这份家庭结构图中我有怎样的收获?

心成长体验

1. 这个练习给我带来了什么？

2. 做这个练习后我的察觉是什么？

3. 我的决定是什么？

教师总结

家庭结构图让我们清晰地看到家庭成员之间的关系、家庭中被我们遗忘或是忽视的重要事件，提醒我们善待我们的父母，珍惜我们的美好时光。

爱是一种能力，当我们认清自己与父母之间的关系时，我们就真正地在心理上长大了。能够重新审视及了解父母，我们才能正确地去了解自己。

内容小结

与父母的关系是所有我们与他人的关系的基础，也是最重要的关系。很多人际关系问题的根源都在于没能处理好与父母的关系，本节内容使我们可以运用一些心理学技巧，学会与父母和谐相处。

课后思考题

1. 父母给了我们许多的东西，里面有我们喜欢的，也有我们不喜欢的；有我们可以改变的，也有我们不能改变的；有我们认为是好的，也有我们认为是不好的。你是如何看待这些影响及区别的？

2. 你与父母相处时的痛点是什么？原因是什么？

3. 与父母和解对你的启示是什么？你下一步怎么做？

心成长资料库

推荐书籍

1.《不要用爱控制我》，[美]帕翠丝·埃文斯，京华出版社，2007 年

推荐理由　如果有人经常强迫你做这做那，丝毫不顾忌你的想法；或者你知道自己具有控制别人的倾向，会伤害他人，那么这本书能帮助你顺利解决这些难题。

2.《为何家会伤人》，武志红，北京联合出版公司，2014 年

推荐理由　作者用温暖有力的文字贴近当下读者的内心，带领为家庭关系所困的读者踏上自我疗愈与寻求幸福和自由的旅程。

3.《生命的重建》，[美]露易丝·海，中国宇航出版社，2008 年

推荐理由 此书是名副其实的心理励志世界畅销书，被全世界读者誉为人类身心健康的福音书。书为我们揭示了追求身心和谐的心理模式，从而开辟重建和谐生命的完美道路。

4.《与父母和解》，许皓宜，九州出版社，2017 年

推荐理由 这个世界上有两个人跟我们生命的连接很深，心却可能跟我们很远，这两个人总给我们回家的感觉，可是回家的感觉却并不一定美好。回家可能是一团乱麻，可能是撕心裂肺，也可能是深深的无助和恐惧。没错，这两个人就是我们的父母。和父母和解的过程，是我们学会接受社会和自我接受的过程。

学习情境三　职场圆舞曲

第一节　职场角色转变与适应心理

学习目标

1. 了解职场、职场角色、职业生涯规划的概念，熟悉职场角色规范、行为模式。

2. 掌握角色的特质转型、角色规范和行为模式，学会自我规划，树立清晰的自我职业目标。

3. 能够以积极的心态顺利实现职场角色的转换，提升职场适应能力，积极探索职场世界。

心灵物语

人生重要的不是所站的位置，而是所朝的方向。

——李嘉诚

案例导入

丽丽是一名酒店管理专业的学生。读大一的时候她还担心大三没有酒店可以实习，但是进入酒店实习之后，她发现相关的岗位还是很多的，只是热门酒店和热门岗位对个人素质的要求较高。经过几天的酒店前台岗位培训，丽丽开始思考前台到底适不适合自己……她当初为了锻炼交际能力和英语口语表达能力才选择到前台岗位实习，但是前台就意味着上班要一直站着，想想未来9个月上班都要站着，她突然担心起来。犹豫再三之后，她决定以腰部曾受过伤不宜久站为由向人事部申请调换部门，毕竟还没有到岗实习，现在换并不影响之后的实习。人事部听了丽丽陈述的理由，觉得她申请调换实习岗位也情有可原，而此时恰好财务部的一个正式员工突然离职，人事部便把她调到了财务部。在接下来的实习中，丽丽和一个同事上下午轮流，一个负责开票，一个负责整理财务资料。刚开始开票时，丽丽遇到了各种各样的问题，她经常向同事求助，虽然觉得不好意思，但问题还要解决，只能厚着脸皮继续问。除此之外，她还遇到过各种突发状况，如系统卡了，打印机没有墨了，发票用完了等，让她疲于应对。

更让她头疼的是，过了淡季之后，每天的开票量就多了起来，而且大部分是团队来开会的，他们一般都选择周五来，周一早上走。所以丽丽上班的时候他们都退房了，所有账单都是由前台转交给她。除去开票时间，每天寄发票写快递单就要1小时。而且每张发票无论开出、寄出都要登记，有时候还会遇到蛮不讲理的客户想要多开票额，被拒后跟她争吵。丽丽虽不能跟客户争吵，但也会气愤地想，税务政策能为你一个人改吗？忙的时候，丽丽除了中午20分钟的吃饭时间，一秒都没有空闲过，即使这样，到了下班的时候，她还有很多快递没有寄出，还要加班。她每次默默看着同事离去的背影，想着手头还有一大堆工作没有完成，只能在心里抱怨，为什么人与人之间差距这么大？为何如此不公？凭什么同事都有午休时间？凭什么同事的工作就比自己的轻松这么多？

一、职场角色

（一）职场与职场角色

职场主要包括两方面的含义：个人能力和职场政治。个人能力表现为时间掌控能力、知识水平、现场问题解决能力；职场政治能力表现为判断自身所处环境的能力。职场本质上是职业能力的交换场，用职业能力换取自己的工作酬劳。个人与职场角色逐渐适应以达到高度统一的过程，即职业化的过程。职场角色产生的原因是：上司的工作需要找“帮手”，需要找“替身”。上下级关系只在组织中存在，本质是“委托”与“代理”的关系。

（二）职场角色认知的基本准则

个人的职权基础来自于上司的委托和任命，个人是上司的代表，个人的言行是一种职务行为；个人需坚决地执行上司的决定，在职权范围内做事（不要错位）。

二、角色转换

学生与职业人的角色有很大不同。高校学生在走上工作岗位之前，应充分了解职业人在社会中所扮演的角色以及所承担的责任和义务，主动调整自己的角色，缩短职业适应期。

（一）角色转换

大学生从象牙塔走进社会，从单纯的学生，逐渐清晰地认清自己的优势和劣势，转变成为一个现实的社会求职者；能做出正确的职业选择，适时转换角色，不能将亲友、家庭、学校的关爱和呵护作为社会对自己的最终认可，正确地认识和评估自我，摆正自己的位置和心态，认识社会，了解职业，以自身实力适应社会发展和需要，在选择社会职业的同时也能接受社会的选择，迈好人生重要的一步。

从学校走向社会、服务社会是人生的一个重大转折。实现角色转换，顺利度过职业适应期，是同学们不可回避的任务。因此大学生要正确认识自己所承担的社会角色，了解社会角色所拥有的权利、义务和规范要求，重塑自我，成功就业，实现自己的人生价值。一般来说，学生角色与职业角色的转换主要体现在以下三方面。

第一，社会责任的转换。学生角色的责任是接受教育，储备知识，锻炼能力，力求全面发展；而职业角色的责任是以特定的身份去履行自己的职责，依靠自己的本领或技能工作。

第二，角色规范的转换。学生的规范主要从培养、教育的角度出发，促使其以后能顺利成长为合格人才；而社会赋予职业角色的规范更为严格、具体，违背了就要承担一定的责任。

第三，角色权利的转换。学生角色的权利主要是依法接受教育，接受经济生活的保障和资助；职业角色则是依法行使职权、开展工作，并在履行义务的同时取得报酬。

角色转换的注意事项有以下几点。

第一，转换观念，意识到自己不能再依赖别人，要做贡献而不再一味索取。

第二，有强烈的责任感，工作失误时敢于承担责任。

第三，有团队合作意识。

从校园人到职业人的五大转变有：① 从个人约束转向团队约束；② 从情绪化转向职业化；③ 从被呵护转向担责任；④ 从思辨转向行动；⑤ 从智力成长转向品格修炼。毕业生要主动了解自己工作岗位所处的大环境和小环境，主动改掉不适合工作的习惯；要培养高成就动机，高成就动机者的特征是不断反思与总结，反思自己的角色定位，反思自己的行为。

（二）职业适应期

所谓职业适应期是指刚刚就业或转换职业的学生对职业环境进行适应和习惯的时期。对职业环境的适应，主要是指对生产过程、岗位职责、工作制度、人际环境、生活习惯等方面的适应。

每个刚踏上新工作岗位的大学生很可能要经历从不适应到适应的心理过程。这一过程实际上是大学生社会化不可跨越的阶段，将对今后的发展与成才产生重要的影响。所以每个人，尤其是刚刚毕业的大学生，必须认真对待职业适应问题。

（三）建立和谐的人际关系

工作能力的出色离不开人际关系，要处理好人际交往就需要有一定的原则。如何处理好自己的职场人际关系？大学生可以从以下几方面入手。

1. 有原则而不固执

职场中坚持原则很重要，但是事无巨细，过分坚持立场会导致消耗过多精力。高情商的职场人士懂得养精蓄锐的重要性，他们选择只在那些有把握且核心的问题上适时出击，捍卫自己的观点。

2. 真诚待人

真诚是维持良好关系的重要因素，真诚不仅能给你的人品加分，还能为人际关系增添安全感。如果你抱着虚伪的态度去处理职场的人际关系，那么你注定是面对上司的马屁精，是同事的眼中钉。

3. 乐观主动

积极向上的处事态度，是你职场之路的加分利器。不要严肃刻板地对人，无论是面对上司还是下属，微笑是化解彼此隔阂的最佳法宝。面对问题的时候积极地去处理，在同事看来你会是一个很可靠的人。

4. 勿太严厉

也许你态度严厉只是为了把工作做好，然而看在别人眼里却是刻薄的表现。如果你跟同事间的接触仅是开会或交代工作，试问这样的你又怎会得人心？

5. 勿阿谀奉承

只懂奉迎上司的人会让许多人讨厌。过分地讨好上司也是完全没把同事放在眼里的表现，这样做只能是到处给自己树敌。

6. 尊重平等

在真诚待人的前提下尊重他人，只有彼此尊重才会有良好的人际关系。这是文明社会的前提，也是建立舒适自由相处模式的很好的保障。在职场中，切忌摆出高人一等的态度。如今职场更看重团队合作，特立独行很难在职场立足。

7. 全面看人不偏颇

在人际交往中，千万不要以一件小事就轻易地对一个人做出评价。人与人在交往中，经过一件件事的累积才能做出正确的评判。

三、职场角色冲突与调适

(一)职场角色冲突的内涵

根据角色理论，每个人在社会活动中都扮演着多种不同的角色，每个角色都有其相应的权利、义务和行为规范。不同的角色对个体都有一定的角色期望，当这些期望之间出现矛盾或个体难以应付过多的角色期望时，就必然会造成不同角色间的冲突。角色冲突作为一种压力源，影响人们正常的学习与生活，也是引发人们心理健康问题的主要因素。

从主观方面来说，当事人从自身角度怎样解决角色冲突？那就要进行自我角色调适。个体可以通过角色学习并接受技能的培养和训练(专门或非专门的)，弄清角色期望的真正含义，掌握社会规范的精确要求，努力提高思想水平、角色技能和协调处理各种不和谐角色期望的能力，来达到解决角色冲突的目的。

(二)职场角色冲突的调适

任何个体都不是“单向度”的，总有多种社会属性，总会同时承担多种社会角色，而不同的角色有不同的角色期待，不同的角色期待之间可能会不一致甚至对立，这就会使得个体在角色实践中出现困惑，产生角色冲突。要消除角色冲突，可以采取以下几个具体方法。

1. 学会角色换位

考虑和处理问题时，不要总是站在自己角色的位置上，而应当换个角色位置，即站在他人角色的立场，将心比心、设身处地地体验其他角色的需求、遭遇和感受。例如，下级站在领导的角度考虑问题，领导站在下属的角度考虑问题，这样自然就能消除角色冲突，保持人际关系的和谐。

2. 搞好角色调度

不同的角色有不同的权利与义务，我们在角色转换后，应当及时对所承担角色的权利与义务有明确的认识，对该角色应有的行为有清晰的理解，以求顺应变，尽早进入新角色，转换角色行为。

3. 防止角色混同

角色的权利与义务是各不相同的，不能混为一谈，应当区别对待。如在与异性的交往中，男性要把妻子、女性朋友、女同事区别开来。同理，女性也要对丈夫、男性朋友、男同事区别对待。如果将这些异性对象混同为一种角色，那就会出现很多矛盾和冲突。例如，在单位时是领导，习惯于发布命令、指挥别人，但回到家里履行作为丈夫和父亲的职责时，就不能一味地严肃正经。

四、职场角色规范和行为模式

不同的人在社会中担任不同的角色，不同的角色承担着不同的职责。所谓角色就是由社会身份、社会地位决定的行为模式和规范。大学毕业生由学校步入社会，其社会身份、地位发生了变化，其行为模式和规范也随之发生变化。积极适应职业新环境，首先要转换角色，确立与自己职业岗位相适应的新的行为模式和规范。

（一）角色规范的层次

一般来说，角色规范可分为三个层次：必须的行为、允许的行为、禁止的行为。对于必须的行为，必须坚决遵守和执行；对于禁止的行为，则坚决不做；而允许的行为，只要不影响角色基本职能的完成，做还不是做可以视情况而定。

（二）建立新的角色意识

对于大学毕业生来说，建立新的角色意识需要在以下四个方面有较强的适应能力。

一是多重角色的适应能力，一个人同时要扮演多个社会角色和职业角色。

二是角色水平的适应能力，进入角色的程度既不能低于该角色的要求，又不超越角色规范。

三是快速进入角色的适应能力，时间越短，质量越高，角色扮演得就越好。

四是角色扮演的灵活性，即根据需要灵活地从一个或一些角色转移到另外一个或一些的角色扮演上去。

（三）角色偏差

初涉职业社会的大学毕业生，由于角色意识不强，或对角色理解错误，因而容易产生“角色偏差”。主要表现在以下几方面。

第一，角色冲突，即当改变旧角色、扮演新角色时，新旧角色之间发生矛盾和冲突。

第二，角色错位，即行为处事超越自己的角色范围，引起他人的反感。

第三，角色空位，即没有按照角色的规范实施行为，工作不到位。

第四，角色泛化，即几种角色规范互相干扰，影响当前角色的扮演。

以上角色偏差都会影响大学毕业生对职业环境的适应，因此大学生必须高度重视，同时注意在学习和实践中加以纠正，以尽快缩短角色距离。

五、职业生涯规划

许多大学生对自我缺乏全面的认识和了解，这也是大学生职业生涯规划中存在的一个突出问题。一项调查表明，85.6%的大学生认为自己不太了解自己的能力特长，83.2%的大学生不能确定自己喜欢什么职业，74.8%的大学生不清楚自己未来3～5年的发展计划。俗话说，知己知彼，百战不殆。大学生要做好职业生涯规划，首先要认识自我，挖掘自我的潜能。清华大学教授樊富珉认为，中国有69%～80%的大学生对未来职业没有规划，就业时容易感到压力。中国社会调查所最近完成的一项在校大学生心理健康状况调查显示，75%的大学生认为压力主要来源于社会就业；50%的大学生对于自己毕业后的发展前途感到迷茫，没有目标；41.7%的大学生表示目前没考虑太多；只有8.3%的人对自己的未来有明确的目标并且充满信心。

培养职业意识就是要对自己的未来有规划。因此，大学期间，每个大学生应明确我是一个什么样的人、我将来想做什么、我能做什么、环境能支持我做什么等问题；并着重解决一个问题——认识自己的个性特征，包括自己的气质、性格和能力，以及自己的个性倾向，包括兴趣、动机、需要、价值观等。大学生据此来确定自己的个性是否与理想的职业相符，对自己的优势和不足有一个比较客观的认识，结合环境(如市场需要、社会资源等)确定自己的发展方向和行业选择范围，明确职业发展目标。

(一)职业生涯的含义

职业生涯是指人生的工作经历，即一个人一生从事或承担职业、职务、职位的过程。在人生发展历程中，职业生涯占据着核心位置，是人生中最重要、最辉煌的阶段，人生成就、人生价值等都是在职业生涯中体现出来的。大学生不仅要从整体上对自我进行全面总结，明确自己的职业生涯规划的心理定位，而且要多层次、多角度地分析自己，客观地了解自己各方面的优势与劣势，避免因自我定位不当而造成职业生涯规划失败。①

(二)职业生涯规划的流程

要做好职业生涯规划就必须按照职业生涯设计的流程，认真做好每个环节。职业生涯设计的步骤概括起来主要有以下几个。

1. 探索自我

探索自我就是认识自己、了解自己。因为只有认识了自己，才能对自己的

① 钟谷兰、杨开：《大学生职业生涯发展与规划》，4页，上海，华东师范大学出版社，2008。

职业做出正确的选择，才能选取适合自己发展的职业生涯路线，才能对自己的职业生涯目标做出最佳抉择。

自我评估包括很多方面，最主要的是对自己的了解和认识。包括对自己兴趣、特长、性格的了解，也包括对自己的学识、技能、智商、情商的测试，也包括对自己思维方式、道德水准的评价等。

每个人从小到大都会积累这些自我认识，别人的一句评论、老师对作文的评语都是你认识自己的途径。认识自我的方法有很多，世界上帮助人们对自己进行客观评估的方法也有很多，如心理测试，其中国际上最为流行的职业人格评估工具莫过于迈尔斯－布里格斯类型指标(MBTI)了。

2. 探索工作世界

大学生要做好职业生涯规划，不仅要认清自己各方面的特点，充分挖掘自己的潜能，还必须对社会上的各种行业、职业、专业、岗位有所了解，对相关的职业信息进行鉴别，科学地搜集、系统地分类和客观地评估信息。

第一步，搜集相关的职业信息，了解相关职业的具体特点。大学生在搜集资料时必须遵循科学性、精确性、针对性、系统性和条理性的原则。一般来说，大学生需要搜集的信息包括以下三类：第一类是社会职业发展状况，即一个国家的产业、行业、职业结构及就业制度、政策的基本情况，社会对某些行业发展的总需求，时代热门行业，职业未来发展的前景等；第二类是职业或岗位说明，包括对某种特定的职业、特殊的职务、具体岗位职责的介绍，如某一工作的性质、任务、待遇以及对人员的要求等；第三类是教育与培训信息，如有关职业人员再培训、再教育，职业人员提高职业技能的信息等。对以上信息进行搜集的主要来源包括国家及地方就业指导部门、新闻媒体、就业指导机构、人才市场、其他职业中介机构、社会关系网络、社会实践、因特网等。

第二步，依据国家有关政策法规和社会常识经验对信息进行筛选、整理和分析，鉴别信息的真实性和有效性。大学生在考察鉴别信息时应注意以下几个方面的特征：职业部门的全称、性质及上级主管部门的名称；职业部门的实力、远景规划、在行业中以及在社会上的地位；对职业人员的年龄、身高、相貌、体力等生理条件的要求；对职业人员的政治思想、道德品质、工作态度等方面的要求；对职业人员的学历及学业成绩的要求；对职业人员的职业技能及其他才能的特殊要求；对职业人员的职业兴趣、职业能力、气质等心理特征的要求；工作安排，如工作时间的长短、班次安排等；工作地点，如工作的地址及交通路线；工作环境，如是室内还是户外，工作场所的温度、湿度、有无污染、是否高空作业或水下作业等；职业发展前途，如工作晋升、进修培训、个人收入及福利条件等。大学生应当及时更新职业发展的信息，以最快、最准确、最有效的方式了解职业发展的动态，以免错失良机。

3. 确立职业目标

确立职业目标是职业生涯规划的关键。一个人的事业能否成功，在很大程度上取决于有无正确、适当的目标。设定职业生涯目标，是一个人在充分做好自我分析和内外环境分析的基础上进行的。职业生涯目标分为短期、中期、长期和终生四个。

短期目标一般为1～2年，具体包括日目标、周目标、月目标、年目标。短期目标比较具体，对人的影响也更直接，它是达到中长期目标的基础。中期目标一般为3～5年。长期目标一般为5～10年。

大学生在确立中长期目标时要立足现实，全面考虑，慎重选择，使之既有现实性又有前瞻性。例如，如果长期目标是开办一家律师事务所，中期目标是成为一名著名律师，那么短期目标就要围绕成为一名优秀律师而设定。

小贴士

哈佛大学关于人生目标的调查

哈佛大学有一个非常著名的关于目标对人生影响的跟踪调查。调查对象是一群智力、学历、环境等条件差不多的年轻人。调查结果发现：27%的人没有目标，60%的人目标模糊，10%的人有清晰但比较短期的目标，3%的人有清晰且长期的目标。

经过25年的跟踪研究，调查人员发现他们的生活状况及分布有一定规律。

有清晰且长期目标的人大都成了社会各界的成功人士，其中不乏创业者、行业领袖、社会精英。他们25年来几乎不曾更改过自己的人生目标，朝着同一方向不懈地努力。

目标清晰但比较短期的人，大都生活在社会的中上层，成为各行业的不可或缺的专业人士，如律师、医生、工程师、高级主管等。他们的共同特点是：短期目标不断被达成，状态稳步上升。

目标模糊的人，几乎都处于社会中下层，他们能安稳地生活与工作，但没有什么特别的成绩。

没有目标的人，几乎都生活在社会底层，他们的生活过得不如意，常常失业，并且抱怨他人、抱怨社会、抱怨世界。

调查者因此得出结论：目标对人生有巨大的导向性作用。

4. 环境评价

职业生涯规划还要充分认识与了解相关的环境，评估环境因素对自己职业生涯发展的影响，分析环境条件的特点、发展变化情况，把握环境因素的优势与限制。了解本行业的地位、形势以及发展趋势。

5. 职业定位

职业定位就是要为职业目标、自己的潜能以及主客观条件谋求最佳匹配。良好的职业定位是以自己的最佳才能、最优性格、最大兴趣、最有利的环境等信息为依据的。职业定位过程中要考虑性格与职业的匹配、兴趣与职业的匹配、特长与职业的匹配、专业与职业的匹配等。职业定位应扬长避短，不要追求十全十美的职业；要审时度势，根据情况的变化及时调整择业目标，不能固执己见，一成不变。

6. 实施策略

实施策略就是要制定实现职业生涯目标的行动方案，要有具体的行为措施来保证。没有行动，职业目标就只能是一种梦想。要制定周详的行动方案，更要注意去落实这一行动方案。

7. 评估与反馈

整个职业生涯规划要在实施中去检验，看效果如何，及时诊断生涯规划各个环节出现的问题，找出相应的对策，对规划进行调整与完善。

由此可以看出，在整个规划流程中，正确的自我评价是最为基础、最为核心的环节，这一环做不好，出现偏差，就会导致整个职业生涯规划的各个环节出现问题。

体验式课堂实践活动

课堂实践一

活动名称　我的生涯彩虹图

活动目标

1. 了解横向生涯五阶段：成长期(约相当于儿童期)、探索期(约相当于青春期)、建立期(约相当于成人前期)、维持期(约相当于中年期)以及衰退期(约相当于老年期)。

2. 理解纵向角色间的相互影响：儿童、学生、休闲者、公民、工作者、夫妻、家长、父母和退休者。各种角色之间是相互作用的，一个角色的成功，特别是早期的角色如果发展得比较好，将会为其他角色提供良好的关系基础。①

活动准备　A4 纸空白彩虹图(如图 3-1)、彩笔

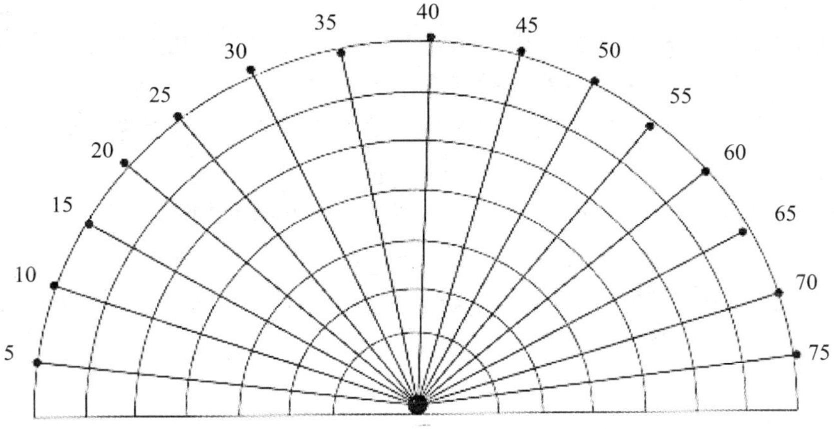

图 3-1　空白彩虹图

活动时间　25 分钟

注意事项

1. 生涯发展包括发展阶段、生活空间以及生活方式等多方面。这张彩虹图可以帮助个体具体而清晰地了解不同的角色是如何构建其特有的生涯类型的，不同的角色如何在不同的发展阶段出现，如何合理安排角色的组合才能达到最佳的自我实现。

2. 要注意辅导对象显著的角色部分与时机，这些资料往往能提供很好的线索，作为进一步了解与咨询的依据。辅导人员可协助辅导对象预先设定下一步生涯发展的任务，设计研究具体的实施步骤，使得未来显著的角色能得到充分发挥。

辅导措施

1. 对于“选择不确定的人”，应特别注意个体的情绪反应，了解难以确定的各种文化、社会、生理因素，协助个体统整自我的各个方面，并做出适当的抉择。

2. 对于“生涯成熟度不足者”，应从协助个体了解个人、社会及其他与教育及职业选择有关的因素做起，使他认识这些因素与个人生涯发展的关系，并且参照生涯发展任务，逐步地发展关于职业与生涯的自我观念。

3. 对于“生涯成熟的人”，要协助个体汇集、评估有关自己及环境的资料，

① 袁翔、易晓春：《大学生心理健康教育》，201 页，西安，西北工业大学出版社，2012。

得出一些初步的结论，以便为未来发展或决策做参考。

操作手册

1. 确定人生角色。

首先，面对空白的生涯彩虹图版，参照上文提到的角色，思考一下你的一生里曾经、现在、未来做过或想做什么角色，你怎么定义这个角色。比如你说要做父母，做什么样的父母呢？大大咧咧随孩子发展的，还是精心管教的？每个人的答案可能是不一样的。给自己一点时间想想。

随后，按照你的角色的出场先后顺序，从彩虹图的“低纬度”开始一层层地画。例如，自己的第一个角色是儿童，就先画低纬度的一圈，其中1～10岁是这个角色最明显的时期，所以用粗线画出来，后面随着年龄增长，儿童角色消失了，所以没再用粗线突出它。

2. 观看自己的现在与未来。

再拿一张空白A4纸，在纸的上部依次回答一些心理学问题(问题可以根据各自设定的角色情况设计)，例如以下问题。

(1)现阶段你的角色有什么？你觉得每个角色的职责是什么？

(2)现在哪些角色的职责让你最满意？为什么？

(3)现在你觉得哪些角色之间会相互妨碍？你想怎么解决这些问题？

3. 画满整个生涯图。

回顾自己生涯发展中一些记忆深刻的经历，生活中重要人物对自己的影响，个人对某些重大事件的态度与感受，各个阶段所扮演的角色和个人目标间的差异，各种角色的分量，以及自己对各种角色的理解。通过这样的绘制，发现未知的自己。完成的生涯彩虹图如图3-2所示。

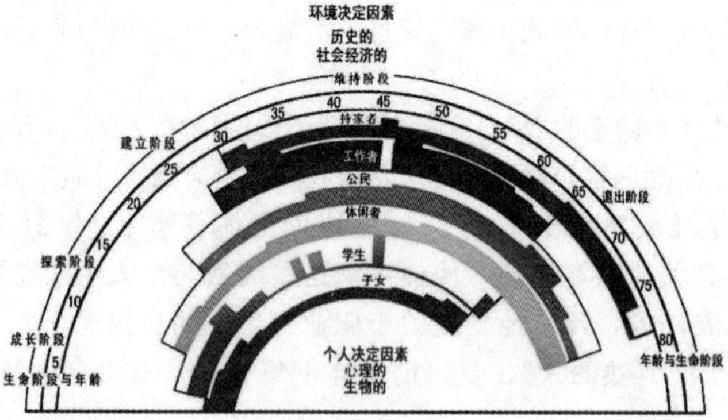

图 3-2　生涯彩虹图示例

学生成长记录

1. 我的姓名是：______________。

2. 我的班级专业是：______________。

3. 我的五项优势是：______________。

4. 我是一个什么样的人：______________。

5. 我的兴趣爱好是：______________。

6. 我最重要的五项自我管理技能是：______________。

7. 我最喜欢的书是：______________。

8. 我的课堂收获是：______________。

9. 我最想学习的专业或最想从事的职业是：______________。

10. 我为想从事的职业做出的努力是：______________。

心成长体验

1. 我最喜欢的角色是：______________。

2. 我更愿意付出时间和精力的角色是：______________。

3. 我最喜欢的阶段是：______________。

4. 我最不喜欢的阶段是：______________。

5. 我的内在因素的优势是：______________。

6. 我的外在因素的优势是：______________。

7. 当前的角色时间分配对我未来的影响是：______________。

8. 我想做的改变是：______________。

教师总结

1. 彩虹图可以很好地表示各个角色的变化，角色之间是互相作用的，某个角色上的成功能带动其他角色的成功；一个角色的失败也可能导致另一个角色的失败；另外，为了某一个角色的成功付出太大的代价，也有可能导致其他角色的失败。

2. 人的社会任务或职业生活不断变化，角色也随之变化，从一个角色进入另一个角色，角色转换的变化从根本上说是社会权利和义务的变化。而大学生就业后的社会角色转换不是瞬间发生和完成的，而是要有一个过程的。

3. 每个人的生涯彩虹图都是不同的，所以我们从彩虹图中可以看到不同的生涯规划。

课堂实践二

活动名称　竞选店长

活动目标

使学生能够体会同一角色的不同职责、不同角色承担的共同责任。

活动准备 纸和笔

活动时间 45分钟

注意事项

1. 控制学生的发言时间。

2. 注意观察，调动鼓励同学积极参与。

操作手册

1. 学生分别报数1～6，报相同数字的为一组，分为六组。

2. 每组成员获得了一个晋升为店长的机会，每组讨论推选店长候选人。

3. 鉴于有多名候选人的情况，采取一种竞争的方式来产生一名最佳的候选人。

4. 每组推选1人，组成6人评委会。

5. 每个候选人发言时，评委会做好评分记录。

6. 要求每个候选人发表6分钟的讲演以支持自己的资格，讲话提纲由各组组员讨论得出。

7. 引导者提出引导问题，并设定八个场景，引导学生讨论店长角色。

引导问题：店长是什么？

(1)一位顾客在一间餐厅吃饭，突然发现盘子上有半条青虫。顾客会去找谁？去找厨师吗？服务员吗？她怒气冲冲地说："让你们店长出来！"此时，店长是什么？

(2)对于连锁店业绩，店长是什么？

(3)在面对公司的政策、人事制度、营销计划、价格政策以及对门店日常工作的基本要求时，店长是什么？

(4)店长要根据各门店商圈环境的不同，有季节营销计划和竞争店计划。此时，店长是什么？

(5)试想门店一天的工作是如何开始的。在准备工作做完、开店迎客之前，相信很多店长都会开早会，总结昨天的销售情况，分享成功销售的经验，分配当天的工作。此时，店长是什么？

(6)门店如果是大卖场，经常会出现部门之间抢资源的现象，或者有销售人员之间的矛盾。此时，店长是什么？

(7)店长要对门店的员工或基层管理人员进行培训，培养人才。此时，店长是什么？

(8)店长知道门店赚在哪里，亏在哪里，损耗是否过高。此时，店长是什么？

学生成长记录

店长在承担以下角色时需要做什么？

1. 代表者
2. 责任者
3. 执行者
4. 规划者
5. 指挥者
6. 协调者
7. 教导者
8. 分析者

心成长体验

1. 店长还有没有其他角色？
2. 八大角色中我最喜欢哪个角色？
3. 八大角色中我最不喜欢哪个角色？
4. 我的收获是什么？

教师总结

一家门店其实就是一家公司的缩影。一家公司的总经理管理的是公司的人、财、物，商品的进、销、存；店长管理的是门店的人、财、物和进、销、存。从职业生涯的角度看，店长更有机会成为公司的业务领导，因为他们已经演练不少。事实上，零售企业的老总大部分都是有做店长的经验的。通过角色探讨、角色竞选体验，希望同学们懂得职场，懂得工作、生活等不同情境下角色之间的相互协调与平衡。

内容小结

本节内容与情境一、情境二的关系，是在促使学生在基础能力方面从“自然人”向“社会人”转变后，在通用能力方面由“社会人”进一步转变为“职场人”，逐步适应职场，由“职场人”最终过渡到“职场达人”。要对职场、职场角色有基本认知，并掌握角色特质的转型，了解角色规范和行为模式。良好的职场适应应该从职业规划开始，树立职业目标，好的职业规划是积极适应职场的前提。面对工作中的各种困难时要有心态调整、应对策略与方法，能积极调整，以开放的心态来迎接新的工作，看清楚自己的处境。

课后思考题

1. 比较下自己10年后与现在的角色，你觉得如果要想在未来扮演好某个角色，你现在需要做什么？

2. 如何准备目前需要做的事情？

3.“生涯彩虹图”对个体的自我了解、自我实现有哪些启发？

心成长资料库

推荐书籍

1.《选对池塘钓大鱼》，[美]雷恩·吉尔森，机械工业出版社，2004年

推荐理由 鱼是游动的，机会也是在变化的，我们必须不断变化位置来寻找大鱼，并且在其饥饿的时候投下鱼饵，将其钓上来。生存的问题是需要发展来解决的。如果我们将着眼点始终放在生存上，也许就永远停留在维持生存的状态；如果我们一开始就关注发展问题，我们就将迈入崭新的人生境界。本书是职业生涯规划必读手册和求职就业宝典。作为跨国公司员工职业规划培训教材和欧美大学职业规划选修教材，全球已有数百万人因此书得到了积极的改变。

2.《杜拉拉升职记》，李可，陕西师范大学出版社，2007年

推荐理由 小说的主人公杜拉拉没有背景，受过较好的教育，靠个人奋斗获取成功。小说中拉拉在外企八年，从一个朴实的销售助理，成长为一个专业干练的HR经理，见识了各种职场变迁，也历经了各种职场磨炼。

3.《天才也怕入错行》，[美]尼可拉斯·劳尔，吉林人民出版社，2000年

推荐理由 你可以日日生存在世界上，而不去探索一切；你可以探求只有一个答案的问题，以了解你原本不知道的答案。或者你也可以日日生存在世界上，却总提出疑问，总欣赏万物，总想要发现。探求神奇，你的生命就充满神奇。此书将引领你探究职业生涯的各个层面，以全新的视角审视你不曾思考的领域，并以最有效率的工具帮你理清种种不确定因素，解决现有的难题，让你重拾工作的热情。

推荐影片

《杜拉拉升职记》

推荐理由　在当今这个找工作难，找一份好工作更难，找一份有发展前景的好工作难上加难的社会，菜鸟杜拉拉居然通过了全球500强企业DB的面试，成为DB的前台。DB所呈现的一切不仅是外企大公司的万千气象，更是一种类似上流社会的浮华与诱惑。只要你努力，你就可以拥有这样的生活，杜拉拉在心中立下宏愿。但她的闺密恰在此时离开了职场，去过自主创业的生活。杜拉拉遭遇了接踵而来的打击挫折，却凭着前辈留下的职场秘籍和一股子倔劲儿，先后经历了前台、秘书、HR的职业历程，在职场赤裸裸的争夺战里几经锻造，百炼成钢，以HR经理的头衔完成了她从菜鸟到达人的华丽转身。

第二节　职业心理分析

学习目标

1. 了解职场复杂的心理状态，认识和理解人们在职业活动中表现出的认识、情感、意志等相对稳定的心理倾向或个性特征。

2. 掌握职业活动伴随的心理过程。探索适合匹配的自我心理与职场成长道路。合理应对职业心理危机，形成正面的职业心态。

3. 理解职业活动中反映出的个性不同和差异，了解不同职业阶段有不同的职业心理，认识不同的职业心理特点影响着人们的生活，形成健康积极的职业心态。

心灵物语

一件事对于你来说无论太晚还是太早，都不会阻拦你成为你想成为的那个人，这个过程没有时间的期限，只要你想，随时都可以开始，要改变或者保留原状都无所谓，做事本不应该有所束缚，我们可以办好这件事却也可以把它搞砸，但我希望最终你能成为你想成为的人。我希望你有时能驻足于这个令你感到惊叹的世界，体会你从未有过的感觉。我希望你能见到其他与你观点不同的人们。我希望你能有一个值得自豪的人生。如果你想象的生活不一样，我希望你能有勇气重新启程。

——《返老还童》

案例导入

小华，西安人，2016年从西安的一所普通高职院校旅游管理专业毕业。她自己对这个行业一直很看好，所以对未来的职业发展很乐观。毕业以后她的第一份工作是在西安的一家旅游公司做导游。结果开始上班后她才发现，有很多问题在她预料之外。

1. 安全问题

在行车安全问题上，她一直很有压力，因为旅游差不多有三分之一的时间是在路上。高速路上经常发生撞车事件，几辆车连撞时有发生，而且去某些景区要走偏僻危险的山路，导游遇到危险的概率高于常人。且工作没有固定的时间，有些团需要半夜去接，回来差不多是晚上11点到凌晨2点之间，半夜从车上下来回到自己的住所有不安全性，尤其是对于女导游来说。

2. 饮食问题

作为导游，日常饮食是极不规律的。有一顿没一顿对导游来说很正常，吃饭时，要先安排好游客吃饭，自己才能去吃。尤其是旅游旺季，游客极多，有时候甚至要给游客在食堂抢占座位，还要帮忙上菜。偶尔还要帮游客解决各种各样的问题，能够坐下来吃饭的时间就更少了。

3. 游客的抱怨

游客报名时，旅行社为了招徕顾客，可能答应顾客无理的要求。等到出团旅游后，当顾客之前提的要求无法被满足时，会直接埋怨导游，把所有责任都推到导游身上。而且游客对住宿、饮食以及景区环境不满时，都会直接归咎于导游。导游身处其中，既要努力缓解各种矛盾，忍受某些游客的各种无理取闹，又要保证旅行社的利益不受损失，简直是身心疲惫。这些都让她对导游工作产生厌恶心理和疏离心理，甚至想过辞职。

一、职业心理

（一）职业的含义

职业指人们从事相对稳定的、有收入的、专门类别的工作。它是对人们的生活方式、经济状况、文化水平、行为模式、思想情操的综合性反映，决定个体的权利、义务、权力、职责，是个体社会地位的一般性表征。也可以说，职业是个体社会角色的一个极为重要的方面。

（二）职业心理的含义

职业心理是人们在职业活动中表现出来的认识、情感、意志等相对稳定的心理倾向或个性特征。职业也有拟人化的心理和性格，不同的职业具有不同的性格特质。在职业心理中，性格影响着一个人对职业的适应性，一定性格的人适合从事一定性格特质的职业；同时，不同的职业对人也有不同的性格要求。在求职的路上，明确自己所选择的职业性格对于自己的职业发展来说是非常关键的，是人们从事相对稳定的、有收入的、专门类别的工作并获得发展的前提。

(三)个体的职业心理结构

个体职业心理结构包含以下三个系统。

第一，职业导向系统——职业价值观、世界观、职业伦理。

第二，职业动力系统——需要、动机、兴趣、信念、理想。

第三，职业能力系统——气质、性格、能力。①

二、职业心理内涵及发展时期

(一)职业活动伴随有心理过程

人们在职业活动中会经历选择职业、谋求职业、获得职业、失业、再就业的过程。这些过程伴随着认知、情感、意志等心理过程，如对选择的职业进行认识和深入的了解，通过思维想象发生情感过程。当选择的职业符合个人的需要和客观现实，就会产生兴奋、愉快，甚至兴高采烈、欣喜若狂的情绪，反之则会让人情绪低落、闷闷不乐，甚至悲观失望、垂头丧气。

(二)职业活动中反映出个性不同和差异

有不同个性心理特征的个人，适合不同的社会职业，在选择职业时又有不同的心理表现，认识、情感、意志表现出不同的特点。有的人反应敏捷、全面，有的人则迟钝、片面；有的人达观、豁朗，有的人则忧虑、退缩；有的人果断坚决、积极克服困难去实现目标，有的人则朝三暮四、犹豫彷徨、知难而退。

(三)不同职业阶段有不同的职业心理

职业活动中的心理现象各种各样，纷纭复杂，依据职业活动经历的过程，职业心理可分为择业心理、求职心理、就业心理、失业心理、再就业心理等。不同阶段的职业心理会对职业产生不同的影响。

(四)不同的职业心理特点影响着人们的生活

择业、求职、就业、失业、再就业等不同阶段的人的心理特点，影响着人

① 俞文钊、吕建国、孟慧：《职业心理学(第三版)》，23页，大连，东北财经大学出版社，2014。

们的生活态度、生活方式、价值取向。

职业心理对大学生的职业选择起着很重要的作用。“知己知彼，百战不殆”，这句话道出了职业选择过程中的一个很重要的原则：认识自己，了解自己，熟知自己的个性心理特征和心理过程，把个人的职业意愿和自身素质相联系，根据社会的需要和社会职业岗位需求的可能性，评价出个人职业意向的可行性，以积极的态度去选择职业。

一个人在自己的职业活动中大致要经历四个时期。

第一，蜜月期：这一时期个人觉得有充足的精力，对工作的满意度较高。

第二，适应期：开始真实地接受工作内容的高度重复性和工作环境的单调乏味性。

第三，挫折期：出现了身心失调的不健康病症，个人的自信心也受到威胁。

第四，淡漠期：个体无法继续工作，出现严重的心理衰竭状况，对周围人、事表现出极端冷漠的态度；出现了职业倦怠，建议在公司内部调换职位，或是对自己做出新的打算，总之需要给自己一点变化刺激以达到寻找新乐趣的目的。[①]

三、职业倦怠及症状

（一）职业倦怠的含义

职业倦怠症又称职业枯竭症，它是一种由工作引发的心理枯竭现象，是上班族在工作的重压之下所体验到的身心俱疲、能量被耗尽的感觉，这和肉体的疲倦劳累是不一样的，是源自心理的疲乏。

一个人长期从事某种职业，在日复一日重复机械的作业中，渐渐会产生一种疲惫、困乏甚至厌倦的心理，在工作中难以提起兴致，打不起精神，只是依仗着一种惯性来工作。加拿大著名心理学大师克丽丝汀·马斯勒将职业倦怠症患者称为“企业睡人”。据调查，人们越来越快地产生职业倦怠，有的人甚至工作 6～8 个月就开始厌倦工作。

（二）职业倦怠的症状

职业倦怠最常表现出来的症状有以下三种。

第一，对工作丧失热情，情绪烦躁、易怒，对前途感到无望，对周围的人、事物漠不关心。

---

① 王荣发：《职业发展导论——从起步走向成功》，80 页，上海，华东理工大学出版社，2004。

第二，工作态度消极，对服务或接触的对象越发没耐心，不柔和，如教师厌倦教书、无故体罚学生，或医护人员对工作厌倦而对病人态度恶劣，等等。

第三，对自己工作的意义和价值的评价下降，常常迟到早退，甚至开始打算跳槽或转行。

智联招聘曾经做的一项有关职业倦怠的调查数据显示，通常工作不满 4 年的人的职业倦怠比例较高，其中刚刚参加工作的受访者比例最高，达到了 46.6%。工作 1 年、2 年、3 年、4 年的受访者出现职业倦怠的比例依次为 44.7%、40.7%、40.5%、43.7%。职场新人容易产生倦怠，主要是因为很多人一毕业找不到满意的工作，倦怠感就迅速产生。工作 5 年之后，职业倦怠感则出现了明显的降低。而工作 16 年以上的人的职业倦怠程度最低，仅为 31.2%。

四、应对职业倦怠的方法

(1)多个角度，多元思考：学会欣赏自己，善待自己；遇挫折时，要善于多元思考，“塞翁失马，焉知非福”，适时自我安慰，千万不要过度否定自己。

(2)休假：如果是因为工作太久缺少休息，就想办法休假，能暂时放空自己，为接下来的战役充电、补元气。

(3)适时进修，加强实力：职业倦怠很多情况下是一种“能力恐慌”，这就必须不断地为自己充电加油，以适应社会环境的压力。

(4)适时运动：运动是减压的绝佳方法，运动能让体内血清素增加，不仅助眠，也可以引发好心情，运动有“333”原则，即 1 周 3 天，每天 30 分钟，心跳达每分钟 130 次，如快走、游泳等运动。

(5)寻找人际网络：除了同事，人要有其他可谈心的朋友，否则容易陷入同样的思维模式，一旦有压力反而很难疏解。

(6)说出困难：工作、生活、感情碰到困难时要说出来，倾听者不一定能帮你解决，但这是抒发情绪非常有效的方法，很多抑郁症患者是因碰到困难不肯跟别人说，什么事情都憋在心里而患病的。

(7)正面思考：把工作难关当作挑战，不要轻视自己，要多进行自我鼓励。不懂就咨询他人，或寻求外援，唯有实际解决问题才不会累积压力。在“加油，我一定办得到”跟“唉，我只要不被老板骂就好”这两种心情下做出的工作绩效绝对不同，正面思考并非天生本能，可以经过后天练习养成。

(8)幽默感：别把老板、主管、同事的玩笑想得太严肃，职场和谐很需要幽默感。

五、职业化心态的形成

(一)两种不同的心态及其特征

(1)积极心态：积极的自我意识；有明确的目标和良好的自我状态。

特征：认真思考，做出选择，从实际出发，求变创新。

(2)消极心态：消极的自我意识；有模糊的目标和萎靡的自我状态。

特征：不动脑筋，安于现状，遇到困难逃避、退缩。

(二)基本职业意识

1. 角色意识

职业角色是一个具有认同感、约束力和期望值的社会角色。职业角色的认同感源于团队对个人的职业知识、职业技能的认同，以及个人对自身角色的认同。无论是“因岗定人”还是“因人设岗”的管理方式，都是对职业角色认同的一种模式。而个人的角色认同感则通常是在其知识、技能转化为生产力的过程中体现出来的。职业角色的约束力表现为基于认同感的职业行为，往往体现在员工敬业的职业态度上。职业角色的期望值是通过对角色行为进行修正从而对认同感设定的双约束力结果进行的检验。职业角色的定位并不是一劳永逸的静态过程，而是一个不断修正的动态变化。过去并不等于未来，关键是认清现在，调整心态。

2. 问题意识

问题意识是感到现在的做法可能会发生问题，或感到现在的做法有欠缺、不足的地方，甚至对现在感到不安。有问题意识才会让你进行缜密的思考，督促你采取预先防备的步骤，才能防止你陷于措手不及的困境。

3. 新人意识

(1)企业人的自觉

自己是企业组织的一分子，便有责任与使命向企业贡献独特价值，贡献自己的力量。

作为企业组织的一分子，要尽快地了解公司提供给客户的商品及服务种类，要了解公司的经营理念，要能尽快回应客户的问题，即使不能全部当面解答，但也能正确地提供给客户获得解答的途径。

身为组织内的新员工，要做好下列事项配合公司的运转。

* 提供有用的情报供上级及同事参考。
* 遵从组织的命令系统。
* 命令决定前坦诚表达自己的意见，命令决定后依命令行事。

* 遵照公司的规章、标准进行工作。
* 对进行的工作不疏于向上级报告。
* 对指示的工作一定按时彻底完成。
* 不隐藏错误，坦率、及时向上级报告。
* 积极主动地与同事协调合作。
* 不断学习，改善、提升对组织的贡献。

(2)客户第一

作为新人，要及时提醒自己："'客户第一'对我而言不是一句口号，我必须身体力行。因为我的薪水、我未来的幸福都决定于客户，我要尊重我的客户，我要竭尽全力了解我的客户，满足客户是我不变的目标。"

(3)企业是一个竞争的场所

竞争是进步的动力，竞争能激发人的潜力，化不可能为可能，身为企业组织的一员必须有竞争的自觉。你所在公司的竞争者是谁？公司和竞争者比较有哪些特征？竞争者有哪些长处及弱点？公司在业界的市场占有率是多少、排名第几？

(4)团队的一分子

独立独行、个人表现突出固然令人欣赏，但企业是一个通过组织达成目标的群体，因此必须觉察自己是企业团队的一分子，唯有通过与同事不断密切的合作，你才能在未来的职业生涯中赢得稳固、长久的优势。

(三)基本职业行为

1. 了解职务、工作职责、工作权限，了解你的工作要实现的结果。

2. 遵守企业基本工作守则，超越上司的期待，在指定的期限内完成工作，工作时间集中精神、专心工作，用心去做，防止错误，常整理、整顿。日本有5S管理：整理(SEIRI)、整顿(SEITON)、清扫(SEISO)、清洁(SEIKETSU)、素养(SHITSUKE)，又被称为"五常法则"。要秉持改善意识，养成节省费用的习惯。[①]

3. 学会如何接受任务。

步骤一：主管呼叫自己的名字时，自己应做什么？

* 用有朝气的声音立刻回答。
* 不要闷不作声地走向主管。
* 不要使用"干什么""什么事"等同级用语回答。

---

① 沈之菲：《生涯心理辅导》，25页，上海，上海教育出版社，2000。

＊带上记事本，以便随时记下主管的指示。

步骤二：记录主管交办事项的重点。

＊具有核对功能。

＊备忘和检查工作。

＊避免日后“有交代”“没听到”的纷争。

步骤三：如何正确理解命令？

＊不清楚就问清楚。

＊尽量具体化地向主管确认。

＊让主管把话说完，之后再提意见和疑问。

＊使用 6W、3H 来理解。

＊使用 6W、3H 来科学记录。

小贴士

6W、3H[①]

WHAT——指要做的是什么及描述达成命令事项后的状态。

WHEN——指全部工作完成的时间及各步骤完成的时间。

WHERE——泛指各项活动发生的场所，不同的场所能代表不同的意义，适当的场所可得“地利”优势。

WHO——指与命令有关联的对象，如担当者、责任者、参与者。

WHY——指理由、目的、根据，让执行者更能理解为什么这样做而不那样做。

WHICH——根据前面 5 个 W，做出各种备选方案。

HOW——指方法、手段，也就是如何做。

HOW MANY——指需要多大、多少，以计量的方式让事情更具体化。

HOW MUCH——指预算、费用。

4. 学会汇报工作。

汇报对象：直接上级。

报告的时机：做好计划时报告，中间报告，紧急报告，工作结束报告。

口头报告：按结论一经过一理由的次序报告。

---

① 王兆明、顾坤华：《大学生职业生涯规划(修订版)》，98 页，苏州，苏州大学出版社，2014。

书面报告：简洁，有逻辑性，用数据说话。

5. 与上司和谐相处。诚实是金，了解上司的立场，有事情要先向上司报告，工作到一个段落，需向上司报告，向上司提出自己的建议，向上司提供情报，依上司指示行事，不要在背后说上层主管的闲话。

6. 工作态度要端正，对工作有强烈的意愿与热情，全力以赴。自主自发地完成任务，并及时改善、提高质量。能和他人协调合作，有团队精神。对工作有较强的责任心。

（四）如何培养积极心态

1. 转变思维，多角度地看待问题，用不同的眼光看待世界。不是没有方法，只是暂时没找到而已，相信不久就会看到一个问题的多种解法。

2. 采用积极的思维反应模式。

3. 确定最佳的注意力范围。

4. 培养坚定的信念。

体验式课堂实践活动

课堂实践一

活动名称　正向思维反应模式练习

活动目标

帮助学生用不同的眼光看待世界，认识到不是没有方法，只是暂时没找到而已，相信不久就会看到一个问题的多种解法，做有职场正能量的人。

活动准备　笔和纸

活动时间　25 分钟

注意事项　根据学生的认知特点和规律，通过创造实际的、重复的情境和机会，使学生在亲历的过程中理解并建构知识、发展能力、产生情感、生成意义。

操作手册

第一步，请学生写出如下描述。

1. 写出五项“我想……”

2. 写出五项“我喜欢……”

3. 写出五项“我愿意……”

4. 写出五项“我必须……”

5. 写出五项“我不得不……”

6. 写出五项“我应该……”

第二步，请学生依次将五项“我必须……”改成五项“我选择做……所以我愿意……我打算……”

第三步，请学生依次将五项“我不得不……”改成五项“我选择做……所以我愿意……我打算……”

第四步，请学生依次将五项“我应该……”改成五项“我选择做……所以我愿意……我打算……”

学生成长记录

1. 觉察写下“我想……”“我喜欢……”“我愿意……”时的心情。
2. 写下“我必须……”时的感受是：________________。
3. 写下“我不得不……”时的感受是：________________。
4. 写下“我应该……”时的感受是：________________。
5. 改写“我选择……”“我愿意……”“我打算……”时的感受是：________。

心成长体验

1. 目前自己感触最多的五项是：________________。
2. 最喜欢的五项是：________________。
3. 最不喜欢的五项是：________________。
4. 参与活动，自己的变化是：________________。
5. 想做的改变是：________________。
6. 时时觉察，提醒自己的是：________________。

教师总结

建立积极思维反应模式，试试看有没有其他可能性：我可以选择不同的作风，我可以控制自己的情绪，我可以想出有效的表达方式，我能选择恰当的回应……

课堂实践二

活动名称　职业兴趣岛游戏

活动目标

探索最适合个人发展的职业环境，适应职场，以期最大限度地在工作中发挥出自己的聪明才干。①

① ［美］Robert D. Lock：《把握你的职业发展方向（第五版）》，156页，北京，中国轻工业出版社，2006。

活动准备　笔和纸

活动时间　25 分钟

注意事项

1. 不要将测验结果当作被测试者的永久“标签”。

任何测验都是存在一定误差的。同时被测者本人在测试时的情绪状态、对测验的态度等主观因素，测试过程中的环境干扰等客观因素都会影响被测者的分数和等级。因此在阅读本测试的结果时，请参照日常生活中测试者本人的实际表现来理解。同时人的大多数能力和性格特征都是可能改变的，因此测评的结果仅是评价个人情况的一个参考因素，请不要把本测验的结果看成是对被测试者的“标签”或“最终宣判”，而应视为眼下暂时的情况。

2. 以整体的观点看待测评结果。

很多测验都包含多个分测验，对于这类测验来说，不应仅仅孤立地理解单个分测验的成绩。这是因为每个分测验与其他分测验都有一定的关联性，不同能力方面或者性格特征是组合在一起共同对人的行为起作用的。因此在评定一个人的特征时，一方面需要理解各个分测验的分数的含义，但更重要的是综合所有信息进行全面分析。

操作手册

1. 认真听，做好记录。

2. 你获得了一次免费度假游的机会，有机会去下列六个岛屿中的一个。唯一的要求是你必须要在这个岛上和岛上的居民一起生活至少半年的时间。请不要考虑其他因素，仅凭自己的兴趣挑出你最想前往的岛屿。

R：自然原始的岛屿

岛上的自然生态保持得很好，有各种野生动物。居民以手工见长，自己种植花果蔬菜、修缮房屋、打造器物、制作工具，喜欢户外运动。

I：深思冥想的岛屿

有多处天文馆、科技博物馆及图书馆。居民喜好观察学习，崇尚和追求真知。常有机会和来自各地的哲学家、科学家、心理学家等交换心得。

A：美丽浪漫的岛屿

充满了美术馆、音乐厅、街头雕塑和街边艺人，弥漫着浓厚的艺术文化气息。居民保留了传统的舞蹈、音乐与绘画。许多文艺界的朋友都喜欢来这个地方找寻灵感。

C：现代、秩序井然的岛屿

岛上的建筑十分现代化，是进步的都市形态，以完善的户政管理、地政管理、金融管理见长。岛民个性冷静保守，处事有条不紊，善于组织规划，细心高效。

E：显赫富庶的岛屿

居民善于企业经营和贸易，能言善道。经济高度发展，处处是高级饭店、俱乐部、高尔夫球场。往来者多是企业家、经理人、政治家、律师等。

S：友善亲切的岛屿

居民个性温和、友善、乐于助人，社区均自成一个密切互动的服务网络，人们重视互助合作，重视教育，关怀他人，充满人文气息。

(1)你最想去的岛屿是：________。

(2)在剩下的5个岛屿中你最想去的是：________。

(3)在剩下的4个岛屿中你最想去的是：________。

(4)你最不想去是：________。

结果分析

美国职业指导专家霍兰德认为，大多数人可以被归为六种人格类型：现实型、研究型、艺术型、社会型、企业型和常规型。社会职业环境也同样有这样六种，而且人都在追求与其人格类型相匹配的职业环境，这样才有利于施展自己的技术与才能，展现自己的态度与价值，并实现问题的解决。

R：实用型(Realistic)

【共同特点】愿意使用工具从事操作性工作，动手能力强，做事手脚灵活，动作协调。偏好于具体任务，不善言辞，做事保守。缺乏社交能力，通常喜欢独立做事。

【性格特点】感觉迟钝、不讲究、谦逊、踏实稳重、诚实可靠。

【职业环境】喜欢使用工具、机器，需要基本操作技能的工作。要求具备机械方面的才能、体力，或从事与物件、机器、工具、运动器材、植物、动物相关的职业。如技术性职业(计算机硬件人员、摄影师、制图员、机械装配工)，技能性职业(木匠、厨师、技工、修理工)。

【典型人物】鲁班、詹天佑。

I：研究型(Investigative)

【共同特点】思想家而非实干家，抽象思维能力强，求知欲强，善思考，不愿动手。喜欢独立的和富有创造性的工作。知识渊博，不善于领导他人。考虑问题理性，做事喜欢精确，喜欢逻辑分析和推理，不断探讨未知的领域。

【性格特点】坚持性强，有韧性，喜欢钻研，为人好奇，独立性强。

【职业环境】喜欢智力的、抽象的、分析的、独立的定向任务，要求具备智力或分析才能，并将其用于观察、估测、衡量，形成理论，最终解决问题的工作。如科学研究人员、教师、工程师、电脑编程人员、医生、系统分析员。

【典型人物】爱因斯坦、牛顿。

A：艺术型(Artistic)

【共同特点】有创造力，乐于创造新颖、与众不同的成果，渴望表现自己的个性，实现自身的价值。做事理想化，追求完美，不重实际。具有一定的艺术才能和个性。善于表达，怀旧，心态较为复杂。

【性格特点】有创造性，非传统，敏感，容易情绪化，较冲动，不服从指挥。

【职业环境】喜欢的工作要求具备艺术修养、创造力、表达能力和直觉，并将其用于语言、行为、声音、颜色和形式的审美、思索和感受，具备相应的能力。不善于事务性工作。但不是指从事艺术工作，而是指工作中倾向于将事情做得漂亮、有情调，锦上添花，追求完美。

【典型人物】齐白石、徐悲鸿、梅兰芳。

C：事务型(Conventional)

【共同特点】尊重权威和规章制度，喜欢按计划办事，细心，有条理，习惯接受他人的指挥和领导，自己不谋求领导职务。喜欢关注实际和细节情况，通常较为谨慎和保守，缺乏创造性，不喜欢冒险和竞争，富有自我牺牲精神。

【性格特点】有责任心，依赖性强，高效率，稳重踏实，细致，有耐心。

【职业环境】喜欢要求注意细节、精确度，有系统，有条理，具有记录、归档、据特定要求或程序组织数据和文字信息的工作。如秘书、办公室人员、记事员、会计、行政助理、图书馆管理员、出纳员、打字员、投资分析员。

【典型人物】李素丽(全国劳模，公共汽车售票员)。

E：企业型(Enterprise)

【共同特点】追求权力和物质财富，具有领导才能。喜欢竞争，敢冒风险，有野心或抱负。为人务实，习惯以利益得失、权利、地位、金钱等来衡量做事的价值，做事有较强的目的性。

【性格特点】善辩，精力旺盛，独断，乐观，自信，好交际，机敏，有支配愿望。

【职业环境】喜欢要求具备经营、管理、劝服、监督和领导才能，以实现机构、政治或社会及经济目标的工作。如项目经理、销售、营销管理、政府官员、企业领导、法官、律师。

【典型人物】胡雪岩、马云。

S：社会型(Social)

【共同特点】喜欢与人交往，不断结交新的朋友，善言谈，愿意教导别人。关心社会问题，渴望发挥自己的社会作用。比较看重社会义务和社会道德。

【性格特点】为人友好，热情，善解人意，乐于助人。

【职业环境】喜欢要求与人打交道的工作，能够不断结交新的朋友，从事提供信息、启迪、帮助、培训、开发或治疗等工作。如教育工作者(教师、教育行政人员)，社会工作者(咨询、公关人员)。

【典型人物】特蕾莎修女、圣雄甘地。

学生成长记录

1. 最喜欢某一个岛屿的理由是：________________。
2. 最不喜欢某一个岛屿的理由是：________________。
3. 通过活动对自己的了解是：________________。

心成长体验

1. 选择专业的打算是：________________。
2. 选择专业的理由是：________________。
3. 最理想的专业是：________________。
4. 最理想的工作是：________________。
5. 目前努力的方向是：________________。

教师总结

1. 每个人都有其独特性，这种独特性表现在兴趣、能力、价值观和人格特质上。

2. 每个职业和工作也有独特性，这种独特性反映在工作项目、所需能力、所提供报酬等方面。

3. 个人与职业的独特性能通过评估工具测量出来。

4. 如果个人的独特性与职业的独特性相吻合，那么双方都会感到很满意。

内容小结

大学毕业生在走上工作岗位之前，应充分了解职业人在社会中所扮演的角色以及所承担的责任和义务，主动调整自己的角色，缩短职业适应期；了解复杂的职场人际关系，认识求职、面试、应聘、工作压力等职场心理，认识和理解人们在职业活动中表现出的认识、情感、意志等相对稳定的心理倾向或个性特征；掌握职业活动伴随的心理过程，理解职业活动中反映出的个性不同和差异，了解不同职业阶段有不同的职业心理，认识不同的职业心理特点影响着人们的生活；合理应对职业心理危机，养成健康职业心理，掌握崇高理想信念的原则和目标。改善职业态度对于培育职业精神有着十分重要的意义。

课后思考题

1. 请写下你的3个愿望，将你的愿望由“我想……”改为“我能……”，你有什么样的体会？

2. 不能实现愿望时，你有借口吗？有哪些？

3. 每个借口后有哪些潜在的资源？

4. 体会使用积极的提示语言，坚持3个月后，你的感觉有什么改变？

心成长资料库

推荐书籍

1.《你的降落伞是什么颜色》，[美]理查尼·尼尔森·鲍利斯，中国华侨出版社，2014年

推荐理由　此书被称为“求职圣经”，告诉求职、跳槽的读者面试中至关重要的技巧、谈判薪资的秘诀、跳槽的方式等；帮助职业规划迷茫的读者，用测评工具和理性的分析方法全面了解自己，发现自己的优势，找到职业目标和理想工作。此书结合了互联网时代的求职新形势，指导读者在面对网络巨浪的冲击时如何脱颖而出。它是一本指导书，帮助你了解求职、跳槽的技巧；它是一本梳理书，帮助你认清自己；它也是一本工具书，帮助你找到职业方向；当然，它也可以是一本魔法书，从今天开始，它可以改变你的人生。

2.《幸运背后的心理奥秘》，[美]理查德·怀斯曼，中国人民大学出版社，2009年

推荐理由　运气具有扭转乾坤的神奇力量，正因为如此，千百年来人们一直在探寻一种有效的方法，来增加自己生活中的好运。但只有一个难题，那就是怎样用科学的方法剖析运气？幸运的人具有什么样的特质？什么样的技巧和练习可以提升好运？心理学家怀斯曼解答了我们的问题。

推荐电影

《穿普拉达的女王》

推荐理由　一个刚从学校毕业想当记者的女孩子安迪，在寻找工作无果的

情况下进了一家顶级时装杂志《天桥》给总编当助手。很快她发现她的工作简直是噩梦，这个总编无论公事私事都交给助手打理。当她在发现安迪的能力高于第一助手艾米莉时，决定让安迪代替艾米莉去巴黎，而艾米莉的梦想就是去巴黎，并且女魔头要安迪自己去告诉艾米莉这个噩耗。安迪一开始得过且过，不为工作而改变自己，到后来主动换上了在时尚圈子里的衣服，完美地完成着她的工作。但最后安迪发现自己得到了工作，却放弃了家人和朋友，并且为了工作上的进步将别人狠狠打压下去。之后安迪毅然离开了杂志社，并寻回了自己遗失的幸福。

第三节　职场人际关系提升与压力应对

学习目标

1. 了解职场人际关系、人际认知，认识职场人际冲突，掌握职场人际沟通的技能，初步了解职业心理压力产生的因素。

2. 能够积极与他人沟通交流，建立良好的合作关系，学会换位思考，理解职场中他人的心理状态，掌握与上级、同事、下属的沟通方法及处理关系的策略。应对掌握职场压力的技能和方法。

3. 懂得人际关系中的交往原则和交往艺术，讲述职场人际关系与事业发展、心理健康的关系；积极建立发展良好的职场人脉圈。探索出适合自己的应对职场压力的有效措施，形成健康的职场心理。

心灵物语

一个人永远不要靠自己花 100％的力量，而要靠 100 个人每人花 1％的力量。

——比尔·盖茨

成功来自于 85％的人脉关系，15％的专业知识。

——卡耐基

案例导入

李小雷大学毕业就到某单位做领导 A 的办事员。这位领导不论大事还是小事，私事还是公事，都吩咐他去做。只要领导交代的事情，他从来不拒绝，都努力做好。领导的日常事务安排，如出差、聚会等，他都为领导安排得很好。而且，每年过年过节李小雷都会送小礼物给这位领导。就这样李小雷为领导A服务了8年，8年间，领导A也帮过他很多小忙，但诸如自己的晋升、老婆的工作等大事，领导A却从来不管。为此，李小雷感到很伤心。

8年后，领导A调到另外单位任职，于是李小雷担任领导B的办事员，他还是一如既往地为领导服务，有求必应，包括经常性的吃喝、接送等，过年过节的礼物也从不落下。李小雷从心底希望领导B能在事业上助他一臂之力。

但是10年过去了，李小雷还在原岗位奋斗，虽然有所起色，但是并没有显著的差别。不过李小雷一直把领导B当兄长和朋友，在自己能承受的范围内，他还是愿意为领导B做事的。但是领导B吃喝或接送的频率实在太高，超出了他的承受范围，直接影响到了他的工作和生活。李小雷一直很纠结，这个人际关系，是这样继续下去还是放弃。如果继续下去，自己不堪重负；如果放弃了，他这么多年花费的时间和金钱就白费了……

一、关系、人际关系、职场人际关系的概念

（一）关系

关系是指人与人之间、人与事物之间、事物与事物之间的相互联系。关系可分为正式关系和非正式关系，非正式关系较正式关系更为古老和普遍。

现代管理理论的奠基人巴纳德指出，即使在正式的组织中，个体仍然是社会人。自20世纪30年代以来，在政治学、社会学、经济学及管理学等众多学科中，关系的非正式性受到了越来越多的重视。关系的内涵在中西方有所不同，西方特意新创Guanxi一词来描述中国式关系。①

（二）人际关系

人际关系是人与人之间在活动过程中直接的心理上的关系或心理上的距离。人际关系反映了个人或群体寻求满足其社会需要的心理状态，因此，人际关系的变化与发展决定于双方社会需要满足的程度。人在社会中不是孤立的，人的存在是各种关系发生作用的结果，人正是通过和别人发生作用而发展自己，实现自己的价值。人际关系从属于社会关系，人际关系是我们在社会实践中与他人产生的交往关系，受他人的直接影响。人际关系可分为先天性和后天性的人际关系，具有发展性。

① 郑全全、俞国良：《人际关系心理学(第二版)》，178页，人民教育出版社，2011。

(三)职场人际关系

职场人际关系是指在职工作人员之间各类关系的总汇，取决于职场中个人的处世态度和行为准则，包括：职场中人际关系的交往原则和交往艺术，职场人际关系和人际认知，职场人际关系与事业发展、心理健康的关系，与上级、同事、下属的沟通方法及处理关系的策略，职场特殊的人际关系，职场中各种压力及处理方法。

二、职场人际关系冲突

职场冲突的产生是不可避免的，不能为了避免冲突的产生就甘做“老好人”。通常情况下，职场冲突的产生主要有以下六个原因。

(1)权利与责任归属的冲突：职场是由团队组成的，工作中难免有模糊地带，每个人都希望自己有更大的决定权力，同时又希望自己需要承担的责任越少越好，在这种心态下就特别容易产生冲突。

(2)层级所产生的冲突：不同层级之间清楚地表达自己的意见并让对方接受是件不容易的事，每个层级的人在面对工作任务时思考的方式是存在差异的，因而产生冲突。

(3)利益的冲突：绩效的考核、升迁是衡量工作表现的重要指标，每个人都希望能够表现最好的绩效，但很可能会不小心或无意识地侵害他人的利益而导致冲突。

(4)沟通技巧不佳：只在意讲出自己的话，不管别人要不要听，人们有时在沟通的时候缺乏聆听和同理心，缺乏清晰的表达，在误解信息时又将责任归咎于对方，这便会产生冲突。

(5)个人特质：情绪控制不好，工作能力不佳，不尊重别人权益，不懂得换位思考等均可引发冲突。

(6)外在环境：家庭因素或其他外在环境因素导致情绪失控。

三、职场人际关系提升

(一)沟通的基本技巧

(1)选择适当的时机，在对方高兴的时候、能够心平气和的时候或有求于你的时候进行沟通。

(2)先肯定对方，谈对方的优点和长处，表达对对方的好感和尊重等。

(3)做自我批评，使对方了解自己的真诚态度和对自己缺点的清楚认识。

(4)提出两人之间存在的问题，描述、分析问题，指出在解决问题中自己准备承担的任务，同时建议对方承担的任务。

(5)准备好对方坚持己见或不能完全接受自己的建议时的对策。[①]

(二)不同职场人际关系中的沟通交流

1. 对上司

上司一般都把下属当成自己人，希望下属忠诚地跟着自己，拥戴自己，听自己的指挥。所以我们要在上司面前讲诚信、讲义气，敬重他，便可得到上司的认可。在与上司的相处中，谦逊非常重要。谦逊意味着你有自知之明，懂得尊重他人，有向上司请教学习的意向则意味着"孺子可教"。谦逊可让你得到更多人的支持，帮助你更好地成就事业。

2. 对同事

对同事不能太苛求，要对每个人都一样友好。任何人都可能日后成为你的好朋友、重要的工作伙伴，甚至变成你的顶头上司，所以在职场中切忌预设立场，因为同事今日不是个重要角色就忽略他(她)的存在；同时，也不要随便听信别人的闲言碎语，让自己保持豁达的胸襟，以事实客观地去评价每个人。

3. 对下属

多帮助关心下属。对下属要坦诚，向下属善意地表示接近的良好愿望，使下级感到受尊重、被重视。这样不仅会激发被领导者的积极性，还会使大家对领导的思想修养、工作作风及领导的意图有所了解，从而缩短下级对上级习惯性的心理距离。

4. 对竞争对手

在我们的工作中，处处都有竞争对手。当你超越对手时，没必要蔑视对手；当你技不如人时，也应衷心地恭喜对手。无论对手如何使你难堪，你露齿一笑，既有大度开明的宽容风范，又有一个豁达的好心情，说不定对手早已在心里向你投降了。

(三)良好人际关系形成和发展的阶段

奥尔特曼和泰勒对人际关系进行系统研究后提出，良好人际关系的形成和发展一般要经过以下四个阶段。

1. 定向阶段

在这个阶段，主要是初步确定要交往并建立关系的对象，包含对交往对象的注意、抉择和初步沟通等。人们对人际关系具有高度的选择性。生活中，人自然而然地特别关注那些在某些方面能够吸引自己目光的人，但究竟把谁作为自己人际交往的对象，常常还要根据自己的价值观做理性的抉择。选定交往对

---

① 张伟、齐蕊：《职场心理调节手册》，109页，北京，中国经济出版社，2012。

象后，人们就会利用各种机会和途径去接触对方、了解对方，通过初步沟通，人们可以明确双方进一步交往并建立关系的可能与方向。定向阶段通常是个渐进的过程，但也不缺乏戏剧性的发展。比如两个邂逅却一见如故的人，其关系的定向阶段就一步完成了。

2. 情感探索阶段

在这个阶段，双方主要是探索彼此在哪些方面可以建立真实的情感联系。尽管双方已经有了一定的情感投入，但还是避免触及私密性领域，表露出的自我信息比较表面，因此仍然具有很大的正式性。

3. 情感交流阶段

在此阶段，双方的人际关系开始出现由正式交往转向非正式交往的实质性变化。表现在彼此形成了相当程度的信任感、安全感、依赖感，可以在私密性领域进行交流，能够相互提供诸如赞赏、批评、建议等真实的互动信息，情感投入较深。

4. 稳定交往阶段

这是人际关系发展的最高水平。双方在心理上高度相容，彼此允许对方进入自己绝大部分的私密性的领域，分享自己的生活，成为“生死之交”。但是实际上，能够达到这一层次的人际关系很少，人们与自己的亲朋好友的关系大多处于第三阶段的水平上。①

（四）职场人际关系的提升

想要减少职场中的人际关系冲突，提升人际关系，更多是要从自身进行提升，具体可从以下七方面入手。

1. 真诚赞美

在很多情况下，人们对自己的言行和所做事情的效果如何（如衣着、文章、演讲等）并不清楚，希望得到别人的评价，尤其希望得到好的评价。马斯洛的需要层次理论中，至少有三个层次的需要是与希望得到别人的赞美有关，如社交与情感需要、自尊需要和自我实现需要。整天工作在一种单调的气氛中也很容易使人感到疲劳和精神不振，如果大家都有意识地真诚赞美一下，大家都会感到在这样的环境中工作是愉快的。如果两人的关系很紧张，其中一人有了好的表现，另外那个人能够借此机会给予真诚的赞美，过去的敌意或怨恨可能在一瞬间消失，正所谓“相逢一笑泯恩仇”。

---

① 汪艳丽、刘学惠、张小菊：《高职学生心理素质教育》，256 页，北京，经济管理出版社，2015。

2. 情绪管理

* 不要随便显露你的情绪。
* 不要有受害者的心态。
* 在征询别人的意见之前，要先思考。
* 不要唠叨自己的不满。
* 重要的决定要与领导商量。

3. 觉察反省

* 对身边发生的事情，常思考相互的因果关系。
* 对做得不到位的执行问题，要挖掘它们的根本症结。
* 对习以为常的做事方法，要有改进或优化的建议。
* 做什么事情都要养成有条不紊和井然有序的习惯。
* 经常找出一些别人看不出来的毛病或弊端。

4. 积极勇敢

* 不要用缺乏自信的语句。
* 不要轻易、反悔推翻已经决定的事。
* 在众人争执不休的时候，不要没有主见。
* 整体氛围低落时，要乐观、阳光。
* 做任何事情都要用心。

5. 宽广胸怀

* 不要把有可能是伙伴的人变成对手。
* 对别人的小过失、小错误不要斤斤计较。
* 不要刻意地计算金钱。
* 不要因为权力产生傲慢，不要因为知识产生偏见。
* 任何成就和成果都应和别人分享。

6. 责任担当

* 项目结束后，先检讨过错，再论功赏。
* 检讨任何过失的时候先从自身开始反省。
* 认错从上级开始，表功从下级启动。
* 执行计划，权责界定清晰，勇于承担。

7. 诚实守信

* 做不到的事情不要说，说了就努力做到。
* 不切实际的口号或标语不要经常挂在嘴上。
* 针对客户提出的问题，拿出改善的方法。

* 停止一切不正当的手段。

* 不要耍小聪明。

四、职场压力

（一）职场压力的含义

职场压力指的是人们在职场中因为面对各方面的因素而产生的压力。比如工作量过大、职场人际关系过于复杂、企业经营效益不佳等，都会让人产生不同的压力。每一个身处职场的人都会有或多或少的压力。

（二）职场压力对员工心理健康的影响

1. 积极影响

一定的压力能让员工感觉到精力充沛、富有激情，并能增强紧迫感、责任心，拥有自信和成就感，能高质量地完成工作。优秀的企业管理者会根据员工的学历、性别、能力、工作岗位、工作内容及阶段性特征等给予员工不同的压力，激发员工的正能量，推动其与公司一同发展。

2. 负面影响

过大的职场压力的负面影响主要表现在以下四个方面：一是会让员工产生焦虑感，感到身心疲惫；二是会直接影响员工的工作激情、效率和责任心；三是会让员工对工作、公司失去希望，造成企业工作环境不稳定，如离职率增加；四是会让员工失去生活的信念，严重者甚至会走上极端，如患上抑郁症、自杀等。

（三）职场压力应对措施

心理研究证明，当人们面临一个陌生的环境或者加入一个陌生的群体时，往往会很自然地产生困惑和焦虑心理，这是人自我保护的本能反应。但是如果一个人在一个群体中长期处于这种心理状态，就会影响到角色的转变和自我的发展。因此，大学毕业生要缩短自己的适应期，尽快地进入角色，必须学会自觉调整心理状态，学会面对现实。

1. 调整心态和期望值，珍惜首次就业机会

青年时期是一个充满激情和想象的时期，青年人成就欲望强烈，有着远大的理想和抱负，对未来生活充满了美好的憧憬和向往。但大学毕业生要清醒地认识到，理想与现实之间是存在一定差距的。因此，踏上工作岗位后，大学生要根据现实环境及时调整自己的期望值，适当地把期望值定得低一点，这样有利于减少心理落差，有利于尽快适应新环境。另外，要珍惜首次就业的机会，事实证明，很多有作为的大学生，对自己首次选择的职业也是由不喜欢逐渐发

展到喜欢，由不爱逐渐发展到爱，直至取得事业的成功的。

职场新人面对生存压力时，要换一个角度思考问题，以积极的心态面对现实，经常给自己一些积极的心理暗示，例如：自己能在大上海立足，已经很了不起了，比起找不到工作的人，我已经好很多了！否则，负性情绪过多最终会引发心理疾病。只有拥有乐观的心态，才能争取获得更多加薪晋级的机会。

2. 放下架子，虚心学习

社会生活中的任何个体，只有经过对复杂的社会环境、社会文化和社会规范的观察、认知、模仿、认同、内化等一系列的学习和实践过程，才能实现对社会的适应。因此，适应社会的过程是一个循序渐进、螺旋式上升的过程，需要不断地学习、不断地实践。当今社会，科技发展突飞猛进，知识淘汰率不断提高。有关研究表明，大学毕业 4 年后，1/5 的知识将被淘汰。事实也充分证明，一个人在学校里所学的知识是有限的，对大部分知识和能力必须在工作实践中进行学习和锻炼。因此，大学生到了陌生的工作岗位上，一定要从头学起，虚心向在工作岗位上工作多年、具有丰富的专业知识和实践经验的技术人员、领导、同事学习，尽快熟悉并掌握相关的业务知识，在学习和实践中不断地调整和改变自己的观念、态度、习惯、行为，不断地自我完善，以适应社会的快速变化和要求。

对新人来讲，职场机会往往隐藏在细微的小事之中。新人初入职场，对业务还不熟悉，不会有太多机会去接手重大的、完整的项目，接手的往往只是某个项目的前期准备工作，或者是其中的一些细枝末节，展示自己的机会就只能从这些琐事里面找。其实，再细微的工作也有重要性，链条上的每一个环节都关系到项目最后的成功。做好了小事，才会给上级足够的信心交给你大事。

3. 全面认识新环境

很多人在刚进入职场的时候，感觉天地在我脚下，意气风发，神采飞扬，但工作了一段时间之后，就会开始怀念从前无忧无虑的日子，对每天朝九晚五的按部就班的生活非常不满，觉得生活已经没有了激情。其实，这样的心理应该被纠正。作为一个职业岗位的新手，要想尽快地适应工作的要求、完成角色的转换，就必须要充分地了解和熟悉工作环境，了解和熟悉工作对象的特点和规律，从而对新的工作有比较全面的认识和把握。因此，在初到工作单位的一段时间里，应主动地收集和自己工作有关的一切信息，比如本职业的传统、现状以及发展前景等。只有对自己的工作环境有了较充分的了解，才能在适应角色上领先一步。

对职场中的个人而言，近年来竞争越来越激烈。整体上供过于求的人才市场使得每一个体，尤其是尚无经验的新人，在刚到职场的关口时就遭遇到激烈的竞争。好不容易过五关斩六将进入了某个企业，又发现企业中的资源、机会、可晋升的职位等都是有限的，而期盼着得到这些机会的人却很多。在这种情况下，不管愿不愿意，职场中的人都会身不由己地加入到竞争中。可以说，竞争是职场永恒的主旋律。

4. 建立起和谐的人际关系

在一个封闭的系统中，财富、资源、机遇都是有限的，一个人得到了则意味着另一个人失去了。这时候，成功者的荣耀是以失败者的苦涩为代价的，结果就是零和。而职场是开放的系统，社会经济在发展，行业、企业都在发展中不断创造着新的机会；职场中的个人也在不断发展，从失误中吸取教训，不断成长。

这种情况下，竞争中的双方通过有效合作，完全可能实现双赢；只是赢的判断标准不是和对方比，而是和自己比。因为双方从职场收获的资源和机会可能并不相同，但只要是都比过去有了收获而非损失，双赢即能实现。只是，双赢的实现要求竞争的双方有真诚合作的精神，不存私心，不耍小聪明，而这些条件往往很难满足。

美国哈佛大学就业指导小组对几千名被解雇的男女雇员进行了综合调查，发现在这些被解雇的雇员中，人际关系不好的比称职的人高出两倍多；每年被调动的人员中，因人际关系不好而无法施展其所长的占 90%以上。美国《幸福》杂志所属的名人研究会对美国 500 位年薪 50 万美元以上的企业高级管理人员和 300 名政界人士所做的调查表明：93.7%的人认为人际关系畅通是事业成功最关键的因素。可见，人际关系的好坏与一个人事业的成败是息息相关的。

大学生到新的工作岗位后，要重视发展良好的人际交往关系。一要恪守人际交往的规则，做到平等待人、热心助人、诚实守信、律己宽人；二要克服人际交往中的一些心理障碍，克服嫉妒心理、自卑心理、多疑心理等不健康的交往心理，以积极的态度与人交往，在交往中尊重别人、相信别人；三要掌握人际交往的技巧，要保持自然，学会倾听；四要遵守社会交往的礼仪，礼仪是人们在人际交往中的基本要素，它体现了一个人的修养品位，是人格魅力的重要方面，大学生在交往中要掌握一些常用的礼节，比如握手的礼节、打电话的礼节、交谈的礼节等，从而提高自己的交往水平。

5. 培养坚强意志，勇于吃苦

许多毕业生满怀理想、一腔热血，准备到社会上大展宏图。但一旦接触实际，尤其是接触到社会的一些消极面，如复杂的人际关系、独断的领导、陈旧落后的管理方式等，往往就会从理想的巅峰一下子跌入谷底，内心产生严重的矛盾冲突。在矛盾和困惑面前，毕业生可能会一蹶不振、消极退缩。角色转换是一个艰苦的过程、一个充满曲折的过程，在这个过程中，每个人都会遇到困难和挫折，大学生只有具备了坚强的意志，才能不断地克服在角色转换过程中遇到的种种困难，才能做到永不放弃。这就要求大学生具备坚强的意志品质，增强社会责任感，工作中要任劳任怨，勇于吃苦，不计较个人得失。只有这样，大学生才能得到人们的认可、社会的承认，从而实现社会角色的顺利转换。

6. 学会应付老员工的“冷暴力”

刚刚进入职场的新人常会抱怨公司里的前辈给自己脸色看，明明一起搭档做事，可前辈总是不把自己的意见和建议当回事。时间久了，两代职员之间也就有了鸿沟，形成两个独立的圈子。

首先要正确看待职场冷暴力。在职场做小事是为做大事奠定基础，以开放的心态加强人际沟通和学习，努力提高自身能力和素养，尽快赢得别人的尊重和认可。应对职场冷暴力的技巧有：多聊天、多接触，用热情感染他人，用幽默回应他人；主动融入，找到共同的兴趣，大部分被孤立的同事往往是缺乏主动性的；可以选择性格比较温和的成员开始接触，逐渐融入愿意接纳你的圈子。总之，心理上要自强，对于能力上的缺陷，要在工作中努力锻炼提升，关键是与同事形成利益共同点。

7. 学会把烦恼“打包”

其实在现代职场上，工作压力是不可避免的。只要你想在工作上有所成就，就一定会感到压力。进入职场，人就像上了发条的闹钟，不停地工作，以便在最短的时间内让上司和同事看到你的工作成效，因为在公司考核时，“效率”是衡量员工的首要标准。许多白领，在四季恒温的办公室里，面对一台电脑、一大堆文件，一年下来总有做不完的事情。由于工作紧张、人际关系淡漠，人们的心理压力也越来越大。

作为职场新人，不该总幻想寻找一份没有压力的工作，而需要逐步提高自己的抗压能力，积累一些减压的经验。当面对工作所带来的烦恼时，我们可以试着把烦恼暂时“打包”。有些事情你暂时无法处理和面对，那就暂时搁置；有些困扰和情绪你现在理不出头绪，那就暂时不要理。这不是逃避，而是暂时离开烦恼。把困难、情绪和烦恼暂时“打包”，等摸索出方法、积累好经验的时候再从容不迫地处理，因为时间会让你变得更加成熟和智慧。

体验式课堂实践活动

课堂实践一

活动名称 宴会

活动目标

体验不同职位的不同感受，学习在人际关系中看重自己、尊重他人。

活动准备 背景轻音乐，代表不同职位的卡片5套

活动时间 20分钟

注意事项 仔细观察，安静陪伴。

操作手册

1. 将全体成员分为8人的小组，每组1套卡片，不同的卡片代表不同的职位。

2. 将卡片分别贴在组内每位成员的背后，作为宴会活动的身份凭证。小组内每人都可以看到别人的卡片，清楚对方的职位，但看不到自己的。

3. 宴会开始，播放轻音乐，小组内成员用言语、非言语的方式向其他人表示问候。

4. 在整个宴会活动中，体验自己在组内的职位高低，适时做出言语、非言语的调整。

5. 当音乐停止时，每个小组内成员按照自己体验出来的职位，依照高低排成一列。例如A和B通过比较，A感觉自己的职位高，A就靠近讲台站；B觉得自己职位低，B就靠近教室后方站，A、B再分别与C、D比较。

6. 全体成员将背后的卡片移至胸前，跟同组的同学确认职位身份与实际的排列是否一致。

学生成长记录

1. 在与小组内成员问候时，我有何感受？

2. 在与小组内其他成员进行交流的过程中，我能体会到自己的职位是什么吗？与实际是否一致？

3. 联系到生活中的人际交往，我会想到什么？

4. 我的收获是什么？

心成长体验

1. 觉察自己的身心感受。

2. 观察其他同学的行为举止。

3. 能让自己感觉舒服一些的调整是什么？

教师总结

人的一生就是从生物人、自然人逐渐转化为社会人的过程，就是一个不断地与他人相互沟通、相互作用、相互影响的过程，最终与他人形成稳定的心理联系。职场人际关系是在职场特定的工作环境中与他人建立起来心理联系。对于游戏活动的体会要正确归因，积极主动地处理好职场人际交往的关系。

课堂实践二

活动名称　魅力测试

活动目标

协助大学生树立积极主动的人际交往态度，帮助他们认识在人际交往中比较受欢迎的人格特质。

活动准备　白板和记号笔

活动时间　25 分钟

注意事项　安静陪伴，仔细观察，引导积极参与。

操作手册

1. 团体成员男女分别报数，分成相等的两组，围成一个内圈和一个外圈，内外圈的成员两两相视而站。

2. 主持人发出“手势”口令的时候，每个成员都要向对方伸出 1～4 个手指。

伸出 1 个手指表示“我现在还不想认识你”。

伸出 2 个手指表示“我愿意和你做个点头之交的朋友”。

伸出 3 个手指表示“我很高兴认识你，想和你做普通朋友”。

伸出 4 个手指表示“我很喜欢你，想和你做能一起分享快乐和痛苦的好朋友”。

3. 成员根据伸出的手指做出相应的动作。

如果两人伸出的手指不一样，则站着不动，什么都不需要做。

如果两人都伸出 1 个手指，那么都把脸转向自己的右边，并重重地跺一下脚。

如果两人都伸出 2 个手指，那么微笑着向对方点点头。

如果两人都伸出 3 个手指，那么主动热情地握住对方的双手。

如果两人都伸出 4 个手指，那么热情地给对方一个“A 字抱”。

4. 每做完一组“手势—动作”，外圈的成员就向右跨一步，和另一个内圈成员相视而站。重新跟随主持人的口令做出相应的手势和动作。以此类推，直到外圈的同学和内圈的每位同学都完成了一组“手势—动作”。

学生成长记录

1. 握手和拥抱的亲密动作各完成了几个？为什么能完成这么多？（或为什么完成得这么少？）

2. 当看到别人伸出的手指比自己多时，心中的感觉是怎样的？当伸出的手指比别人多时，心里的感觉又是怎样的？

3. 人际交往中可以通过哪些方式来主动表达对他人的接纳、喜欢和肯定，从而交到更多的朋友？

4. 最不愿意和哪三种性格的人做朋友？最愿意和哪三种性格的人做朋友？并简要地说明理由。

5. 请每位成员对自己最愿意和最不愿意做朋友的三种性格进行打分。根据喜欢的程度，将最愿意做朋友的三种性格分别计＋3、＋2、＋1 分；反之，根据讨厌的程度，将最不愿意做朋友的三种性格计－3、－2、－1 分。主持人在成员发言过程中记录每种性格特质的魅力指数，最后汇总。

心成长体验

1. 要培养最受欢迎的三种性格，自己要怎么做？

2. 如何克服最不受欢迎的三种性格？

教师总结

希望团体成员在充满信任的良好团体气氛中，通过示范、模仿、训练等方法尝试与他人建立良好的人际关系，并将这种改变延伸到团体之外的现实生活中去。因此，团体成员要本着真诚的态度营造一个模拟的社会和人际情境；成员间要相互包容和支持；要鼓励表达和分享，帮助成员克服胆怯；还有重要的保密原则，这使得团体成员有安全感；最后需要彼此更多地尊重和理解，加强信任感。

内容小结

通过学习上节分析职场心理的内容，我们掌握了基本的职场心理状态，本节在此基础上讲述职场中人际关系的处理方法与策略，帮助大学生在初入职场时，认识职场人际关系中的基本情况，启发大学生认识自我，进行合理的职业定位，掌握职场人际关系的交往法则和行事策略，有效应对职场压力，为职业生涯的持续发展打下良好的基础，为下节树立职业理想、坚定职业信念、培养积极职业态度做好充足的准备，使大学生能够创造属于自己的光辉灿烂的未来。

课后思考题

根据课堂实践二的内容，在心底对自己做一个评判(不需要说出来)：你认为自己最类似于哪两种性格的人？最受欢迎的和最不受欢迎的各选一个。

心成长资料库

推荐书籍

1.《不抱怨的世界》，[美]威尔·鲍温，陕西师范大学出版社，2009 年

推荐理由　今天，你还在抱怨吗？任何人或团队要想成功，就永远不要抱怨，因为抱怨不如改变，要有接纳批评的包容心以及解决问题的行动力。抱怨是最消耗能量的无益举动。我们的抱怨不仅会针对人，也会针对不同的生活情境。如果找不到人倾听我们的抱怨，我们会在脑海里抱怨给自己听。天下只有三种事：我的事，他的事，老天的事。抱怨自己的人，应该试着学习接纳自己；抱怨他人的人，应该试着把抱怨转成请求；抱怨老天的人，请试着用祈祷的方式来表达你的愿望。这样一来，你的生活会有想象不到的大转变，你的人生也会更加美好、圆满。

2.《富爸爸穷爸爸(财商教育版)》，[美]罗伯特·清崎，[美]莎伦·莱希特，南海出版公司，2011 年

推荐理由　罗伯特·清崎有两个爸爸："穷爸爸"是他的亲生父亲，一个高学历的教育官员；"富爸爸"是他好朋友的父亲，一个高中没毕业却善于投资理财的企业家。清崎遵从"穷爸爸"为他设计的人生道路：上大学，服兵役，参加越战，走过了平凡的人生初期。清崎目睹一生辛劳的"穷爸爸"失了业，"富爸爸"则成了夏威夷最富有的人之一，因而毅然追寻"富爸爸"的脚步，踏入商界，从此登上了致富快车。清崎的故事展示了"穷爸爸"和"富爸爸"截然不同的金钱观和财富观。穷人为钱工作，富人让钱为自己工作。

3.《沟通圣经——听说读写全方位沟通技巧》，[英]尼基·斯坦顿，北京联合出版公司，2015 年

推荐理由　此书旨在帮助读者增进沟通技巧和商务沟通的能力，详细解说"听说读写"所有可能的沟通情境所需要的技巧，如电话、谈话、会议、演讲、简报、写信、报道、问卷、电子邮件等，并说明非语言沟通、聆听、阅读、视觉沟通的原理，以及如何利用各种视觉辅助工具等，时时刻刻帮助你克服所有沟通的挑战，进行良好的自我发展与职业生涯发展。

推荐影片

1.《当幸福来敲门》

推荐理由 克里斯·加德纳是生活在旧金山的黑人男青年，靠做推销员养着老婆和幼子。有一天，他丢了工作。妻子因忍受不了长期的贫困生活愤而出走，克里斯失业，还要独立抚养儿子。这对苦命父子从纸皮箱搬到公共卫生间。一次，克里斯在停车场遇见一个开高级跑车的男人，克里斯问他做什么工作才能过上这样的生活，那男人告诉他自己是做股票经纪人的。完全没有股票知识的克里斯靠着毅力在华尔街一家股票公司当上学徒，头脑灵活的他很快就掌握了股票市场的知识，随后开了自己的股票经纪公司，最后成为百万富翁，两父子相互扶持最终完成了一个美国梦。

2.《黑天鹅》

推荐理由 妮娜，一位纽约的芭蕾舞演员，她与母亲艾丽卡(一位退休的芭蕾舞演员)居住在一起，她的生活只有舞蹈以及野心勃勃的职业目标。当导演托马斯决定为新一季《天鹅湖》挑选新演员时，妮娜成为第一候选人。不过她还有一个竞争者莉莉。托马斯要求舞者不仅仅能演出白天鹅的无辜与优雅，更要能演出黑天鹅的诡诈与淫荡。妮娜是完美的白天鹅，而莉莉却是黑天鹅的化身，渐渐的，两位舞蹈演员的竞争与对抗进入扭曲的状态，妮娜开始鲁莽、不顾一切地探索起自己黑暗的一面，这也将毁掉她。

3.《猎场》

推荐理由 郑秋冬处境危机重重，然而他发愤图强，且在罗伊人的帮助下，平安渡过难关，郑秋冬也因此对罗伊人产生情愫。时间慢慢流逝，林拜的出现，给郑秋冬带来了非凡的机遇，而郑秋冬诚信为本的原则，让林拜刮目相看。郑秋冬发现对手袁昆急功近利，准备使用极其不道德的手段达到目的，而郑秋冬面对自己的诚信与良知，无法容忍袁昆将要给他人带来的伤害，于是通过各种手段成功阻止了袁昆败坏的行为，并且与好友一起并肩作战，共同面对挫折与难关，而郑秋冬也因为纯粹、高尚的诚实信条，赢得了罗伊人的倾心与事业上的璀璨荣耀。

第四节　职业理想信念、职业精神与态度

学习目标

1. 了解职业理想、职业精神与态度的含义和内涵。

2. 培养正面的职业心态，形成良好的职业理想、信念和态度——爱岗、敬业、忠诚、奉献、正面、乐观、用心、开放、合作、始终如一等，养成健康职业心理。

3. 能够初步了解职场心理的基本内容，激发出在职场中心理成长成熟的自主意识，树立正确的职业价值观，职业目标明确，主动积极适应职场，使职业理想信念逐步系统化、科学化，勇于探索职场世界，努力提高自身综合素质，发展出适合个人职场成长的理想路线，更好地服务社会。

心灵物语

心改变，你的态度跟着改变；态度改变，你的行为跟着改变；行为改变，你的习惯跟着改变；习惯改变，你的性格跟着改变；性格改变，你的命运跟着改变！

——马斯洛

聪明的资质、内在的干劲、勤奋的工作态度和坚韧不拔的精神，这些都是科学研究成功所需的其他条件。

——贝弗里奇

案例导入

沃尔玛商场要招聘一名收银员，几经筛选，最后只剩三位女士有幸参加复试。复试由商场经理亲自主持，第一位面试者A女士刚走进经理办公室，经理便递了一张百元钞票给她，并命令她到楼下买包香烟。A女士心想，自己还未被正式录用，经理就颐指气使地命令她做事，因而感到相当不满，更认为经理是在故意伤害她的自尊心。因此，经理递来的钱，A女士连看都没看，便怒气冲冲地掉头离开。她一边走，一边还气呼呼地咒骂："哼，他凭什么支使我，这份工作不要也罢！"第二位面试者B女士一进来，也遇到相同的情况，只见她笑眯眯地接过钱，但是她也没有用它去买烟，因为钞票是假的。由于她失业许久，急需一份工作，只好无奈地自掏腰包为经理买了一包烟，还把找回来的钱全交给了经理。不过，如此尽职卖力的第二位面试者也没有被经理录用。经理录用了第三位面试者C女士。原来，C女士接到钱时，发现钱是假的，她微笑着把假钞还给经理，并请经理换一张。经理开心地接过假钞，并立即与她签订合约，放心地将收银工作交给她。

三位面试者有三种截然不同的应对方式。第一个面试者的心态，是多数经理最害怕的类型，毕竟，对于只会用情绪来处理事情的人，谁也不敢将工作托付给他(她)。第二位面试者的处理方式则是不专业的表现，虽然委曲求全的人比较有敬业精神，但万一真的遇到重大问题，经理需要不是委屈与退缩的员工，而是有冷静与理性处理能力的。于是，第三位面试者成功了，因为在这件小事上，她充分表现出责任感和专业能力。

一、职业理想和职业信念

（一）职业理想

职业理想一般是指职业的奋斗目标，是人们在职业上依据社会要求和个人条件，通过想象而确立的奋斗目标，即个人渴望达到的职业境界。它是人们实现个人生活理想、道德理想和社会理想的手段，并受社会理想的制约，与人的价值观、职业期待、职业目标密切相关，与世界观、人生观密切相关。

职业理想是个人理想最重要和最核心的组成部分，对每个人的人生道路具有重大和决定性的影响；也是发挥主观努力以达到客观要求、为国家和人民做出现实贡献的平台。理想信念是人心灵世界的核心。追求远大理想、坚定崇高信念是大学生健康成长、成就事业、开创未来的精神支柱和前进动力。理想是人的精神现象，是人类社会实践的产物。

（二）职业信念

1. 职业信念的含义

职业信念是实现职业奋斗目标过程中所拥有的坚定态度。职业信念是人们在选择职业与从事职业时所持的基本观点和基本态度，是理想在职业问题上的反映，是人生观的重要组成部分。职业信念是职业素养的最主要核心。

2. 职业信念的基本要素

职业信念具有三个基本要素：一是维持生活，二是发展个性，三是承担社会义务。哪个要素占主导地位，将决定一个人职业信念的类型与层次。正确的职业信念是把三个基本要素统一起来，以承担社会义务作为主导方向。

（三）大学生职业理想信念的特点

1. 职业理想侧重个人价值的实现，具有强烈的主体意识

大学生对于职业的看法已经不再仅仅停留在物质层面，而逐步上升到精神层面，自主性增强，突出的强调“我”在职业理想信念中的地位，期望能够通过工作这一手段来发挥个人特长，实现人生抱负，重视自我价值的实现，表现出强烈的主体意识。

主体意识的增强主要从两方面体现出来：一是思想上，大学生追求更为广阔的发展机会，渴望在职业中充分发挥自身的才能，推动团体的进步成长，获得他人的认可，以个人的奋斗及收获的成就来体现自身价值；二是行为上，大

学生强烈的主体意识使得追求成功的动力增加，大学生注重个人学习及拼搏，提高自我的热情、积极性尤为高涨，并采取考取相关技能证书、参与社会实践、担任学生干部等多种形式来提高自身素质，为自己今后的就业成才增加砝码。

2. 价值取向趋于务实，具有一定的功利主义色彩

职业价值取向决定了人们衡量某种职业对自身和社会的重要性和意义的内心尺度，决定了一个人的职业行为取向。相关调查显示，在确立职业理想、选择工作地点时，大学生优先考虑的主观因素是“个人发展机会”，而优先考虑的客观因素是“薪资待遇”。在就业单位方面，外资及中外合资企业、国家机关分别以27.6%、21.8%占据前两位，其他依次为自主创业(16.4%)、私营企业(15.3%)、高校教师及科研人员(9.5%)、其他(5.7%)、尚未进行规划(3.7%)。在就业地域选择方面，选择大城市的为48.8%，中小城市的为37.4%，而愿意前往基层、不发达地区的仅占13.8%。当从“待遇差，但是专业对口”及“待遇好，但是专业不对口”两项中进行选择时，67.4%的学生选择了前者。

由此可见，大学生在价值取向上趋于务实，追求丰厚的薪酬及福利，愿意前往经济效益好、生活环境优越的地区；而对于基层、不发达地区，因为那里环境艰苦、待遇水平低而采取的排斥态度，具有一定的功利主义色彩。

3. 个人职业理想信念与社会共同理想存在着碰撞及兼容

理想信念是一个有层次性、多样性的系统，既包括了个人的生活、职业、道德理想信念，也包括了社会的共同理想，而社会的共同理想应处于核心地位。调查发现，当个人方面与社会方面同时作为选择项时，仅有19.7%的大学生在择业时会将“国家及社会发展的需要”作为一项考虑因素；在选择所倾向的就业区域时，愿意前往偏远不发达地区的学生仅占13.8%。这反映了部分大学生重视自身的需求而轻视社会需要。而单纯地考虑社会方面，不涉及个人成就、奋斗时，87.4%的同学认为“职业理想应该与社会和国家的需求相适应”。个体取向一般与成就感、竞争和舒适的生活联系起来，而集体取向则往往通过社会支持与合作反映出来，当个人发展需求与国家需要相矛盾时，51.4%的同学选择了“在尽量满足国家需要的情况下兼顾个人需求”。

大学生的职业理想信念表现出了“思想上高调，行为上低调”的特点。一方面，大学生认同社会共同理想，具有为社会的发展进步奉献自身力量的美好愿望；另一方面，当个人的需要与社会的需求相矛盾时，内心存在着碰撞，表现出明显的兼容性，他们不偏向于哪一方，而是希望能找到社会与个人的结合

点，追求务实与协调的统一。

4. 职业情感整体积极向上，但也存在着心理及道德上的问题

职业情感是指人们对职业所具有的稳定的态度和体验。有着端正而积极的职业情感的人能够从内心产生一种对自己所从事职业的需求意识和深刻理解，更好地实践自身的职业理想信念。

对于求职中存在的伪造简历、毁约等不诚信现象，57.9%的同学表示反对，但是仍有19.4%的同学认为“可以理解”。43.2%的同学对“靠逢迎上司获得晋升”“靠关系获得晋升”表示“可以接受”，并认为是“社会上的普遍现象”。同时，关于对待自身工作的态度，79.4%的人表示“全心奉献于岗位，做好本职工作”。针对当前的就业形势，87.6%的同学认为不容乐观，但是有63.5%的同学采取了“考取职业技能证书”“学好专业知识”“锻炼求职技能”“参与社会实践”等方式来积极面对，41.8%的同学对就业表示焦虑、压力大、失落等负面情绪。

在职业情感上，大学生整体上表现出了积极的一面，能够甄别道德与不道德的行为，对待工作认真负责，面对严峻的就业形势可以采取有效的措施去面对。但是，也存在着一些心理及道德上的问题，如迫于生活压力、自身发展需求对一些不合理的行为妥协，面对就业产生负性情绪。

二、职业精神与职业态度

(一)职业精神

职业精神与人们的职业活动紧密联系，是具有职业特征的精神与操守，是从事某种职业应该具有的精神、能力和自觉。社会主义职业精神由多种要素构成，它们相互配合，形成严谨的职业精神模式。职业精神的实践内涵体现在敬业、勤业、创业、立业四方面。

责任感是职业精神的核心。

什么是责任？责任是人基于社会角色而获得的义务。人要尽各种各样的责任：作为父母，要尽父母之责任；作为师长，要尽师长之责任；作为官员，要尽公仆之责任；作为军人，要尽保家卫国之责任。责任是职责所系、义务所需。勇于承担责任，是个人道德品质高尚的体现，是立身处世的基本条件。一个不尽义务、推卸责任的人则会失去别人对自己的信任。

什么是责任感？责任感是一个人、一个组织、一个国家乃至整个人类文明发展的基石。没有做不好的工作，只有不负责任的人。如果一个人没有责任感，即使他有再大的能力也是空谈；而当一个人有了责任感，他就有了激情、

忠诚、奉献精神、执行力……他的生命就会闪光，他就能在工作中激发自己最大的潜能。

责任感首先是对自己的承诺负责、对自己行为的后果负责的一种踏踏实实的工作精神。有责任感是一个人在社会上立足、获得成功最关键、最重要的工作品质。走向社会后，一件很重要的事情就是为自己的生命创造一种信誉，这种信誉就是由责任感来创造的。

总之，责任感是工作出色的前提，是职业素质感的核心。一个缺乏责任的人是不可靠的，一个缺乏责任感的组织是注定失败的。每个企业都需要有责任感的员工。学会承担责任是每一位新员工入职的第一课，这一课直接影响着职业生涯的质量和对待工作的态度，因此，我们一定要在入职初始就把承担责任这一课上好、学好、用好。

（二）职业态度

职业态度指个人职业选择的态度，包括选择方法、工作取向、独立决策能力与选择过程的观念。简而言之，职业态度就是指个人对职业选择所持的观念和态度。

为什么有些人在职场中比其他人更成功？有些人收入高，职位好，人际关系友善，身体健康，整天快快乐乐；而许多人忙忙碌碌地劳作，却只能维持生计。形成这种差别的一个很重要的原因就是人的心态。

可以说，影响人一生和职业生涯的决不仅仅是人的职业环境，个人的心态更直接地影响个人的行动和思想。同时，心态也决定了一个人的视野和成就。一位哲人曾经说过："心态是真正的主人，心态决定谁是坐骑，谁是骑师。要么去驾驶命运，要么命运驾驶自己。"

20 岁到 30 岁，人一般在这一时期从学校正式走上职场，这是职业生涯的初始和基础阶段。如何起步直接关系到以后的发展方向。这一时期的主要任务之一就是择业，在正确做好自我分析和主客观环境分析的基础上，年轻人步入职场时拥有一个健康积极的心态，即有正确的职业态度，则显得尤为重要。

三、优秀员工的职业精神与态度

人才的职业化趋势日趋明显，一个人职业化程度的高低决定了他未来的发展，职业化的意识和职业化的技能、知识直接决定了发展的潜力和成功的可能。作为一个现代化的人才，必须紧跟时代步伐，用最新的理念和技能武装自己，以在激烈的人才竞争中获得一席之地，并能很快脱颖而出，获得更多的发展机会和更好的发展前途。

(一)优秀员工必须具备的素质

我国著名企业家林正大先生认为，一个职业化的人才必须具备五项素质，分别是动机、知识、行动、技能和良好的习惯。这五项技能的英文首字母组合为MKASH，即所谓职业化人才的MKASH原则。他将这五项必备素质比喻为一个车轮，M就像车轮的轴心，其余四项素质就像车轮的四根撑条，支持车轮的运转。

1. 动机

M即Motivation(动机)，处于核心地位，动机的大小和强弱决定了车轮运转速度的快慢和运行状况的好坏。积极心态下的动机会加速车轮的运转，同样可以加速人才的成功与成长；反之，消极心态下的动机则对人才的成长不利，不但不利于人才的成长，而且起到很大的破坏作用。所以我们必须正确认识动机对我们成功的激励性作用，积极调整自己的心态，以积极的心态面对工作和挑战，不断激励与超越自我，实现我们的目标和远景。

2. 知识

K即Knowledge(知识)，做任何一项工作，首先要具备的就是应对那份工作的专业知识，要想做得好，还得具备与其相关的其他知识，以形成自己的知识体系，支持工作的开展。我们说职业化的人才必须具备专业化知识：做管理的懂管理知识，做财务的懂财务知识，做营销的懂营销知识。没有专业化的知识，无论如何也无法做到职业化，也就无法在激烈的竞争中得到认可，更谈不上发展进取，所以专业化的知识很重要。

3. 技能

S即Skill(技能)，技能是支持人才开展工作的必要手段。只有知识没有技能，也是寸步难行。试想，一个管理人员如果不具备沟通的技能，那要怎么与人沟通？怎么开展工作？如果没有人际交往技能，那要怎么与同事合作？怎么管理下属？这些都是我们必须掌握的基本技能，当然还有许多更高层次的技能需要掌握，要看我们做什么工作。技能应该被提高到与知识同等的高度，并高度重视，这样才可能将知识转化为力量，转化为效益。

4. 行动

A即Action(行动)，具备了良好的动机、专业化的知识、熟练的技能水平，是不是就可以了呢？不是。接下来一个重要的素质就是行动的能力。有的人方方面面都比较优秀，知识水平很高，能力很强，可就是做不出出色的工作业绩，原因就是行动能力欠缺。汤姆·彼得斯(世界著名管理学大师)说过："快速制定计划并采取行动应该成为一种修养。"要想成为一个职业化的人才，就必须改掉犹豫不决、瞻前顾后、拖拖拉拉的办事作风，在自己认准的事情上认认真真地采取行动，用行动来证明一切。

5. 良好的习惯

H即Habit(习惯)，习惯决定命运，这句话一点都不夸张。职业化的人才必须具备良好的习惯，无论是在生活还是工作中，都要时刻注意自己的习惯，改掉曾经不好的习惯，慢慢养成职业化的行为习惯。良好的习惯给人美的印象和感觉，能在一定程度上帮助成功。①

具备以上五项素质的人才就像是加满了油的汽车，有使不完的劲，朝着成功的方向前进。

(二)优秀员工必备的职业精神

美国麻省理工学院教授、斯坦福大学社会心理学硕士、哈佛大学博士沙因认为：敬业、尽责、进取、合作、忠诚、创新、高效、服从是一个优秀员工必备的职业精神，也是最基本的职业道德准则——职业基准。具备这些特点的员工在任何一家企业都会受到欢迎。

1. 敬业

热爱本职工作，认同所就职的企业。敬业是一种职业态度，也是职业道德的崇高表现。一个没有敬业精神的人，即使有能力，也不会得到人们的尊重和接受；能力相对较弱但具有敬业精神的人，却能够找到自己发展的舞台，并步步实现自身的价值，最后更有可能发展成为广受尊重的人。

2. 尽责

履行职位职能，不找任何借口。在这个社会中，我们必须坚守责任，坚守责任就是坚守我们自己最根本的人生义务。承担责任是对人生义务的勇敢担当，也是对生活的积极接受，更是对自己所负使命的忠诚和信守。一个充满责任感、勇于承担责任的人，会因为这份承担而让生命更有分量。

3. 忠诚

忠诚于自己职业，维护企业利益。忠诚体现的是最珍贵的情感和行为付出。无论一个人在组织中是什么样的身份，对组织和领导者的忠诚都应该是一样的。违背忠诚原则，无论是个人还是组织都会遭受损失。无论对组织、领导者还是个人来说，忠诚都会使其得到收益。

4. 进取

自信、乐观、主动，挑战工作压力。公司所渴求的人才不只是具有专业知

① 许琼林：《职业素养》，220页，北京，清华大学出版社，2016年。

识的、埋头苦干的人，更需要的是积极主动、充满热情、灵活自信的人。一个合格的员工应该不是被动地等待别人告诉自己应该做什么，而应该主动去了解自己要做什么，然后全力以赴地去完成。

5. 合作

友爱团结互助，协作共同进步。一个高效率的团队是一个表现优秀、使内部成员和外界均感到满意的工作集体。协作永远既使自己受益也让别人受益。只有懂得协作的人，才能明白协作对自己、别人和整个团队的意义。一个放弃协作的人也会被成功放弃。

6. 高效

以业绩为导向，获取最大效益。作为员工，想要迅速获得老板的赏识，最好的方式是尽可能地提高工作效率。在我们开展工作前，首先应考虑的是如何用最简单、省力的方法去获得最佳的成效。对一个员工来说，要的是事半功倍，而非事倍功半。

7. 服从

遵守组织纪律，坚决执行指令。职业人必须以服从为第一要义，就如同每一个军人都必须服从指挥一样。没有服从观念，就不能在职场中立足。大到一个国家、军队，小到一个企业、部门，其成败很大程度上取决于是否完美地贯彻了服从的观念。

8. 创新

敢于打破常规，习惯创造革新。创新是一种具有高度自主性的创造性活动，依赖于员工的积极参与和真诚投入。凡是具有创新精神的员工，都会在变化中不懈追求并努力实现事业的成功，同时他也会得到肯定和回报。①

体验式课堂实践活动

课堂实践一

活动名称 职业价值观拍卖

活动目标

美国心理学家洛克奇在 1973 年《人类价值观的本质》一书中提出 13 种价值观：成就感，美感的追求，挑战，健康，收入与财富，独立性，爱、家庭和人际关系，道德感，欢乐，权力，安全感，自我成长，协助他人。这些核心价值

① 宏超：《世界 500 强优秀员工标准》，168 页，北京，中国广播电视出版社，2005。

观对个人的生活和职业选择产生了极其重要的影响，本活动目的在于协助学生澄清自己的职业价值观，更好地了解自我，了解个性对职业选择的影响，从而在进行生涯规划和职业选择时能有的放矢，努力实现人职匹配。树立合理的职业理想、职业信念和态度。

活动时间　25 分钟

注意事项

除观察学生共同的行为特征外，也要注意特殊的个别现象。如果观察到的问题在课堂上不能解决，可以利用个别咨询等形式帮助他们形成正确的认知观念。

活动准备　纸、笔、代金券

操作手册

1. 团体成员分成 7～10 人的小组，每组选出一名组长，分发给每人 1 000 元的代金券和一套桌椅。

2. 每位成员拥有 1 000 元代金券，小组可以支配的总金额为本组成员的代金券总和。

3. 主持人列出拍卖清单：人际关系/归属感，团队合作，物质保障/高收入，稳定，安全，创造性，多样性和变化性，新鲜感，乐趣，自由独立(时间、工作任务)，被认可，受尊重，能帮助他人，能发挥自己的才能，成就感，成功，名誉，地位，自主独立，有学习/发展/成长的机会，权力(领导、影响他人)，有益于社会，挑战性，冒险性，竞争，符合自己的道德观，工作环境，工作与生活平衡，家庭，朋友，亲密关系，健康，信仰，自由……

4. 请每位成员列出自己最看重的 5 项，并在小组内交流，然后小组讨论产生本组的价值观组合，并进行排序。

5. 对以上清单中的价值观逐一进行拍卖，拍卖时，各小组对每个价值观可自由出价，主持人喊三声后成交，出价最高的小组拍卖成功。

学生成长记录

1. 我最看重的 5 项价值观是什么?

2. 通过这个活动，我对自己的价值观有了什么样的了解?

3. 我的价值观会对我的职业选择和人生产生什么样的影响?

4. 我们组最终购买的价值观分别是什么?

5. 我们组是如何选出所有购买的价值观的?

6. 这些价值观中哪些是我支持买的? 为什么?

7. 这些价值观中哪些是我不支持买的? 为什么?

8. 当小组最终决定的价值观不是我喜欢的，我是怎么做的？

9. 生活中我又是怎么对待自己所认为的重要的东西的？

10. 有没有花费比预算多的代金券？有没有被其他东西诱惑？这对我的学业和生活有什么启发？

心成长体验

1. 这个活动让我学到了什么？

2. 我是否关注到了那些有不同价值观的人？我对他们怎么看？其他人的价值观会对我的生活造成什么样的影响？

3. 如果我的价值观和大多数人的不同，我对自己怎么看？这些看法会怎样影响我？未来，我会如何面对这样的影响？

教师总结

有三件东西对我们至关重要，那就是信心、盼望和爱。通过这个游戏我们知道，外在的环境可以毁掉一切，只有信心、盼望和爱能够给生命注入最坚韧的力量。即使将来取得了最高的学位，住上了最豪华的房子，开了最酷的车，吃到了最美味的饭菜，也可能不会永远这样，甚至会很快失去。而真正的幸福，来源于对真理的认识并生活在真爱中。

课堂实践二

活动名称 信任之旅

活动目标

1. 通过活动中角色的体验，让学生理解职场中他助与自助同等重要。

2. 让学生感受到职场中信任与被信任、爱与被爱的幸福与快乐。

活动准备 盲行路线、眼罩、背景音乐。

活动时间 40 分钟

注意事项

1. 教师除观察学生共同的行为特征外，也要注意特殊的现象。如果观察到的问题在课堂上不能解决，可以利用个别咨询等形式，帮助学生形成正确的认知观念。

2. 信任之旅活动过程中不允许用口头语言交流。运用肢体语言交流，用心体会，“拐杖”传达对“盲人”的关心，“盲人”也能更好地体会在黑暗中“拐杖”给予的帮助。这样可以使学生尽快集中注意力进入活动情境中。

3.“盲人”与“拐杖”最好任意组合，“盲人”事先不知道“拐杖”是谁。如果“盲人”事先知道搀扶自己的“拐杖”是哪位同学，就会影响到“盲人”对“拐杖”的判断，“盲人”对“拐杖”就事先有了某种程度的信任感(或者不信任感)，就会直接影响到活动效果。例如“拐杖”是“盲人”比较熟悉的同学，在穿越旅行中，“盲人”就会比较放心。

4.“盲人”戴上眼罩后原地转3圈，失去方向感后体验盲人的无助。这时候会期待有人来帮忙，所以有利于活动者进入情境。此外，在等待的过程中“盲人”也会产生一种孤独感，如果“拐杖”能及时过来搀扶他，自然会有一种发自内心的被关照的幸福感。

5. 障碍旅程应该有跨越、下蹲等多种障碍。障碍设计的复杂化是为了尽量创造一种比较困难的活动情境，使“盲人”的旅行变得有一些困难，从而有利于“盲人”更好地体会没有别人帮助的困难和被人帮助的快乐和幸福。

操作手册

1. 教师事先准备好盲行路线。旅程的设计应该有跨越、下蹲等多种障碍。

2. 每两个学生为一组，分别扮演“盲人”与“拐杖”，共同穿越障碍路线。

3. 班级学生一半扮演“盲人”，“盲人”戴上眼罩原地转3圈，另一半扮演帮助“盲人”的“拐杖”，由“拐杖”帮助“盲人”完成有障碍的旅行。

4. 完成后交换角色，重新体验。

学生成长记录

1. 蒙上眼睛的时候我的感受是怎样的?

2. 蒙上眼睛的时候我信任同伴吗?

3. 结伴同行中我是怎么帮助我的同伴的?

4. 当我的同伴犹豫质疑时我的感受是什么?

5. 结伴同行是不是顺畅的? 原因是什么?

心成长体验

1. 我是“拐杖”时，我是如何用自己的方式带领同伴去体验他周围的世界的?

2. 我是如何通过自己的领导来拓展同伴的世界的?

3. 对我来说，带领一个人是否为很重的负担? 需要很大的努力吗?

4. 我相信自己是家庭、某个单位机构、这个社会的一个重要成员吗?

5. 我的人生使命是什么?

6. 我对家庭的承诺是什么?

7. 我对社会的承诺是什么?

8. 我的人生格言是什么?

9. 我想成为一个什么样的人?

10. 在我离开这个世界时，我想留下什么？

教师总结

相同的体验增强了团体成员的认同感。每个人都是独一无二的，但大家拥有类似的想法和体验。当和同学交流自己的想法和情感时，我们会感到惊异：班级中的其他人和我有着相似的体验。在角色扮演中，我们体会到了作为一个“盲人”在障碍面前的无助、孤独甚至恐惧，内心特别渴望得到帮助与支持。大家有共同的体验，增强了团队成员的认同感，增强了团队的凝聚力。盲行活动中的互助让我们感受到了彼此的关心。做好“拐杖”不是简单的事情，要从他人的角度出发考虑问题，考虑他人的实际需要。“盲人”只有对“拐杖”信任，才能心底坦然、步履从容。我们体验了他人的帮助，感受到来自他人的关爱，心里充满着感动，由感受别人的爱而产生对他人的爱，我们在团体活动中产生对彼此的认同，感受到自己是团体的一部分。可能有些同学原来觉得自己不被周围同学关心，但在活动中感受到了不是很熟悉的同学对他的悉心照顾，增强了集体归属感。这个活动可以帮助我们反思自己在帮助他人与信任他人中的不足，进一步体验信任与被信任的欣慰与快乐。

内容小结

人的一生有三分之一的时间是在职场中度过的，在职场，繁重的工作、巨大的压力、千头万绪的人际关系、个人与工作环境之间的协调、个人利益与组织利益的冲突等，都与一个人在职场保持心理健康、保持心理调适、以良好积极的状态应对困难有着密切的联系。每个人形成从社会的整体利益出发的积极态度，分别从事社会所需要的各种职业，社会才能顺利地发展和前进。职业精神由多种要素构成，它们相互配合，形成严谨的职业精神模式。职业伦理学研究表明，先进生产者的职业精神指标最高。

心成长资料库

推荐书籍

1.《这是我们的船》，[美]麦克尔·柯维，中国广播电视出版社，2004 年

推荐理由 麦克尔·柯维将美国海军所推崇的“这是我们的船”的优秀士兵法则贯彻到个人的商务领域，获得了巨大的成功。现在，麦克尔·柯维已成为杜邦公司的专职职业训练教练，客户包括众多世界 500 强企业。只要我们上了

船，我们就和船捆绑在一起了。这条船就是我们的船了。船的前途就决定了我们的前途，船的命运就决定着我们的命运。船翻了，我们就会葬身大海。船已和我们生死攸关了。船上的每个人，不管我们之间本领的差异有多么巨大，那些优秀和平庸的船员都一样用自己的激情工作着、奉献着。我们把自己的命运交给船来处置。

2.《没有任何借口》，施伟德，中国青年出版社，2009 年

推荐理由　杰伊还是西点军校的学生时，就领悟到“没有任何借口”的精神力量。无论什么情况下，士兵都要承担责任。制造和接受借口会产生一系列问题，从愤恨、抱怨、推诿、卸责、拖延发展成为部分或全部失败。“没有任何借口”是唯一的、完整的、没有国界的获得个人、企业和组织成功的方法。它是建立在自我责任、目标、服从、正直、宽容、自尊等稳固基础上的简单的、可操作的核心价值观和行动计划，可以帮助你重塑团队，并将你和你的组织带往更高水平。它让你敢于想象自己和企业不敢到达的高度。

推荐影片

1.《返老还童》

推荐理由　一个叫本杰明·巴顿的奇异婴儿，竟然一出生就是一副古稀老人的模样。一位好心的黑人妇女收养了巴顿这个怪异的婴儿。第二次世界大战结束后，本杰明重返美国，此时的他已然摆脱了儿时老态的模样，渐渐成长为帅气且魅力十足的中年人，并且命中注定般地在纽约与儿时的梦中情人黛茜重逢。而此时黛茜也出落成一位风姿可人、事业成功的漂亮舞者。两人一同度过了幸福美好的几年时光。本杰明·巴顿犹如返老还童一般逆行而上，愈发地显现出青春活力。但与此同时，巴顿与爱人的关系也遭遇了种种难以逾越的障碍。

2.《时间规划局》

推荐理由　在虚构的未来世界，人类的遗传基因被设定停留在 25 岁，不管他们活了多久，生理特征都将保持在 25 岁。然而到了 25 岁，所有人最多只能再活 1 年，唯一继续活下去的方法就是通过各种途径获取更多的时间（如工作、借贷、交易、变卖，甚至抢劫）。一个名叫威尔的穷人意外获得了一笔巨大的财富，拥有了用不完的时间，但因为此事被锁定为一场谋杀案的嫌疑人，由此走上了逃亡之路。他在逃亡过程中邂逅爱情，最终，所有的压迫与不公，都抵不过真爱的力量。

学习情境四　心体验心成长

第一节　沙盘游戏工作坊

——一沙一世界

心灵物语

一沙一世界，一花一天堂，双手握无限，刹那即永恒。

——布莱克

工作坊简介

沙盘游戏是一种以荣格心理学原理为基础，由多拉·卡尔夫发展创立的体验式、参与式心理治疗方法，是目前国际上很流行的心理治疗方法之一，在国外已经发展成为一种非常成熟和非常有效的治疗方法，在心理分析和心理治疗中得到了广泛的应用。沙盘游戏，简而言之就是使用沙、沙盘以及一些人或物的缩微模型来进行心理治疗与心理辅导的一种方法。这种方法的独特之处在于，它强调创造过程本身自发和自动的特点，其本质是非言语和象征性。它最大限度地给人们想象的自由，允许人们精心构造和发展自己头脑中任意驰骋的各种主题。

不同大小的沙粒会带给体验者不同的感觉。粗大的沙粒会让有些体验者觉得有质感、有力量；而有些体验者会觉得粗大的沙粒让人不舒服、有距离。大多数的沙盘室会准备细小的沙粒以使来访者同意参与沙盘游戏，因为细细的沙粒摸起来非常舒服，会让体验者的情绪很快获得很好的平复。当体验者用心去感受沙子时，一种身体熟悉的亲切、自由感油然而生，就好像回到了妈妈的子宫，安全、舒适。沙盘游戏治疗就是通过抚沙、通过用玩具让体验者创造一个属于自己的世界，来唤起体验者的童心，让人们找到回归心灵的途径。另外，身心失调、社会适应不良、人格发展障碍等问题也会在沙盘中得以缓解。

早期的沙盘游戏只针对儿童，在儿童治疗领域也被公认为是最有效的心理治疗方法之一。随着社会的发展和沙盘游戏实践研究的推进，研究者发现沙盘游戏同样适用于成人。一盘细沙、一架子各式各样的玩具，加上治疗师的关注与投入、体验者的自由表现与创造，这些最基本的沙盘游戏构成要素让体验者的内心世界得以呈现，心灵的充实与发展、治愈与转化也成为了可能。

沙盘游戏作为一种综合性的心理治疗体系，尤其是作为心理分析技术与艺术、表现性心理治疗方法相结合的产物，被广泛地运用在了心理咨询、心理评估、心理治疗、心理教育、人力资源开发和员工帮助计划以及专业心理分析的诸多领域。沙盘游戏注重体验者内在心理的充实与发展，特别符合心理教育的基本主张，为学校心理教育开辟了一条新的途径。目前国内很多大、中、小学都配备了专业的沙盘游戏工作室，在学校开展沙盘团体心理辅导已成为可能。

工作坊目标

1. 了解沙盘游戏的基本理论及适用范围。
2. 提高参与者的身体感受力及自我觉察力。
3. 初步解决当下的心理困扰。
4. 提升对他人的理解和共情能力。
5. 提高人际交往能力及团队协作能力。

设计思路

沙盘游戏治疗是一种非常成熟的心理治疗方法，很多学校都配有专业的心理沙盘室，如把沙盘游戏与课程有机地结合起来，再加上专业的沙盘游戏治疗师的陪护，一个既能让学生充分地玩，又能提升学生心理能量的体验式、参与式课程就呈现在了我们面前。

体验式课堂实践活动

课堂实践一

活动名称　沙盘初体验

活动目标

1. 介绍沙盘游戏的来源及使用范围。
2. 感受沙、沙具，与自己的无意识初步进行连接。

活动准备 能容纳32人的沙盘室、5～8个标准沙盘、2 000个以上的玩具

活动时间 45分钟

注意事项

1. 体验过程中保持安静。
2. 不能把沙子扬到沙盘外面。
3. 不做危害自己和他人的行为。

操作手册

1. 教师引导步骤

(1)简单介绍沙盘游戏的来源与适用范围。

(2)快乐分组(每组4～6人)。

(3)引导学生感受沙子，并在小组内分享自己的感受。

(4)每人在沙架上选一个自己最有感觉的玩具，在小组内分享感受。

2. 学生操作步骤

(1)聆听沙盘游戏的来源和用途。

(2)用心感受沙子。

(3)寻找当下最有感觉的玩具。

学生成长记录

1. 听完沙盘游戏的介绍，你对参与沙游体验有怎样的期待?
2. 看到众多的玩具，你有什么样的想法?
3. 分享你选的玩具故事，让你有怎样的联想?

心成长体验

1. 感受沙时，你有怎样的感受?
2. 挑选玩具时，你最大的感触是什么?
3. 本次活动带你什么启示是什么?

教师总结

今天是沙盘体验工作坊的第一节课，大家学习了沙盘游戏的来源及适应范围。通过亲身体验，大家感受到了沙盘游戏独有的魅力。沙子自古就被人类用作心理治愈的工具，玩具又是儿童成长中不可或缺的。抚摸沙子会使人们的内心更加平静，而通过沙具的选取又让大家对自己的无意识有了初步的了解。相信大家随着沙盘体验的深入，一定会挖掘出更多来自于自己潜意识的宝藏。

课堂实践二

活动名称 认识我自己

活动目标

1. 通过沙具的选择与自己的无意识进行连接。
2. 用心聆听，学习不分析、不批评、不指责的原则。

活动准备　能容纳32人的沙盘室、5～8个标准沙盘、2 000个以上的玩具

活动时间　45分钟

注意事项

1. 小组成员不变。
2. 体验过程中保持安静。
3. 不能把沙子扬到沙盘外面。
4. 不做危害自己和他人的行为。

操作手册

1. 每人在沙架上选择3个自己最有感觉的玩具。
2. 按照自己的感觉把沙具摆到沙盘里。
3. 依次讲出自己的沙盘故事。
4. 组内依次用第一人称讲他人的沙盘故事。
5. 给自己和团体的沙盘起名。
6. 组间分享每个人的沙盘故事。

学生成长手册

1. 你会直接走到哪个玩具区？
2. 这个玩具最吸引你的地方是？
3. 你是如何讲自己的沙盘故事的？
4. 你会用什么样的态度去听别人的故事？
5. 你是如何给自己的沙盘命名的？

学生成长记录

1. 你对哪类玩具最感兴趣？
2. 选到的玩具带给你的感觉是什么？
3. 你有多久没有给别人讲故事了？
4. 在命名团体主题时你都做了什么？

心成长体验

1. 你所选的玩具带给你了什么样的感受？
2. 听别人讲自己的沙盘故事，你的感受是什么？
3. 活动结束后你的收获和启示是什么？

教师总结

大家一定察觉到，在日常生活中，面对不同的人、不同的事，我们会用不同的方式去应对，这些不同的表现就是我们不同的人格面具。在今天的沙盘体验中我们利用沙具的象征性让大家看到了自己人格中的不同面，相信这一定带给了大家很多启示。期待我们下一次沙盘工作坊再见。

课堂实践三

活动名称 团体沙盘成长(一)

活动目标

1. 了解自己在人际交往中的状态。

2. 初步学习如何在团体中处理人际冲突。

3. 用心聆听，学习不分析、不批评、不指责的原则。

活动准备 能容纳32人的沙盘室、5～8个标准沙盘、2 000个以上的玩具

活动时间 45分钟

注意事项

1. 小组成员不变。

2. 体验过程中保持安静。

3. 不能把沙子扬到沙盘外面。

4. 不做危害自己和他人的行为。

操作手册

1. 小组成员依次摆放或移动玩具来创作小组沙盘，摆放玩具的顺序按事先约定的进行。

2. 每人每次只允许有一个行为。

3. 制作过程中成员之间不允许有任何形式的交流。

4. 不能将他人或自己已摆上的玩具拿走或放回沙架，但允许移动自己或他人所摆放的玩具，并算作一次行为。

5. 制作过程中，允许成员在某一轮放弃。

6. 整个制作过程的最后一轮中，最后一个人在摆完后有一次对沙盘修饰的机会，但不能再添加玩具。

7. 小组成员分享沙盘创作的过程。

8. 小组成员给沙盘命名。

学生成长手册

1. 你想第几个摆放沙具?

2. 你会允许自己多拿或不拿玩具吗？

3. 别人或自己最后调整沙盘时，你的关注点在哪里？

4. 分享沙盘创作过程时，你的态度如何？

学生成长记录

1. 对于一次只能拿一个玩具，你有什么感受？

2. 你会多拿或不拿玩具吗？

3. 别人或自己最后调整沙盘时，你的情绪怎么样？

4. 你是以什么样的态度分享你的沙盘创作过程的？

5. 在给沙盘命名阶段你都做了什么？

心成长体验　（针对学生成长记录设计 3～5 个问题或引导题目）

1. 多拿或不拿玩具时你的感受是什么？

2. 当有人移动了你放到沙盘里的玩具，或你移动了别人放进沙盘的玩具时，你的感受是什么？

3. 在沙盘命名阶段你有什么样的感受？

4. 活动结束后你的收获和启示是什么？

教师总结

团体是社会的缩影。我们平常处理人际关系的方式，决定了在沙盘团体的创作过程中我们与他人互动的方式，例如是主动还是被动、领导还是服从……总之，我们会用自己最熟悉的方式在团体中表现自己。遇到冲突时的解决方式依然是固有的模式，或许有用，或许无用。我们现在看到自己在团体中带给他人的感受，看到自己的人际模式，接下来就是我们的决定了。

课堂实践四

活动名称　团体沙盘成长（二）

活动目标

1. 进一步了解自己在人际交往中的状态。

2. 学会在团体中处理人际冲突。

3. 在团体中学会与人相处，提高团队协作的能力。

4. 用心聆听，学习不分析、不批评、不指责的原则。

活动准备　能容纳 32 人的沙盘室、5～8 个标准沙盘、2 000 个以上的玩具

活动时间　45 分钟

注意事项

1. 小组成员不变。

2. 体验过程中保持安静。

3. 不能把沙子扬到沙盘外面。

4. 不做危害自己和他人的行为。

操作手册

1. 小组成员依次摆放或移动玩具来创作小组沙盘，摆放玩具的顺序按事先约定的进行。

2. 每人每次只允许有一个行为。

3. 制作过程中成员之间不允许有任何形式的交流。

4. 不能将他人或自己已摆上的玩具拿走或放回沙架，但允许移动自己或他人所摆放的玩具，并算作一次行为。

5. 制作过程中，允许成员在某一轮放弃。

6. 整个制作过程的最后一轮中，最后一个人在摆完后有一次对沙盘修饰的机会，但不能再添加玩具。

7. 分享沙盘创作的过程。

8. 给沙盘命名。

学生成长手册

1. 在本次沙盘体验中你的投入度如何？

2. 别人选择玩具时你在做什么？

3. 你会允许自己有情绪流露吗？

学生成长记录

1. 开始沙盘体验后，你的关注点在哪里？

2. 你或其他人会多拿或不拿玩具吗？

3. 你是如何分享你的沙盘创作过程的？

4. 你在沙盘命名阶段都做了什么？

心成长体验

1. 当有人移动了你放到沙盘里的玩具，你内心的感受是什么？

2. 当沙盘中出现冲突时，你扮演的角色是什么？

3. 当沙盘主题不能被确定时，你做了什么？

4. 活动结束后你的收获和启示是什么？

教师总结

每个人在团体中的表现就是他(她)在生活中表现的重现。沙盘创作过程本身就是一个呈现和治愈的过程。当我们愿意静下心来面对沙盘中出现的问题，并且着手去解决这些问题时，改变就已经发生了，这种改变首先体现在沙盘上，同时在生活中这种改变也悄然发生。这就是团体的力量，这就是沙盘游戏体验带给我们的收获。

第二节　人偶游戏工作坊

——和天使一起玩①

工作坊简介

著名心理学家李莉女士将后现代心理学概念与中国传统文化相融合，整合出生命智慧模型理论，创新研发出本土化的心灵成长和心理辅导工具“人偶心理游戏疗法”与“整合式心理辅导技术”。它们启发学生将潜意识中没有办法用语言表达出来的东西，通过人偶具体化、形象化地呈现在自己面前。通过修复创伤，理顺关系，开启新的内在模式，绽放生命，拥抱未来。

工作坊目标

1. 通过这套本土化的工具使学生学会自我觉察。

2. 帮助学生清晰地意识到当下需要解决的问题和解决的方向，并推动学生愿意面对。

设计思路

一个小小的人偶可能代表自己、一个重要他人、一种困扰、一种情绪、一个症状、一个事件……当我们与人偶进行心灵对话时，就好像寻找到通往心灵花园的门把手。用人偶游戏还原生命本真，启发我们的心灵，走上自我疗愈及自我成长之路。

① 李莉：《跟天使一起玩》，4页，桂林，广西师范大学出版社，2016。

体验式课堂实践活动

课堂实践一

活动名称　描绘生命中的点、线和生命之花

活动目标

1. 通过描绘自己的点、线、生命之花，引导学生清晰地了解生命成长过程中的经历，思考自己人生的轨道。

2. 了解形成心理困扰的问题点。

3. 引导学生思考自己人生轨道和生命的意义，提升面对心理困扰时的察觉能力。

活动准备　白纸两张、彩色水笔若干

活动时间　40 分钟

注意事项　绘制前可以做深呼吸放松心情。

操作手册

1. 请每位同学写出当下的状态、需要做的事情。

2. 画出自己此前 3 年与之后 3 年的时间线，清晰描绘出自己的过去与未来。

3. 描绘自己的生命之花。

学生成长手册

1. 在小组内分享你所绘制的点、线和生命之花的事情及意义。

2. 面对生命之花你想到了什么？

3. 它们给了你怎样的启示？

学生成长记录

1. 当下你的身体感受、心理情绪是什么？

2. 你的认知信念是什么？

3. 你的角色是什么？

心理成长体验

1. 你在生命线的哪个位置？

2. 你现在的状态是在当下吗？你做的是当下需要做的事情吗？

3. 你真正在做什么？你要做什么？

教师总结

通过绘制自己生命中的点、线与生命之花，重新审视自己内心所在的地

方。自己到底是活在痛苦或幸福的过去中而不愿前行，还是不断展望着美好的未来却不做任何努力、只在空想，还是真正的活在当下、努力拼搏？通过小组内成员的支持及反馈，我们可以清晰地了解自己的状态，思考自己的人生轨道及生命的意义。

课堂实践二

活动名称　我眼中的人偶

活动目标

通过对人偶不同年龄的解读，了解人偶所代表的人生的不同阶段，察觉自己当时内心的成熟度及人格层面的认同感。

活动准备　人偶 3 套、托盘 3 个、桌子 5～6 张

活动时间　50 分钟

操作手册

1. 老师讲解不同的人偶所代表的人生的不同阶段。
2. 深呼吸，放松。
3. 每位同学选择一个代表自己内心的人偶进行触摸及姿势摆放。
4. 如果内心有情绪的涌动或是想对人偶说一些话，可以在内心说出来，或是直接说出口。
5. 依据摆放的人偶姿势，做身体雕塑(保持 3 分钟)。
6. 充分感受身体姿势所要表达的意义及当下的内心感受。

学生成长手册

1. 小组分享你选择某个人偶的原因。
2. 面对人偶你想到了什么？
3. 它给了你怎样的启示？

学生成长记录

1. 拿到人偶时你的感受是什么？
2. 你觉得这个人偶是谁？你想对他说什么？
3. 你的身体雕塑给你带来了怎样的体验？

心理成长体验

1. 察觉你拿到人偶时内心的情绪起伏。
2. 察觉人偶与自己当下内心的成熟度及人格层面的认同感是否一致。
3. 通过身体的雕塑清晰地了解自己真正的需要是什么。

教师总结

通过与人偶的接触及摆放人偶的姿势，运用身体雕塑将自己内心的潜意识呈现出来。察觉自己的需要，进而开始自我的疗愈。

课堂实践三

活动名称 人偶关系呈现解读

活动目标

通过对摆放的人偶姿势、在物理空间中的位置的解读，将个人与其生命中“重要他人”的关系清晰呈现出来，及时发现生活、学习、工作中出现的问题及困惑，寻找解决问题的方向。

活动准备 人偶3套、托盘3个、桌子5～6张

活动时间 50分钟

注意事项 如果不能将内心的想法表达出来，可以在内心中诉说

操作手册

1. 老师讲解人偶摆放的姿势和在物理空间中的位置的意义。
2. 引导学生呼吸放松。
3. 每位同学选择一个自己心仪的人偶进行触摸及姿势摆放。
4. 察觉人偶和姿势及其在物理空间中的位置。
5. 如果内心有情绪的涌动或是想向人偶说一些话，可以说出来或在内心诉说。
6. 将人偶放回托盘。

学生成长手册

1. 面对这个人偶时，你想到了什么？
2. 你的人偶是以怎样的姿势摆放的？
3. 它给了你怎样的启示？

学生成长记录

1. 拿到人偶时你的感受是什么？
2. 你觉得这些人偶都代表了什么？
3. 你想对它说什么？

心理成长体验

1. 你拿到这个人偶时，内心情绪有哪些起伏？
2. 人偶呈现了怎样的关系？
3. 你是如何解读人偶之间的关系及呈现的状态的？

4. 小组的其他成员如何解读这个人偶？

教师总结

通过小组内成员之间的分享及支持，觉察人偶的姿势和在物理空间中的位置，发现通过人偶呈现出的人际关系的真实情况，结合自己内心的真实感受，与不同的人偶进行对话，通过语言的叙述进行自我疗愈，减轻困扰。

课堂实践四

活动名称　连接父母的力量

活动目标

通过与代表自己父母的人偶进行连接，进而从内心中与自己的父母进行连接，从父母那里获得力量或与父母和解。

活动准备　人偶3套、托盘3个、桌子5～6张

活动时间　50分钟

注意事项　在操作中如果遇到无法继续的情况可以暂停下来。

操作手册

1. 引导学生呼吸放松。

2. 每位同学找出代表自己父母的人偶，摆放在圆桌上。

3. 面对代表自己父母的人偶，与它们进行连接，想象自己变成小时候的样子，在内心对人偶说："我是你们的孩子，你们是我的爸爸妈妈。"

4. 面对"父母"表达："亲爱的爸爸妈妈，感谢你们给了我生命，也给了我生命中所有我需要的爱、力量和支持。你们把生命传给了我，这是最珍贵的礼物，我接受我的生命，也接受你们。我爱你们，我尊敬你们，同时也谢谢你们。"

5. 内心深深对"父母"鞠躬，全身放松，尊重、接受、臣服于父母。

6. 把代表父母的人偶放在胸前，感受自己把父母放在内心中最重要的地方，自己与父母在一起，想象自己沐浴在温暖的阳光与爱中。

7. 将人偶放回托盘内。

学生成长手册

1. 面对代表父母的人偶，你有怎样的感受、情绪？

2. 你看到、想到、感受到什么样的画面？

3. 与父母的连接给了你怎样的启示？

学生成长记录

1. 看到代表父母的人偶时，你有怎样的觉察？

2. 与代表父母的人偶对话后，你的内心是怎样的？

3. 你还想对它们说些什么？

心理成长体验

1. 察觉你拿到这个人偶时的内心情绪有哪些起伏。

2. 察觉你与父母连接前后的内心感受有何不同。

3. 这样的连接让你有怎样的觉察？

教师总结

通过与代表父母的人偶进行连接，我们用心灵去连接父母，连接生命的源头，从而寻回生命的力量。从内心深处真正地接受并爱自己，帮助我们重新建立良好的健康、学业、情感关系，活出自己的人生。

第三节　动力性人际团体体验工作坊

——在关系中成长

心灵物语

单个人是软弱无力的，就像漂流的鲁滨孙一样，只有同别人在一起，他才能完成许多事业。

——叔本华

如果不曾脱去束缚、投身欢笑，岂不是错过太多生命的演出！何必在打烊之前，就急着奔向出口呢？

——欧文·亚隆

工作坊简介

我们的生命始于小的家庭单位和延伸家庭，除家庭外我们也生活在不同的团体中。我们是团体人，我们所经历的不同团体生活塑造了我们。

我们可以把团体理解为一个活的有机体——具有团体生命和团体文化。每个参加工作坊的成员会带着自己独有的人际特点和文化进入这个团体。团体带领者(教师)将观察团体，注意团体在整体上发生了什么，每个人成员发生了什么，团体带领者运用自己的反移情来寻找这些问题的答案。[①]

通常来讲，团体的发展会经历以下五个时期：形成期、风暴期、规范期、执行期和终止期。[②] 但由于在教学中工作坊的次数有限，团体大多会停留在形成期。在这个阶段，团体成员忙于最初的接触和联系，关注的是控制、权力、地位、竞争以及个性特征等问题。团体带领者通过“此时此地”与“历程回顾”的结合，在社会缩影般的团体中对适应不良的人际行为加以确认并予以纠正，这是这个时期主要的工作方向。

一个框架限制很少、能自由互动的团体将最终发展成一个社会的缩影。在较为充足的时间里，每个成员将开始成为他们自己，他们将与团体互动，就像他们与社会上其他人互动一样。这样，他们就将在团体中表露他们惯有的、日常的人际模式。换句话说，随着时间的推移，成员将自动地、必然地开始在团体中表现出他们适应不良的人际关系行为。他们不需要表述或提供他们的人际问题，因为他们迟早会在团体中把它们展现出来。而且，他们表现出的是真实行为。通过团体中其他成员的反馈，工作坊可以对个人起到觉察、改善乃至治疗的作用。

工作坊目标

1. 学生可以较为自如地表达自己的感受和需求。

2. 在活动体验中更好地认识自己，提升自信心。

3. 通过体验活动提高人际交往的技巧。

4. 学会与别人建立良性的人际关系。

5. 学生逐渐具备现实检验能力，能更好地辨别他对周围环境、对自身和对他人的感受与知觉。

设计思路

团体就是一个小社会，当我们来到一个团体中，我们不自觉地会把自己日

---

① ［英］Harold Bear、［英］Liesel Hearst：《心理动力学团体分析——心灵的相聚》，序言1—2，北京，中国轻工业出版社，2017。

② ［美］Irvin D. Yalom、［加］Molyn Leszcz：《团体心理治疗——理论与实践》，261页，北京，中国轻工业出版社，2010。

常的生活、行为、人际模式带入团体中。团体中的每个人都是我们的镜子，透过观察，体会他人，我们会更清晰地理解自己，进而学会理解他人；同时在丰富的人际关系体验中，获得矫正性的情感体验与一致性沟通的技巧。

体验式课堂实践活动

课堂实践一

活动名称 动力性人际团体体验一

活动目标

1. 学生开始表达自己的感受。

2. 学生开始在团体中进行互动探索。

3. 学生慢慢聚焦于此时此地。

活动准备 足够大的场地(约1平方米/人)、纸巾、印有名字的胸牌、钟表

活动时间 体验组体验75分钟，观察组反馈15分钟，共计90分钟

注意事项

1. 带领者要意识到沉默、谈论非场地内发生的事是正常现象。

2. 在体验组体验时，观察组只在一旁观察；在观察组的反馈全部结束后，才让体验组回应。

3. 大多数时候，带领者要容许小组成员自由呈现，当小组中出现不能处理的冲突，带领者要及时介入。

4. 带领者不主动也不鼓励递纸巾。

操作手册

1. 在开始前的分组与准备

(1)体验组7～10人，观察组人数不限。体验组至少有2名男性组员，因为男性在团体中承担多重角色。若男性不足2名，那么体验组全部由女性参加。

(2)分组原则上是自愿的，当学生不清楚时，教师可以对团体的设置和工作方式进行解释。

(3)分组结束后，体验组和带领者一同坐在内圈，内圈呈正圆形。观察组在外圈。

(4)纸巾盒放在内圈正中央。

2. 体验过程[①]

当组员戴胸牌坐定后，带领者可以采取不同的方式开场：带领者可以选择简要说明团体体验的目标和方法来作为开场白(尤其是当事先未对成员做充分的准备工作时)；也可以选择提及一两项团体的规则作为开场白，如坦诚和保密原则。

之后，团体带领者可以选择保持沉默，或者建议成员们进行自我介绍。一般来说，总有成员会主动建议大家做自我介绍。接着往往是一阵沉默。

通常沉默会被一个想要对团体初始阶段有所控制的成员打破。还有一种情况是，某个成员谈及自己在团体中感到很不自在或感到恐惧，而这番言论也可能使其他有同感的成员纷纷回应。

无论带领者是否愿意，他(她)都必须在团体最初形成时就建立团体规范。而且，团体规范在团体还处在初始阶段时更容易完成。

在一些时间里，成员可能在谈论场外的一些事情，带领者可以选择给他们一些表达的空间，也可以选择适时地把他们拉回到此时此地中。

3. 反馈

75 分钟后，带领者需要让外圈的成员坐到内圈里或者加到内圈中(视观察组人数而定)。

带领者可以表达对观察组的期待来推动团体活动，例如“你们的反馈对于团体很重要”“你们的观察可能会推动团体看到不一样的东西”等，促进观察员谈论他们看到的、想到的，也可以从团体整个动力层面进行反馈。

当观察员反馈结束后，带领者可以和体验组成员一起谈论。

学生成长手册

1. 在这群人中你对谁最感到好奇？

2. 你可以直接对他(她)表达吗？

3. 那个时候的感受如何？

学生成长记录

1. 功能良好的团体可以为我们带来丰富的人际体验，你是如何理解功能良好的团体的？

2. 今天团体中出现了一段沉默，你能否告诉团体自己在这段沉默中想说却没有说的话？

---

① [美]Irvin D. Yalom、[加]Molyn Leszcz：《团体心理治疗——理论与实践》，262－263 页，北京，中国轻工业出版社，2010。

3. 已经过去了 1 小时，你对今天的团体满意吗？

心成长体验

1. 在第一次的团体中，谁让人印象深刻，他为团体带来了什么？
2. 在第一次的工作中，你是否可以去表达感受？
3. 谁在团体中是被忽视的，大家又是怎么看的？

教师总结

第一次的体验是团体成员尝试接近的一个过程，我们应聚焦于此时此地，过多地讨论非场内信息可能是我们处理焦虑的一种方式。

课堂实践二

活动名称 动力性人际团体体验二

活动目标

1. 学生开始自如地表达自己的感受。
2. 团体进一步融合。
3. 学会聚焦于此时此地，较少地讨论非场内信息。

活动准备 第一次使用的场地、纸巾、印有名字的胸牌、钟表

活动时间 体验组体验 75 分钟，观察组反馈 15 分钟，共计 90 分钟

注意事项

1. 如有迟到，可以放到团体里讨论。
2. 开场时不要过多地讨论上一场的内容，引导成员回到现在。
3. 团体带领者要多察觉自己的反移情体验。

操作手册

1. 开始前的准备

(1)带领者在内圈坐好，一般在容易看到钟表的位置。

(2)调整座椅，即初始座椅的位置，内圈正圆。

(3)纸巾盒放在内圈正中央。

2. 体验过程

当成员落座后，带领者可以选择不说话或者直接表述："这是第二次体验，现在开始了。"

这时的团体很可能仍在初级阶段，带领者要更多地关注场上成员是否在此时此刻工作。

少数成员可能会尝试谈论自己的一些情况，并且这时候谈论的大多是过去的事情。带领者要意识到团体本身就是利用过去来协助成员了解和改变现在与

他人互动的方式。

当体验时间即将结束(或还有 10～30 分钟结束)的时候，带领者可以提醒大家表达这个时候的感受。

3. 反馈

当 75 分钟的体验时间结束后，带领者需要让外圈的成员坐到内圈里或者加到内圈中(视观察组人数而定)。

观察组此时可以自如地表达观察到的现象，当一些信息不明确时，带领者同样可以使用具体化的技巧，帮助其他人理解。

当观察员反馈结束后，带领者可以和体验组成员一起谈论。

学生成长手册

1. 你可以具体说说你的担心吗?

2. 当观察员这么说的时候，你有什么感受?[①]

学生成长记录

1. 只要我们发掘，今天的聚会就会为我们提供很多宝贵的信息。在讨论某一话题时，你的所思所想是什么?

2. 在沉默中你是否感到心神不宁? 一方面想去突破它，不愿意浪费时间；另一方面却感到愤怒，为什么每次都需要由自己来打破团体沉默?

3. 到现在为止，什么是你今天最能参与的部分? 什么是你最不能参与的部分?

心成长体验

1. 在第二次的团体中，谁比较特别?

2. 相比于第一次，他们是否有变化?

3. 谁的模式已经逐渐呈现，谁还在团体边缘?

教师总结

第二次的体验后，更多的人参与到团体中，并且思考观察组反馈的信息。表达感受和期待是被鼓励的，带领者通过自身的反移情表达感受，可以作为“表达示范”。这个时候的团体更像是一会儿进一会儿出的团体，偶尔还会出现沉默。

---

① [美]Irvin D. Yalom、[加]Molyn Leszcz:《团体心理治疗——理论与实践》，132 页，北京，中国轻工业出版社，2010。

课堂实践三

活动名称 动力性人际团体体验三

活动目标

1. 可以察觉到别人的潜在期待。
2. 人际模式有更多的呈现。
3. 学会具体表达期待和感受。

活动准备 第一次使用的场地、纸巾、印有名字的胸牌、钟表

活动时间 体验组体验 75 分钟，观察组反馈 15 分钟，共计 90 分钟。

注意事项

1. 当成员违反规则、团体规范时，可以带到团体里体验。
2. 如体验组有人缺席，座位照常摆放。

操作手册

1. 在开始前的准备

(1)带领者回顾之前两次体验所呈现的议题。

(2)调整座椅，即初始座椅的位置，内圈为正圆。

(3)纸巾盒放在内圈正中央。

2. 体验过程

团体在早期的时候会有许多特征性的表现，如困惑、试探、犹豫等，而依赖在其中显得尤为突出。成员们常有意无意地向带领者寻求答案，同时还渴望获得带领者的赞许和接纳。①

另外一种特征是给予和寻求建议。有些成员会在团体中提出一些问题，如怎么通过四级考试、社团怎么样等。接着，团体便会试图提供一些解决之道。虽然这些解决之道在人际层面上往往收效甚微，但带领者要意识到在成员不能熟练地在此时此地工作前，这不失为一种有用的交流。

3. 反馈

当 75 分钟体验组体验结束后，带领者需要让外圈的成员坐到内圈里或者加到内圈中(视观察组人数而定)。

观察组此时可能会提及自己在生活中的表现，带领者要提醒他们回到对体验组的观察上。

---

① [美]Irvin D. Yalom、[加]Molyn Leszcz：《团体心理治疗——理论与实践》，264 页，北京，中国轻工业出版社，2010。

观察员反馈结束后，带领者可以和体验组成员一起谈论。

学生成长手册

1. 这可能是我们每个人都存在的议题，大家怎么看?

2. 如果你觉得生活中大家都瞧不起你，那么在这个团体中，你觉得谁最可能瞧不起你?

学生成长记录

1. 今天谈了很多，也许我们可以后退一步，试着了解发生了什么事。在某某某和某某某之间的关系中，你看见了什么?

2. 如果你向带领者要求讨论一些题外话，为什么这个时候你会关注这个事?

3. 如果回去后你做了梦，下次可以把梦带来一起讨论。

心成长体验

1. 成员在这个过程中是一种什么关系?竞争，控制，还是别的?

2. 观察员针对某位成员的反馈是否对当事人产生推动?

3. 这是倒数第二次活动，团体中是否有潜在的情绪?

教师总结

第三次团体，因为临近活动结束，更多的成员会尝试进行表达、呈现，甚至深层地自我暴露，因为感受团体的局限性，我们可以短程感受团体的局限。

在第三次中，更多情绪和感受被释放，团体的动力更强烈。

课堂实践四

活动名称　动力性人际团体体验四

活动目标

1. 将几次团体体验的收获进行总结。

2. 帮助成员看到团体的历程。

3. 更好地认识自己。

4. 接受离别。

活动准备　第一次使用的场地、纸巾、印有名字的胸牌、钟表

活动时间　体验组体验 75 分钟，观察组反馈 15 分钟，共计 90 分钟。

注意事项

1. 随着最后一次团体的发展，带领者要注意保护过度暴露的情绪和体验。

2. 成员会谈及分离后的事情，注意拉他们回到现在，表达此时此地。

操作手册

1. 在开始前的准备

(1)带领者回顾整个团体历程。

(2)座椅摆放整齐。

(3)纸巾盒放在内圈正中央。

2. 体验过程

团体成员在结束体验时可能有痛苦、不愉快的经历，团体经常故意忽略或拒绝体验的结束，此时带领者必须帮助成员关注这一问题，提醒这是最后一次体验。[①]

体验过程中，会有组员表达对于分离的焦虑。有些人会提及过后想要做的事情，带领者要提醒他们回到此时此地。

很多成员在离开团体后会有焦虑抑郁的情绪体验。在结束时，他们也可能不可避免地经历一段悲伤时期，目前的分离可能会唤醒他们对早期分离的记忆，我们要一起内化团体体验过程中关于团体、成员及带领者的积极体验，而不是试图忘却团体经历。不然团体治疗成果会被削减，对成员未来成长的积极影响也会缩水。

3. 反馈

当75分钟体验时间结束后，带领者需要让外圈的成员坐到内圈里或者加到内圈中(视观察组人数而定)。

当观察员反馈结束后，带领者可以和体验组成员一起谈论。

带领者要注意，最后一次的总结要促进团体对整个历程的理解，将“此时此地”的发生和“历程回顾”结合，才能发挥最好的效果。

学生成长手册

1. 你愿意多谈谈你此时的感受吗?

2. 你可以尝试去说一说自己的感受。

学生成长记录

1. 今天出现很多强烈的感受，我们可以好好检视一下，试着了解一下这些感受，对此你有没有什么想法?

2. 团体不是生活，只是生活的彩排。我们都必须找出一种方式，把在这里学到的东西转化到真实的生活中，对此你有什么感受?

3. 还有半小时团体体验就要结束，你还有什么没有表达?

---

① [美]Irvin D. Yalom、[加]Molyn Leszcz：《团体心理治疗——理论与实践》，331页，北京，中国轻工业出版社，2010。

心成长体验

1. 回顾自己从参与到现在都发生了什么。
2. 是否对自身的模式有了更多的觉察？
3. 如何在生活中更好地运用活动的收获？

教师总结

当意识到这是最后一次活动的时候，团体潜在的焦虑可能会被唤醒，正如前面提及的，早期对于分离的体验会在此时此地重现，我们再觉察这个部分，并尝试表达，在和他人的连接中确认。这本身就是团体的魅力所在，也是四次体验带来的宝贵能力。

第四节　生命密码工作坊

——爱的滋养

工作坊简介

生命教育主要是引导大学生正确认识人的生命、人的价值、人的社会性和使命性的教育，从而让学生珍惜生命、敬畏生命、欣赏生命、掌握生命、完美生命，是以生命为核心的教育。心理健康教育是提高学生心理素质，促进学生生理、心理和社会性等方面健康、和谐、统一发展的教育。从这个角度来说，心理健康贯彻了学生的整个生命历程，心理健康教育是在造就一种健康向上、积极达观的生命态度和精神状态，关注学生的生命成长应该成为其基本内涵。心理健康教育和生命教育有着千丝万缕的联系，殊途同归。在心理健康教育中注重渗透生命教育的内容，能提升学生对生命价值和意义的理解，增强心理健康，让“生命”快乐地成长。生命教育内容涵盖广泛，在横向上，将健康教育、安全教育、心理健康教育、环境教育、预防艾滋病教育、毒品预防教育、性健康教育、民族教育、国际理解教育、生命价值教育、死亡教育等归纳整合为生命与自我关系的教育、生命与他人关系的教育、生命与社会关系的教育、生命与自然关系的教育，在建立和谐关系的基础上发展生命，实现生命的和谐幸福。[①] 生命教育包含以下三个层次。

① 陈华：《大学生心理健康教育课程改革的探索与实践》，载《西南交通大学学报(社会科学版)》，2013(4)。

1. 认识生命

了解生命的基本特征、生命发生发展的基本规律及影响生命成长的主要因素，理解生命中的各种生理和心理现象，懂得生命的唯一性和不可逆转性。

2. 爱护生命

树立生命可贵的意识，掌握保护生命的知识与技能，学会在生命危急时进行干预的技能，树立安全意识和法律意识，预防各种伤害生命事件的发生。

3. 完善生命

保持心理和情绪健康，促进社会性的良好发展，形成积极、乐观、热爱生命的人生态度，合理规划人生，追寻生命的不断发展和完善，最终实现自己的生命追求，激发自己的生命潜能，体会自我实现的幸福。

在生命教育的三个层次中，认识生命是基础，爱护生命是关键，完善生命是目的。三者在递进中紧密相连，缺一不可。

工作坊目标

生命教育课程面向全体学生，引导学生认识生命发生发展的现象和规律，使学生乐于学习和掌握必要的生存技能，帮助他们建立生命与自我、生命与他人、生命与社会、生命与自然的和谐关系，树立科学的生命观，形成珍爱生命、尊重生命、发展生命的态度和安全、健康、快乐成长的生命意识；同时，培养学生具有关爱环境、珍惜资源、尊重人类文化的多样性和关注全球发展的责任意识，并学会交往、学会合作、学会做人，进而使学生形成积极的人生观和价值观，真正体悟到生命的价值和意义，完善健康人格，为其生命幸福和终身发展奠定基础。

设计思路

以突出生命教育课程实践性和体验性的特点、充分体现学生学习的主体地位为原则而设计。设计活动带有一定的典型性、指导性和启发性，有三个维度的目标：认知与技能，情感、态度与价值观，行动与表现。实践活动安排及目的如下。

实践活动一：我生命中最重要的五样——珍爱生命，热爱生命。

实践活动二：拥抱自己——生命关系，与自己、与他人、与环境、与自然、与宇宙的关系。

实践活动三：生命的账单——爱的情感，关怀、尊重与责任，对生命的敬畏。

实践活动四：我的资源——生命的价值和意义，积极的人生态度，生命的终极价值。

体验式课堂实践活动

课堂实践一

活动名称　我生命中最重要的五样

活动目标

通过觉察自己的内在，思考自己生命中最重要的东西是什么，体验抉择时内心的矛盾，说明自己选择的原因，表达抉择时的内心感受，让组员体验自己与他人的生命价值，体验丧失之痛，同时换位思考，体验亲人失去自己的痛。

活动准备　笔、准备好的提纲、宽敞且可以适当移动的场地

活动时间　25 分钟

注意事项

学生在参与前要深呼吸放松身心。

操作手册

1. 每人发一张练习表，请成员想一想人生活中什么是最重要的，按重要程度依次写下，并思考为什么这样写。

2. 组内交流，分享每人的思考及选择的理由。

3. 然后请成员逐一删除，每删一项就交流一次，以帮助成员厘清自己的价值观，在丧失中更懂得珍惜拥有。体验丧失的痛，同时换位思考，体验亲人失去自己的痛，促进成员热爱生命。

学生成长手册

1. 你生活中最重要的五样事物及选择理由是什么？

2. 丧失练习时，认真体验每删掉一项的过程，内心的感受是怎样的？

3. 每次练习中，你得到什么启发？

学生成长记录

1. 第一次抉择时，自己的感受是什么？

2. 每次抉择时，较上次有什么样的感受变化？

3. 最后抉择时自己的感受是什么？

心成长体验

1. 与同学的交流中触动自己的是什么？

2. 觉察他人的生命需求和生命价值，与自己的有什么相同？

教师总结

通过自我的探索及分享，我们运用纸和笔，在组内互相给予积极反馈并提供支持，重新审视自己生命的意义，探寻内在，找到自己看重的有意义的东西，促进小组成员互相支持，互相帮助，尊重彼此的生命，并延伸到生活中，珍爱生命，把握想要的，活出自己的生活。

课堂实践二

活动名称 拥抱自己

活动目标

通过冥想，回顾过去三个重要阶段中的人、事物、环境，了解独特的我的形成过程，探索自我的生命历程，通过分享，促进自我了解与彼此了解，认识自己与自己、自己与他人的关系。

活动准备 纸、若干油画棒或水彩笔、签字笔、音乐、不太舒服的椅子

活动时间 30 分钟

注意事项

冥想前先深呼吸，让身体放松，想象来到了一个自然美好的地方，在冥想词的带领下想象。

操作手册

1. 团体带领老师的冥想引导语如下。

请大家尽可能舒服地坐在椅子上，一边听这首音乐，一边做一个深呼吸，在下一个深呼吸时，感谢自己有能力呼吸，感谢你得自呼吸的能量，感谢自己活着。你继续呼吸，继续听着音乐，感谢自己今天来到这里，感谢自己决定要用这段时光来丰富自己，与他人彼此分享。

如果你的身体有任何紧绷，请检查自己的脚是否放在地板上，背是否靠在椅子上，把气深深吸到那紧绷的感觉里，给它一个爱的信息，谢谢它让你知道你的不和谐，用下一个呼吸送给它爱的信息。

你可以感谢“主权在我”的这个事实，事实正是如此，你对你的身体、你的感觉、你的灵魂、你所有的资源拥有主权。现在请你随着这美妙的背景音乐进入内在，那是属于你的神圣之地，在你内在深处的核心有着你的名字，感谢那部分的你，那是你的真我，是它带你来到这个世界，带着你所有的潜能、所有

的资源使你成长，就在此刻。要记得，是你做的，就是你，因为你在这里。

现在给自己一个容许，做一小段时光之旅，回到你出生的那一天，那个时刻，那个地方。你是个美好奇妙的小宝宝，带着生命力来到这世界，带着所有资源，这些资源让你成为今日的你与未来可能的你。谁在那里呢？也许你知道，也许你想象，但确定的是你妈妈在那里，那个生你的女人，也许还有其他帮助她的人。你当时还不会说话呢，你发现自己对妈妈的期待，自己对自己的期待，还有他们对你的期待。你记得你想得到的东西，你会向谁要，不会向谁要，你很早很早就学会了如何应对，你很早很早就知道别人对你的看法，很早很早你就学习，开始了解世界。

你也有期待、渴望，渴望被爱、被重视、被珍惜。你可不可以给自己一点时间去回忆？你是否知道自己有多被看重、多受宠呢？小孩子是很敏锐的，尝试要弄清楚自己有多重要，很早很早我们就对自己有个画像，那是个什么样的画像呢？有多少时候你真的觉得被爱、觉得很开心呢？又有哪些挣扎呢？

不管如何，你感谢自己的力量，让你历经一切仍存活至今，如果过去很艰辛，那你可能有更多的力量，比别人更坚韧、聪明。不管如何，你感谢你所做的各种应对，感谢所有的艰难、所有的美好。

然后你第一天上学，认识第一个小朋友，第一个朋友肯定你，把你当朋友、当榜样。一年年过去了，我们到了青春期，这个时期很辛苦，我们要找到“我是谁”。

你好好感谢那些年的探索，那些幻想，还有你的梦想。如果要梦想成真，你要做什么？你今天要做什么？你对自己明天的梦想是些什么？明年的呢？五年后的梦想呢？你可以看得到、感觉得到自己在不久的将来吗？

你可否感谢自己所有的资源，使你得到自己想要的。你还需要哪些资源来发现自己，帮助自己得到你想要的？

现在我要邀请你回到更远的过去，看到你的爸爸妈妈，他们也曾是小宝宝，我们常忘记他们来到这世界时也跟我们一样幼小。也许你知道你妈妈出生的样子，也许你不知道，你可能有个影像，也可以自己幻想。这个小女孩出生了，她也充满希望、潜能与期待，她的第一步，她的挣扎，她的发现……你能不能欣赏你妈妈这一生的电影？她的梦想是什么？她的成就是什么？她的失望是什么？就像你的一样。然后她长大了。

你知道她是怎么遇见那个后来变成你爸爸的男人的吗？就在此刻，感谢她，也许你妈妈已尽力做到她所知所能的最好，因为她也是在家庭中长大，学习做人，当她有什么事令你感到失望，请你接触自己的感受，不管你的决定是接受自己的感受还是拒绝自己的感受，你妈妈就是她，她就是这个样子。

然后再一次，你翻到“爸爸的人生”那一页，那个变成你爸爸的人来到这个世界，他也是小宝宝，他的妈妈在哪里？他们是否庆祝这个男孩的诞生？他们爱他吗？他们接纳他吗？他的人生怎样？他的学习、他跨出的第一步……你能否想象你爸爸是个小男孩？他从儿童到少年，再变成青年，然后遇见你妈妈，也许他们有个共同的梦。

不管你现在的感觉是什么，请接触你的感觉，深深地吸一口气，吸进你的感谢，感谢自己活着，感谢那些人，他们不是创造了你，而是催生了你的生命力。

你感谢自己内在的生命力，也感谢宇宙。我要你再谢谢你自己，把自己带来这儿，谢谢你愿意跟今天的主角——你的真我分享旅程，你们的分享丰富了彼此的生命，你分享的是开放、好奇心、兴奋，并去学习、成长和探索你的内在。

现在我要你跟自己的能量接触，来自大地的能量，我们都拥有这些能量，还有来自上天的能量，来自灵性或创造力的能量与感觉，感谢这些能量在你的内在的交会，请你给它们一个颜色，给来自大地的能量一个属于你的颜色，也给那来自上天的能量一个颜色，或许你可以给它们一个声音，一段属于你的音乐。

在下一个呼吸里，你开始在内心起舞，跟你那独特的能量起舞，然后你可否容许自己牵着两边人的手，透过手跟他们的能量相遇，你开始感觉到，室内有一股美好奇妙的能量。

当你准备好了，回到这里，给彼此有言或无言的欢迎，我也再次欢迎大家，谢谢你们！

2. 老师请成员选出喜爱的颜色，根据在上述冥想中出现的自己在 6 岁以前、6～12 岁和 12～18 岁时的场景——住过的地方、读书的地方、家里的人物、周围的环境等，分别画出三幅画。

3. 画完后组内交流，促进自我的了解与彼此的了解。

学生成长手册

1. 回顾过往的经历，在每个时期，命运都为你关上了哪扇门？

2. 过往的经历中，在每个时期，命运都为你开启了哪扇窗？

学生成长记录

1. 想象中最开心的事情是什么？

2. 感觉特别释然的一件事情是什么？

3. 是什么样的思维认知让你释然了？

心成长体验

1. 冥想中身体的感受是什么？

2. 什么时候让你感觉特别平静？

3. 感觉一下，冥想时自己的注意力如何？

4. 身体的哪部分皮肤、内脏或器官让你有不适感？

5. 让身体的不适部位放松，对身体说出以下四句话：对不起，请原谅，我爱你，谢谢你。

教师总结

通过冥想，个体放松地进入自己的内在，回顾过往的经历，并用绘画的方式更好地进行诠释；看到自己与自己、自己与他人的生命历程与经验，设想自己处在别人的境遇里，形成“同理他人”的理念；通过组内分享，促使成员更加尊重每个人的生命与经历。

课堂实践三

活动名称　生命账单

活动目标　引导学生思考在自己的成长历程中，有多少人曾为自己付出。

活动准备　笔、纸

活动时间　25 分钟

注意事项

需引导学生积极参与活动过程。

操作手册

1. 请大家在白纸的正上方严肃地写上“生命的账单”5 个字。然后在下面画出属于自己的生命账单，例如下面的账单。

生命的账单

为我生命付出的人	明细
爸爸	婴幼儿时吃的奶粉，生病时的陪伴……
妈妈	怀胎十月，教我说话，教我走路……
爷爷奶奶	为我洗衣服、做饭，接我上学、放学……
老师	教我读书识字，教我做人的道理……
……	……

用心回忆，思考在自己成长过程中有多少人为自己付出，完成账单。

2. 计算

(1)一个生命的孕育、成长需要父母花费多少时间？（假设3岁前父母每天花在孩子身上的时间为24小时，3岁后父母每天花在孩子身上的用于交流、接送、辅导等的时间是2小时）

(2)一个生命的成长需要父母花费多少金钱？（据统计，幼儿1个月的花费约1 000元，中小学生每年花费约1万元，大学生每年花费约2万元）

(3)从小到大有多少个老师为你辛勤付出？

(4)你获得了哪些人的关爱？国家社会为你的成长提供了哪些条件？

3. 做完后，老师请学生告诉大家答案，并让学生分享感悟。

4. 收获分享。

学生成长手册

1. 你在计算过程中的感悟是什么？
2. 账单中你印象最深的是什么？
3. 最能触动你的是什么？
4. 成长中你得到过哪些人的帮助？
5. 你最想感谢的是谁？
6. 通过计算生命账单，你有什么收获？
7. 在之前的人生经历中，对你影响最深刻的人有哪几位？
8. 每一位对你有什么样的帮助和启发？
9. 你最想对他们说的是什么？

学生成长记录

1. 开始计算时我的感受是什么？
2. 每次计算后自己有什么样的变化？
3. 自己最后的感受是什么？

心成长体验

1. 在与同学的交流中，最触动自己的是什么？
2. 本次活动带来了什么样的收获？
3. 今后有什么样的打算？

教师总结

本次活动引导我们用感恩的心对待生活，“感恩”绝不是简单回报父母的养育之恩，它更是一种责任，是自立、自尊意识和健全人格的体现。

课堂实践四

活动名称　我的资源

活动目标

1. 通过创设的两个情景，引导成员体验时间、生命的不可逆，激发成员思考生命的意义，把握珍贵而有限的生命。

2. 通过绘画练习，协助成员了解自己和身边的资源。

3. 通过本次活动，学习欣赏别人，并做好心理准备，在今后面对各种挑战时，学习运用自己和身边的资源来寻求支持和帮助，顺利转化危机。

活动准备　细绳或纸条(长度约 40 寸，1 寸≈3.33 厘米)、视频《一分钟的生命》、可移动的桌椅、画图纸或 A4 纸、若干套油画棒或水彩笔

活动时间　25 分钟

注意事项

需引导学生积极参与活动过程。

操作手册

1. 小组带领者边操作演示边说明。

(1)绳子的长度象征一个人的生命，1 寸代表 1 年，正常人 1～20 岁和 60～80 岁都无法工作，人的一生真正能用于工作的时间可能只有 40 年，让我们看看我们的时间是如何被分配的。

(2)以下是一个正常人的时间账目表。

项目	每天耗时	40 年耗时	结余
睡眠	8 小时	13.3 年	26.7 年
一日三餐	2.5 小时	4.2 年	22.5 年
交通	1.5 小时	2.5 年	20 年
电话	1 小时	1.7 年	18.3 年
看电视、上网	3 小时	5 年	13.3 年
看报、聊天	3 小时	5 年	8.3 年
刷牙、洗脸、洗澡	1 小时	1.7 年	6.6 年
休假、白日梦、闹情绪、身体不适	2 小时	3.3 年	3.3 年

由上表可知，人的一生中真正用于工作的时间只有 3.3 年！

2. 小组带领者可以根据以上的时间账目表，每发生一个项目，就将原来的细绳剪掉相应的长度。也可以让学员自己剪绳子，这样学员的感触可能更深。

3. 播放视屏《一分钟的生命》。

学生成长手册

1. 真正用于我们实现自我的时间还有多少呢？

2. 在有限的生命里你最想做的三件事情是什么？为什么最想做这三件事情？

3. 在之前的人生经历中，对你影响最深的事情是什么？

4. 你认为自己做得最成功的事情是什么？

(1)你为什么做这件事情？

(2)你在什么样的环境下做了这件事情？

(3)你是与什么人在一起做的？

(4)你和他们的关系如何？

(5)你遇到了什么困难？

(6)你如何的克服困难？

(7)这事情体现了你的什么能力？

(8)你学到了什么？

4. 我们踏上这个单程的生命列车，在行驶过程中，取得成功或面对困难时，自身或身边可利用的资源有哪些？

5. 请成员挑选喜欢的画笔，将自己的左手张开贴于白纸上，沿着手掌和手指画下左手的形状，并在该幅画上填写自身或身边可利用的资源。与组内成员分享你的资源。

6. 生命就像那剪刀剪下去后还余留在手里的那段绳子，是一个不可逆的过程，短暂而珍贵；视频中的那只蝇虫竭尽全力，希望在有限的日子里实现更多未了的心愿。基于此，你对以下问题有何看法？

(1)如何度过每一天？

(2)如何度过大学生活？

(3)对自己大学毕业后的生活有什么样的期待？

学生成长记录

1. 找出最能概括你的三个词语，并举例说明。

2. 通过本次活动，你想要改变的是什么？

3. 你打算如何克服困难？

心成长体验

1. 在与同学的交流中最触动自己的是什么？

2. 本次活动中你拥有什么样的收获？

3. 你自己的心愿计划是什么？

教师总结

安全的情境中我们体验到时间、生命像被剪短的绳子那样不可逆；《一分钟的生命》激发我们思考生命中未竟的梦想追求，体验并认识人终将以脚踏实地的努力把握现在、走向未来；绘画“我的手掌，我的资源”，我们表达自身或外在可利用的资源，并在成长过程中运用这些支持系统，使我们在困境中获得支持。这些都让我们珍爱生命、欣赏生命、享受生命、感恩生命、成全生命。